キャリアコンサルティングに活かせる

働きやすい職場づくりのヒント

Hints for your workplace

櫻澤博文 監修
Hirofumi SAKURAZAWA, MD, PhD, MPH

金剛出版

はじめに

　2017年7月4日に，厚生労働省は非正規労働者の処遇改善や女性の活躍推進，子育て支援，そして労働者の職能開発に注力するために組織を刷新し，「雇用環境・均等局」と「子ども家庭局」，そして「人材開発統括官」を新設しました。翌7月5日の日本経済新聞朝刊には，学生の求人倍率が売り手市場の目安とされる1.6を4年連続で上回ったという報道がありました。と同時に，入社後に社風や業務内容が合わずに3年以内に退職する若手社員も多く，採用のミスマッチを防止するため，自社に合った人材を効率的に採用したい企業ニーズが増加しているという記事もありました。売り手市場のなか，辞職という選択をした若手社員が多いという現実の背景に思いを馳せてみました。本書の監修者は，産業保健業界に30年弱と一世代，身をおいてきた過去があります。振り返ると，産業医さえも自殺に追いやった企業や，逆に産業医を労働基準監督署に駆け込ませた組織があることを思い起こしました。そして子の成長・成功を期待する保護者側や，グローバル社会のなかで「効率的に採用したい」と期待を寄せる企業側も，それぞれ失望や苦悩を感じているのではないかと考えました。そのようななか，冒頭の国の対応は即応性の高い内容と理解しました。「キャリア」という一言で厚生労働省の組織刷新も語ることができるからです。そしてこの「キャリア」が本書の共通概念であることを付記します。この「キャリア」という概念を切り口に，企業や労働者は具体的にどのように対応したら良いのか，それらの戸惑いを減衰する対策のヒントを集めました。

　なお，国は2018年度を初年度として，5年間にわたり，国，事業者，労働者等の関係者が目指す目標や重点的に取り組むべき事項を定めた「第13次労働災害防止計画」を策定しました。

　そこには「計画が目指す社会」と理念が書かれています。そのなかに以下とあります。

> 一人一人の意思や能力，そして置かれた個々の事情に応じた，多様で柔軟な働き方を選択する社会への移行が進んでいく中で，従来からある単線型のキャリアパスを前提とした働き方だけでなく，正規・非正規といった雇用形態の違いにかかわらず，副業・兼業，個人請負といった働き方においても，安全や健康が確保されなければならない。

　本書はまさしく，この「第13次労働災害防止計画」の「目指す社会」を具現化する鍬や鋤となりましょう。

本書の内容と特色

　① 「疾風に勁草を知る」よろしく，危機を成長の機会に昇華させた専門家のなかの専門家を集めました。「専門バ〇」ではありませんし，抵抗勢力や既得権益の向こうを張ってでも，

働きやすい職場環境形成を構築させてきた実践的な実務家です。顧客であった企業に対し，真の意味で貢献する気持ちを従業員にもたせることで，その企業風土を本質的進化にまで至らせた専門家を複数集めました。
② それらの専門家が培った「暗黙知」を「形式知」化してもらうとともに，それらのノウハウを惜しみなく提供してもらいました。さらに複数名による執筆のため，多方面からの複数軸に基づいた改革方法や手段集となっています。多様性ある事業場や複雑な組織，混乱した状況にある部署にも対応できる内容がきっとあるはずです。
③ 中小企業でも容易に実行できるような，従業員を大切にする中小企業における実施例も集めています。

本書の効果

学生や保護者，転職予定者においては……

　「ブラック企業」や「レッド企業」といわれる，痛い目に遭う企業と，自身に対して成長の機会を提供する企業を見分ける鑑識眼が得られます。

よろしくない色に区分されていることに心当たりがある企業においては……

　「安全第一」が示す内容が実のところ**「安全は二の次で第一は営業成績の黒字化」**といった，黒色を目指している企業が，ひょっとしたら今も存続しているのかもしれません。そんななかでも，「悪人正機説」ではないですが，本書に書かれた方法論や実践体系を駆使することで，"ホワイトニング"することは可能です。過去は変えようがありません。しかし教訓を得ることはできます。経験から得られた教訓集ですので，活かしていくと違いが出ましょう。

企業の永続を目指す企業においては……

　「人財」という限られた資源を大切にする取り組みを，是非とも本書を参考に，早速実行してください。漢方薬よろしく，企業体質が自ずと改良され，時間あたりの生産性と収益力が向上するのみならず，企業イメージの好転から採用も容易になっていきます。

監修者　櫻澤博文

キャリアコンサルティングに活かせる
働きやすい職場づくりのヒント

目　次

はじめに ……………………………………………………………………… 3

第1章 「ストレスチェック制度」を十分に活用する
第1節 ストレスチェック制度概説 …………………………… 櫻澤博文…11
第2節 集団分析とその解析・解釈，助成金解説 ………… 森近宗一郎…21

第2章 ストレスチェック実施後の総合的取り組み──年間活動実例
……………………………………………………………………… 田村 隆…38

第3章 いきいき職場づくりに役立つ参加型職場環境改善
………………………………………………………… 竹内由利子，吉川 徹…54

第4章 「キャリアコンサルタント」の活用
──個人と組織の活力を高めるキャリアコンサルタントの役割
……………………………………… 杉澤賀津子，沢野敦子，櫻澤博文…69

第5章 組織内キャリア理論とキャリア危機への予防的対策と実践
……………………………………………………………… 上之園洋一…83

第6章 ハイパフォーマンスを具現化する企業変革事例 ………… 樋口保隆…126

第7章 働きやすい職場環境改善・構築事例
第1節 シミズオクト社の場合 …………… 株式会社シミズオクト 総務部・社長室広報課…141
第2節 メンタルヘルスの実践方法──事例と課題解決方法 ………… A社 総務課 課長…147

第8章　働きやすさ支援に向けた新サービス

- 第1節　ライフプラン研修支援例 ……………………………… 櫻澤博文…154
- 第2節　オンラインカウンセリングによる支援の実践 ……………… 櫻本真理…161
- 第3節　EMOLOGによるソフト／ハードウェアサービス利用の
  ストレス改善事例 ……………………………………………… 古澤辰徳…171
- 第4節　企業が独自で実践可能な研修内容 ……………………… 櫻澤博文…187

第9章　働きやすい職場づくりに向けた障碍者支援

- 第1節　発達障碍者支援と最新研究成果——WHO-HPQ日本語版の活用事例
  …………………………………………………… 宮木幸一，児玉裕子…190
- 第2節　共生社会に向けて——障碍者の就労支援における現状と背景 ………… 福島弘達…214

第10章　労働経済情勢を踏まえた安心して働ける職場 ……………… 櫻澤博文…227

第11章　健康経営を通じたエイジレス社会におけるQOL向上とは
……………………………………………………………………………… 櫻澤博文…245

- おわりに ……………………………………………………………………… 270
- 巻末付録：良い企業リトマス試験紙 ……………………………………… 272
- 読者特典 ……………………………………………………………………… 275

注：「障害」という字句は差別的意味合いが含まれるという
　　監修者の立場から，本書では「障碍」と表記します。

キャリアコンサルティングに活かせる
働きやすい職場づくりのヒント

第1章 「ストレスチェック制度」を十分に活用する

第1節　ストレスチェック制度概説

櫻澤博文

1．はじめに

　2014年6月に改正された労働安全衛生法に基づき，2015年4月に「心理的な負担の程度を把握するための検査（以下「ストレスチェック」という）及び面接指導の実施並びに面接指導結果に基づき事業者が講ずべき措置に関する指針」が示され，2015年12月から労働者50人以上の事業場の事業者に対するストレスチェックの実施が義務づけられました。

　このストレスチェックは，**仕事による**ストレスの程度を把握し，労働者がメンタルヘルス不調となることを未然に防止するための検査です。ストレスチェック制度とは，ストレスチェックの実施，その結果に基づく医師による面接指導，面接指導結果に基づく就業上の措置，ストレスチェック結果の集団ごとの集計・分析など，一連の取り組み全体を指しますが，主に**3つの特徴**があります。

　1つ目として，ストレスチェックの結果を労働者自らが把握することで，ストレスの状況について気づきを得るとともに，「ストレスマネジメント」というストレス因子（ストレッサー）への上手な対応を行うきっかけにすることが可能となります。

　2つ目として，「集団分析」という，ストレスチェックの結果を集団ごとの集計・分析ができるようになったことです。集団分析結果は，これまでに得られている全国統計と比較することで，いわゆる"働きやすさ"という視点からみた，その集団の全国での立ち位置が把握できるようになります。結果としてどのような対策をとったらより働きやすくなるのかまで考察でき，職場環境の改善につなげられるようになります。

　3つ目として，「長時間労働者に対する医師による面接指導制度」（労働安全衛生法第66条の8・9）によってこれまでは，月あたりの超過労働時間数が100時間等の長時間労働に従事していた労働者しか希望できなかった医師による面接制度が，ストレスチェックを受検し，高ストレス者と判定されると，対象者は希望すれば全員が面接指導を受けられるようになりました。

　以上より，労働者がメンタルヘルス不調に陥ることを未然に防止するという「一次予防」の取り組みが強化されることで，精神疾患による休職者数発生が抑制されることが期待されま

す。マスコミは，いわゆる「ブラック企業」という造語を元にした報道を行っていますが，精神障碍による労災請求件数と労災支給決定件数は高止まりしたままです。そんななか，ストレスチェックの実行や医師による面接によって，メンタルヘルス不調によって休みがちな社員の発生が少なくなるだけでも，組織全体としての生産性は向上するでしょう。さらには本書で紹介されている組織分析と「アクションプラン」を通じた職場環境改善対策が提供されたら，労働者にとっていきいきと働きやすく活力あふれる職場形成も容易になります（いわゆる「エンパワメント」）。それらと相まって，単に生産性向上が期待できるだけではなく，活用方法によっては，その企業の魅力や社会的評価を高めることさえも容易に確保可能な制度といえましょう。

2. ストレスチェック初回実施前に衛生委員会で調査審議が必要な事項

ストレスチェック制度の流れは図1の通りです。初回実施前に必要な準備内容は，労働安全衛生法（以下，安衛法）第18条と労働安全衛生規則（以下，安衛則）第22条によると，以下の2点です。

・事業者による方針の表明
・衛生委員会での調査審議

衛生委員会で事業者の方針を決めるわけですから，実質，衛生委員会での調査審議からまずは実施しましょう。衛生委員会で調査審議するにあたって含めるべき事項には以下があります。

① ストレスチェック制度の目的を事業場内で周知する方法
② 制度の実施体制（実施者，実施代表者・共同実施者，実施事務従事者の選任，明示など）
③ 制度の実施方法（使用する調査票，高ストレス者の選定基準，ストレスチェックの実施頻度・時期，面接指導の受け方など）
④ ストレスチェック結果に基づく集団ごとの集計・分析方法
⑤ ストレスチェックの受検の有無の把握方法と受検勧奨の方法
⑥ ストレスチェック結果の記録の保存方法
⑦ ストレスチェック，面接指導および集団ごとの集計・分析結果の利用目的・利用方法
⑧ ストレスチェック制度に関する情報の開示，追加および削除の方法
⑨ ストレスチェック制度に関する情報の取り扱いに関する苦情の処理方法
⑩ ストレスチェックを受検する義務はないことの趣旨を事業場内で周知する方法
⑪ 労働者に対する不利益な取り扱いとして禁止される行為を事業場内で周知する方法

なお，制度の実施にあたって大切なことは，実施を業者等に丸投げするのではなく，事業者の責任において，実施計画の策定，実施者は委託先業者との連絡調整，計画に基づく実施管理

第1章 「ストレスチェック制度」を十分に活用する

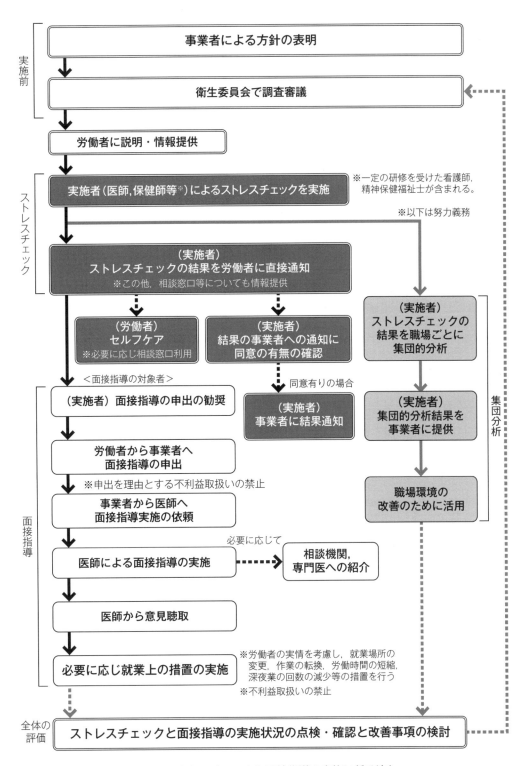

図1 ストレスチェックと面接指導の実施に係る流れ

をきちんと社内で担える人材を実施事務従事者として指名・選任するなど，事業場としての実施体制を整備することです。したがって，業者に丸投げの企業は，労働者の就労先としてはふさわしくないといえましょう。

3. ストレスチェックで把握できる心理的な負担の程度とは？

これまでの定期健康診断は，主に仕事による身体への影響の有無を把握するためのものでした。一方，今回のストレスチェック制度の法定化の目的には，労働者がメンタルヘルス不調となることを未然に防止するという「一次予防」の取り組みを強化することがあります。したがって使用すべき調査票には以下に関する事項が含まれなければならないとされています（安衛則第52条の9）。

1) 職場における当該労働者の心理的な負担の原因
2) 当該労働者の心理的な負担による心身の自覚症状
3) 職場における他の労働者による当該労働者への支援

これらは「3つの領域（3領域）」と呼ばれ，労働者のストレスの程度を点数化して，以下に沿った評価をするよう「心理的な負担の程度を把握するための検査及び面接指導の実施並びに面接指導結果に基づき事業者が講ずべき措置に関する指針（平成27年4月15日心理的な負担の程度を把握するための検査等指針公示第1号）」（以下，指針）によって決められています。

次の①または②のいずれかの要件を満たす者を「高ストレス者」として選定。
① 「2) 心理的な負担による心身の自覚症状に関する項目」の評価点数だけの合計が高い者
② 「2) 心理的な負担による心身の自覚症状に関する項目」の評価点数の合計が一定以上であり，かつ，「1) 職場における当該労働者の心理的な負担の原因に関する項目」と「3) 職場における他の労働者による当該労働者への支援に関する項目」の評価点数の合計が著しく高い者

これら3領域が網羅され，かつ点数評価が可能で，さらには無料利用が可能なものとして57項目版「職業性ストレス簡易調査票」があり，指針でも使用が推奨されています。しかしながら実施初年度が終わり，危惧されていた課題が，現実となっていることが確認されています。それは，そもそもこの「ストレスチェック制度」を設計した医師側が制度そのものに疑念を差し挟んでいただけではありません。「職業性ストレス簡易調査票」は，57項目版であっても23項目版であっても，開発者が使い方が間違っていると批判しているように，仕事以外のストレスの程度を把握するような設計はされていません。したがって，「高ストレス」という結果が出た場合，その原因が

- 仕事だけなのか，
- 家族関係含めプライベートによるものなのか，それとも，
- そもそも，その労働者の仕事に対する思い，職業志向性，「キャリア」に対する思いと，今，従事している仕事とのマッチングはどうなのか，

などについて検討する必要がありました。そうしない限り，メンタルヘルス不調予防という，本来の「ストレスチェック」の目的である「一次予防」をかなえることはできないでしょう。実際に，中小企業専門で面談をしている筆者のみならず，健康経営で知られる東証一部上場のグローバル企業産業医でも，「高ストレス」と区分された労働者のうち，医師による面接を希望してくる方は，予見したとおりにキャリアの危機が中心命題だった，というのが初年度の感想です。このように，限界が元より含有されたまま，実施されている検査を補完すべく，本書は出版されています。

なお3領域に関する項目により検査を行い，ストレスの程度を点数化して評価できる条件を満たしてさえいれば，独自に自由記述欄を設けたり，業者の提案する質問項目を追加で増やしたりと，提供するサービスを付加することは差し支えありません。ただし，第三者の評価を経ていない，美辞麗句を織り交ぜた我田引水的な質問尺度を販売している業者が見受けられます。「疫学」に基づいた科学的な妥当性吟味や，投資対効果が確保された尺度はそう多くありません。導入に迷ったらこれらの判別が可能な方に照会かつ相談されてみてください。

また，忘れてはならないこととして，<u>ストレスチェックの結果は，労働者の同意なく事業者に提供することはできません。</u>

4．外部機関の選考方法

ストレスチェックや面接指導は，事業場の状況を日頃から把握している産業医等が行うこと

用語解説
1) **実施者**：ストレスチェックの実施主体となれる者であり，「医師，保健師その他の厚生労働省令で定める者」（安衛法第66条の10第1項）とされています。「事業者」とは違います。なお，厚生労働省令で定める者とは，厚生労働大臣が定める研修を修了した看護師もしくは精神保健福祉士であって，ストレスチェックを実施する者を指します。関連して，以下の用語〈2）〜4）〉が新たに定義づけられています。
しかしながら「ストレスチェックと面接指導の実施方法等に関する検討会」という学識経験者による検討を踏まえた「労働安全衛生法に基づくストレスチェック制度に関する検討会報告書」では，事業場の状況を日頃から把握している者（産業医等）がストレスチェックの実施者となることが望ましいとしています。すなわち，医師であっても単なる医師ではなく，産業医として選任を受けたものがベストであり，それ以外の産業医ではない医師，保健師，そして一定の研修を受けた看護師や精神保健福祉士は望ましいわけではない，との見解が示されていると理解することが可能です。業者のなかには，安くあげられるからと，産業医以外を実施者に据えているところがありますが，そのような業者と契約するような企業は，果たして，労働者想いなのか，疑問符がつくと考えられます。
言い換えれば「産業医が，きちんと実施者を担っている企業は安心して就労しえる」ということです。
2) **共同実施者**：ストレスチェックの実施者が複数名いる場合の実施者を「共同実施者」といいます。
3) **実施代表者**：複数名の実施者を代表する者を「実施代表者」といいます。
4) **実施事務従事者**：実施者のほか，実施者の指示により，ストレスチェックの実施の実務（個人の調査票のデータ入力，結果の出力事務，個人の結果の保存（事業者に指名された場合に限る），面接指導の申出の勧奨等を含む。）に携わる者を指します。

が望ましいことは言うまでもありません。しかしながら人事権のある者が衛生管理者を兼ねているような場合や，人事権がある者以外に担当できる者がいないような中小企業の場合，安衛則52条の10第2項よりストレスチェックや面接結果を扱うことは禁止されています。そのような場合には，外部機関に委託せざるをえません。その場合の要件が**指針**により以下のように定められています。

① 委託契約のなかで委託先の実施事務従事者を明示させること。
② 産業医が共同実施者にならない場合には，外部機関とのやりとりという窓口の役割は，産業医等の産業保健スタッフに担わせることが望ましい（※引用者注：月に一度しか産業医が来ない場合をはじめ，常勤の産業保健スタッフがいない場合には，人事労務スタッフが担わざるをえないでしょう）。
③ 外部機関から事業者に，同意が得られた労働者のストレスチェック結果を提供する際には，産業医等の産業保健スタッフを通じて事業者に伝えることが望ましい。この場合，特別な事情がない限り，労働者本人からの同意を得ておくことは必須条件。
④ 委託先の体制が適切か，事前に確認することが望ましい。
⑤ 以上について，事前に（安全）衛生委員会にて調査審議すべき。

　事業者において作成義務があるストレスチェック制度の実施に関する規定のなかにも，指針に記載はないものの外部機関名と委託内容を記載のうえ，労働者に通知する必要があると理解できます。
　なお，④の委託先の吟味内容例については「外部機関にストレスチェック及び面接指導の実施を委託する場合のチェックリスト例」(http://www.mhlw.go.jp/bunya/roudoukijun/anzeneisei12/pdf/150803-2.pdf) が公開されています。

5. 就業上の措置とは

　事業者は，面接した医師の意見を踏まえ，安衛法第66条の10に定められた就業場所や業務内容の変更，時間外労働や勤務時間の短縮，深夜業の回数の減少といった就業上の措置を行う必要があります。その際の注意点としては，その医師の意見を（安全）衛生委員会または労働時間等設定改善委員会への報告に加え，指針に以下の対応を行う必要があるとされています。

① 事前にその労働者の意見を聴き，十分に話し合って，その労働者の了解を得るよう努める（※引用者注：最終的に了解が得られなくても就業上の措置は決定可能。そもそもストレスチェック制度の目的のひとつに，本人のストレスへの気づきがあるから）。
② 労働者に対する不利益な取り扱いにつなげてはならない。
③ 労働者の意見を聴く場合には，産業医の同席を求めてもよい（※引用者注：求めなくて

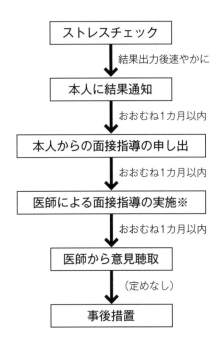

図2 ストレスチェック実施から事後措置までの流れ

もよい)。
④ 事業者は,産業医や産業保健スタッフと連携するのみならず,健康管理部門や人事労務管理部門の連携にも十分留意する必要がある。
⑤ 労働者の勤務する職場の管理監督者(上司)の理解を得ることは不可欠なため,就業上の措置の目的や内容について説明を行う必要がある。
⑥ 上司の理解を得る際には,プライバシーに配慮しなければならない。
⑦ 措置を講じた後,ストレス状態の改善が認められた場合には,産業医の意見を聴いた上で,元通りの勤務に戻す必要がある。

特に⑦は定期健診や長時間労働者に対する医師による面接制度実施後の就労支援には見られない規定です。そもそもこのストレスチェック制度は一次予防を目的としています。すなわち本人のストレスへの気づきと職場環境の改善が目的にあります。職場ごとの集団的分析の結果を元にした職場環境改善を推進してほしいとの思いが込められているものと解釈が可能です。

なお,ストレスチェックの実施から事後措置を終了するまでに要する所要期間は,図2のように長期に及ぶことを把握しておく必要があります。

事後措置実施まで3カ月もかけていてよいということではなく,緊急に就業上の措置を行わなければならないときには,可能な限り速やかに行わなければなりません。

一方,別の課題があります。ストレスチェックの実施結果は,所轄の労働基準監督署に報告

することが義務づけられています。初年度の2016年度に関しては、翌年度の6月末時点での実施率が報告されました。これは、定期健康診断の結果報告期限である翌年度6月末と同時期ではありますが、本来は3月末までに実施させなければならないものではないでしょうか。筆者が把握したところでは、それでは56%しか実施率が計上できていないという実態がありました。実施率を82.9%まで上げる報告ができたのは良かったにせよ、ストレスチェックに関する報告は意見聴取が6月末で良いことになってしまいました。これでは、いつまでにストレスチェックを実施しないといけないのかを考えてみると、初期不良といっても良いようなことがわかります。医師による面接を、何人が受けたのかがわかれば、報告書は出せます。したがって、前述の図2の「※」が6月末までに実施できたら良いことになります。そこから逆算して考えると、なんと3月から4月であっても間に合うことになるからです。

6. 就業上の措置の意見を聴く医師

　就業上の措置の内容については、契約している産業医が担うのが最適です。例えば地方の支店や営業所のように、その事業場の規模が50人未満であるため産業医が選任されていない一方、本社の規模は50名を超すことから産業医が選任さている企業は多くあるでしょう。その場合、医師による面接を実施する医師の役を会社側としては"本社の産業医をいちいち出張させて担わせるのではなく、地元の外部機関の医師に面接指導を任せたい。しかし意見は本社の産業医に聴きたい"と考えたくなるものでしょう。面接指導を実施する医師は、事業場外の精神科医や心療内科医である場合など、選任されている産業医以外の医師が担っている場合には、労働者の勤務状況や職場環境を十分に把握しているとは限りません。また、精神科医や心療内科医が、面接指導する労働者に対して、"患者"のように感じてしまった場合には、中立公平な客観的立場からの、かつ労使双方がwin-winになるような意見ではなく、患者（労働者）寄りの立場に立脚した一方的な意見を述べる実際があり、現場が混乱したことが初年度の2016年度からすでに確認されています。そのような場合のために選任している産業医からも、面接指導を実施した医師の意見を聴くことを認めています。意見を述べる医師に対しては、意見の内容は就業上の措置だけではなく、必要に応じて作業環境管理、作業管理、健康管理の徹底や、労働者向けや管理職向けの健康教育、過重労働対策やメンタルヘルスケア体制の確立など、労働安全衛生管理体制の見直しにつながる内容も含まれることが望ましいものです。

　なお、職場環境の改善に関する意見は、人事労務管理に関するものが多いでしょう。その場合には、人事労務担当者や上司とも連携して対応することが重要です。

　もし、上司によるハラスメントのように、職場の人間関係に問題がある場合には、プライバシーへの配慮とともに、人事労務担当者と連携した慎重な対応が必要となります。

表1　ストレスチェックの実施率と受検率

規模［人］	実施率［％］	受検率［％］
50～99	78.9	77.0
100～299	86.0	78.3
300～999	93.0	79.1
1,000～	99.5	77.1
全体	82.9	78.0

7．初年度のストレスチェック実施状況

(1) 実施率と受検率

　ストレスチェック制度に関し，厚生労働省が2017年7月26日に公表した実施率と受検率は表1のようになります。

　ストレスチェックの実施が義務づけられている，常用の在籍従業者数が50人を超える事業場に対しては，このストレスチェックの実施結果に関する報告書を所轄の労働基準監督署に提出することが義務づけられています。しかしながら49人以下の規模の事業場に対しては，ストレスチェックの実施義務も報告義務も課せられていないため算出すらできません。

　50～999人までの間に限るなら，実施率と受検率とは在籍従業者数に比例しています。

　「専属」での産業医選任報告が求められる規模である1,000人以上の事業場でのストレスチェック受検率が，在籍従業者数100～999人規模の事業場より低い結果が確認されています。理由としては，メンタルヘルスに不慣れな産業医や，「実施者」になることを辞退した医師が「専属」産業医として選任されていることが危惧されていたことが的中したからかもしれません。

　なぜなら産業医の大半は内科医が担っています。精神疾患を含むメンタルヘルス不調の診断はおろか，精神疾患で休職を余儀なくされている労働者の復職可否判断の経験を，必ずとも積んでいるとは限りません。日本医師会には，産業医になるための認定制度が設けられています。日本医師会認定産業医として認定される要件には，「前期研修」という座学学習を14単位以上履修していなければなりません。うち「メンタルヘルス」はわずか1単位です。1単位は，1時間の研修です。そこで筆者は急遽2016年4月に『ストレスチェック面接医のための「メンタル産業医」入門』という入門書を日本医事新報社から刊行してもらったほどです（お蔭ですでに第2刷を数えています）。

　就労先の産業医が，ストレスチェックでの「実施者」なのか確認することが，その企業の産業医の品質を確認する手段として挙げられます。

(2) 集団分析

　他方，これら82.9％の法令遵守事業場のうち，「ストレスチェック」制度では，努力義務という位置づけでしかない「集団分析」を実施し，その結果を活用した事業場はわずか37.1％に

表2 医師による面接指導の実施率（面接指導実施率）と受けた労働者の割合（受診率）

規模 [人]	面接指導実施率[%]	受診率 [%]
50〜99	22.6	0.8
100〜299	36.9	0.7
300〜999	61.0	0.6
1,000〜	85.0	0.5
全体	32.7	0.6

すぎませんでした。この「集団分析」は，本書では第2章で概略を解説しています。これこそ，労働者が自ら，自らの意見を集合させ，自らにとって働きやすい職場環境づくりの根拠となる，いわばサーベイランスと組織刷新というアクションプランが一緒になったような，"公認"職場刷新ツールです。しかし集団分析は，努力義務という，つまりは実施できなければしなくて構わないといった法的位置づけのため，6割以上の企業が，ストレスチェックだけを"やれば良い"と，あたかも税金のようにしかみなしていない実態が把握されました。

　少なくとも，この「ストレスチェック」制度における「集団分析」を2016年度から実施したことが，働きやすい企業や組織の選考基準として挙げられましょう。

（3）医師による面接指導の実施状況

　ストレスチェック制度では，ストレスチェックの結果から，高ストレス者と区分された従業員が希望すれば，医師による面接指導を受ける権利が労働者側に保証されています。では，初年度のこの面接指導が実施された割合（面接指導実施率）はどれだけでしょうか。結果としては，企業規模に応じて増加していることがわかります（表2）。

　他方，実際に医師による面接指導を受けた従業員の割合は，企業規模に反比例しています。この理由は以下と考察できます。

- 表1，2で明らかになったように，企業規模が小さいほど，メンタルヘルス対策への取り組みが十分ではなかったため，企業規模が小さい事業場での実需を，ストレスチェック制度が補完した可能性がある。
- 初年度より医師による面接制度を実施していた事業場は，労働者想いの企業である可能性がある。

▼参考文献

櫻澤博文（2010）産業精神保健における実務的課題と解決策検討．精神神経学雑誌 112-5 ; 478-483.
さくらざわ博文（2016）もう職場から"うつ"を出さない！―ストレスチェック時代の最新メンタル不調予防法．労働調査会．
厚生労働省労働基準局安全衛生部労働衛生課（2014）労働安全衛生法に基づくストレスチェック制度に関する検討会報告書（平成26年12月17日）．(http://www.mhlw.go.jp/stf/shingi2/0000068712.html [2017年9月24日閲覧])

第2節　集団分析とその解析・解釈，助成金解説

森近宗一郎

1．はじめに

　本節では，「ストレスチェック」で実施可能な，働きやすい職場づくりの基礎資料である集団分析について，職業性ストレスチェック実施センター（以下，センター）で構築かつ提供しているサービスの実際を踏まえて解説します。

2．集団分析とは？

　事業者は，ストレスチェックの結果を，部・課などの集団単位で集計・分析し，その結果を活用して働きやすい職場環境改善につなげることが可能です。「職業性ストレス簡易調査票」を用いた場合には，「仕事のストレス判定図」によって，部・課といった集団が，標準集団と比較して，どの程度の働きやすさなのかが把握できるようになっています。

3．集団分析の結果表

　センターが提供している集団分析結果表は図1のとおりです。「仕事のストレス判定図」「総合健康リスク」「ストレスプロフィール」で構成されています。これらから，その職場の状況を把握することができます。

4．「仕事のストレス判定図」

　仕事のストレス判定図は，事業場全体，部・課，作業グループなどの集団を対象として，4つの仕事上のストレス要因，
　　・「仕事の量的負担」
　　・「仕事のコントロール（裁量権または自由度）」（図2）
　　・「上司の支援」
　　・「同僚の支援」（図3）
の関連性に注目し，それらがあいまって，従業員のストレスや健康リスクに対して，どの程度，影響を与えているかを把握できる概念で構成されています。
　これは平成7～11年度労働省委託研究「作業関連疾患の予防に関する研究」の健康影響評

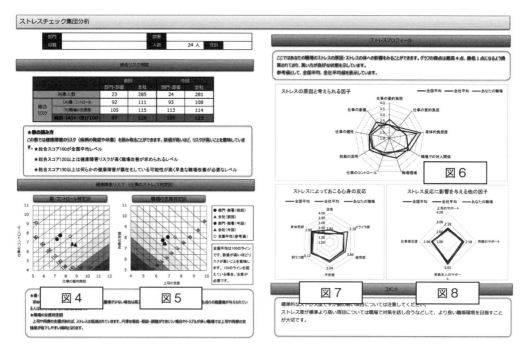

図1 ストレスチェック集団分析結果表(全体図)

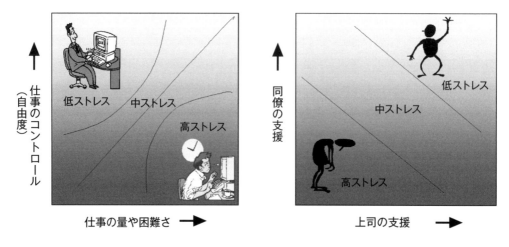

図2 「仕事の量的負担」と「仕事のコントロール」　図3 「上司の支援」と「同僚の支援」

価グループの研究の成果が基になっています。

(1)「仕事の量的負担」と「仕事のコントロール（裁量権または自由度）」

仕事で要求される量や速さに比べて，仕事での裁量権や自由度が少ない場合にストレスが高くなり，健康障害リスクが高まります。

例えば管理職に比べて製造ラインの作業者はわずかな作業量の増加でもストレスになりやすいことが認められています。

ここでは，例えば量が多く困難な仕事であっても，ある程度，従業員に自分で判断したり工夫したりするような裁量権を与えることで，ストレスが少なくなり生産性も向上すると考えられています。

(2)「上司の支援」と「同僚の支援」

上司の支援が良い場合，つまり上司が職場をうまく管理ができている場合や，部下が相談しやすい環境ができている場合は，仕事のストレスは少なくなります。

また，職場の同僚同士が相談したり助言し合ったりできる場合は，仕事のストレスは少なくなります。

5.「仕事のストレス判定図」と「健康障害リスク」

仕事のストレス判定図で算出された健康障害リスクが示す内容は，イライラ，仕事の満足度の低下といったメンタル面，つまりは精神疾患発症におけるリスクだけではありません。血圧や血糖値の変動といった健康診断で確認可能な所見，そして心臓病・糖尿病・胃潰瘍・腰痛などの病気の発生，さらには疾病による休業日数や医療費の増加までをも含有しています。

(1)「仕事のストレス判定図」と「健康障害リスク」を評価する際の留意点

・仕事外のストレス要因（例えば家庭生活におけるストレス要因など）については測定していません。米国立労働安全衛生研究所（NIOSH）の「職業性ストレスモデル」を基にしているからです。例えば，独身・既婚・再婚，共働き，子どもの数，両親との同居，家族との別離，世帯収入，住環境といった要素は加味されません。

・集団分析結果の一つひとつの回答は，個人の主観に基づいています。すなわち，回答者の性格や，仕事への思い，その組織に対する考えについて考慮されていません。評価にあたっては，客観性が確保されていない可能性があると理解したうえで，自記式の調査票にみられる，その個人の，回答に対する傾向について考慮する必要がある場合があります。

・調査時点でのストレス状況しか把握できません。それも出勤時の電車の混雑具合，天気，上司からの声掛け，会議準備で追われているといった要素で容易に左右されます。集団分析を評価・解析する時点では，こういった状況に変化があれば，回答内容も変化しえます。

以上から，集団分析の評価や解析結果における再現性や正確性には，限界があることを考慮しておく必要があります。とはいえ，たいていの世の中の自記式調査にも，同様の限界があります。筆者の経験からも，有用性が確認されている場面があるので，それらを紹介します。

6．「ストレス判定図」の活用が有効な場面例

（1）ストレスフルな状況にあると懸念される職場に対する調査

ストレスチェックの集団分析の結果，健康障害リスクの高かった職場や，従業員からの心身の訴えが多い，健康診断の結果から血圧が上昇した従業員が集中してみられたなどの職場に対して，「仕事のストレス判定図」を利用することで，そもそもの問題点を明確に抽出することができます。

（2）新技術導入や機械の新設，作業方法の変更などに伴う，作業負担感の評価

機械の新設や新しい生産方式導入時のように，従来の作業や工法・処理に変更が生じる場合，導入前後における心理的な負担感を，「仕事のストレス判定図」によって把握かつ評価することができます。この場合，新工法や新技術導入前後で，仕事以外の要因に伴う変動要素（例：家族関係の変化）は少ないでしょうから，心理的な負担感の変化を，鋭敏に把握することが期待できます。

（3）ストレス対策の効果評価

ストレスチェックの結果に基づいた「いきいき職場づくり」（第3章で解説）や作業方法の改善，職場組織の改善，上司の教育・研修などの「職場環境改善計画」を実施した場合に，その前後で「仕事のストレス判定図」でどの程度の効果が得られたかを評価することができます。この場合も，（2）と同じように，効果を鋭敏に把握することが期待できます。

7．判定結果の解釈方法

（1）判定図

判定図は，「量・コントロール判定図」（図4）と「職場の支援判定図」（図5）で構成されています。

判定図上の斜線は，約2.4万人（男性1.6万人，女性8千人）を対象とした集団での平均を100とした数値で示しています。ある職場での平均値が，これら2つの判定図上，どのライン上に位置しているかを把握することで，その職場で仕事を続けることに伴う健康リスクが把握できます。例えば120のライン上に平均点が位置する職場では健康問題が20％増しで，80のライン上では20％減少して発生すると推定できるようになっています。

点がラインとラインの間に位置している場合には，中間値だとみなします。平均値が100の

第1章 「ストレスチェック制度」を十分に活用する

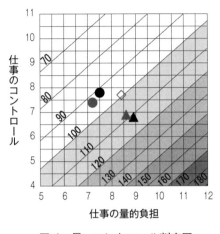

図4　量・コントロール判定図

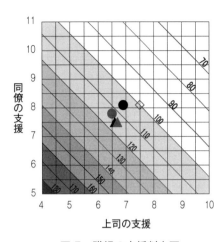

図5　職場の支援判定図

ラインと120のラインの間で，120のラインからラインの間の距離の1/4だけ100のラインに近い場合は，115［＝120 －（120 － 100）÷ 4］とみなします。

「量・コントロール判定図」（図4）からは，「仕事の量的負担」と「仕事のコントロール」の組み合わせから，その職場の仕事に伴うストレスに基づいた健康リスクが予測できます。

図4は点が右下にあるほど，〈仕事の量的負担が高い〉かつ／または〈仕事のコントロール度が低い〉ことから，ストレスが高く，健康問題が起きやすいという結果が示されます。

同じように，図5の「職場の支援判定図」からは，「上司の支援」と「同僚の支援」の組み合わせから，その職場の仕事のストレスの緩和要素に基づく健康リスクが予測できます。

点が左下にあるほど，〈同僚の支援が少ない〉かつ／または〈上司の支援が少ない〉ことから，仕事から被っているストレスを解消しづらく，健康問題が起きやすいという推定が可能です。

(2) 総合健康リスクの算出方法

「仕事の量・コントロール」判定図で読みとれる，その職場の仕事に伴う健康リスクと，「職場の支援」判定図で読みとれる緩和要素とを総合することで，その職場の業務起因性健康リスクを算出することができます（表1）。方法は以下の通りです。

表1の「(A) 量・コントロール」にある健康リスクの数値と，「(B) 職場の支援度」にある健康リスクの値とをかけ算して，その値を100で割ります。

例えば量・コントロール判定図で110，職場の支援判定図で120の値が得られている場合には，総合した健康リスクは132（＝110 × 120 ÷ 100）となります。

このようにして求められた「総合健康リスク」は，その職場での仕事のストレス要因が，どの程度従業員の健康に影響を与える可能性があるかの目安となります。「総合健康リスク」がいくつ以上であれば対策が必要なのかという基準ですが，筆者が2016年に，約130社41,000人を対象として検討した結果としては，150を越えると健康問題が顕在化しているケースが多

表1 総合健康リスク

総合健康リスク		前回		今回	
		部門・部署	全社	部門・部署	全社
対象人数		19	53	22	60
総合健康リスク	(A) 量・コントロール	100	107	97	105
	(B) 職場の支援度	117	108	115	107
	総合 (A)×(B)/100	117	115	111	112

く,早急な改善が必要な状態と思われました。監修者によると,確かに疫学的に150とは1.5倍リスク比があるということから異存はないとの話でした。むろん,これより低い値であっても放置してよいという話ではなく,算出された「総合健康リスク」を少しでも低下させる努力が必要です。何しろ「総合健康リスク」120とは,従業員のストレス反応(ゆううつや不安),医療費,疾病休業が通常の20%増しとなってもおかしくはないと予想される状態です。対策によって健康リスクを100(平均程度)あるいはさらに改善できれば,従業員,事業場および健康保険組合にとって大きな利益があると想定できます。

　健康リスクを低下させるために,職場環境,作業内容あるいは職場組織の改善によって仕事のストレス要因を減少することが必要です。特に,判定図において全国平均よりも問題であることがわかった要因について対策を進めることがポイントになります。

8.「ストレスプロフィール」

　「ストレスプロフィール」は,仕事のストレス判定図ではわからない,さらに詳細な内容を読み取ることができます。仕事のストレス判定図を補完するものです。
　この「ストレスプロフィール」は,「ストレスの原因と考えられる因子」「ストレスによって起こる心身の反応」「ストレス反応に影響を与える他の因子」の3つの要素から構成されています(図6〜8)。
　「ストレス反応に影響を与える他の因子」が,性別,年齢,元々の健康状態,家族関係や世帯収入といった,疫学では交絡因子といわれる修飾・影響因子です。

9. パターン別のストレス対策のヒント

　この項では,これまで「集団分析」で求められた結果を踏まえ,具体的にどのような対策をとったら良いのか,これまで提案してきた解決策を記載します。

(1)「仕事の量的負担」が多い場合
・仕事の量的負担への対策は,生産性と結びついていない余分な作業量の改善によって減少

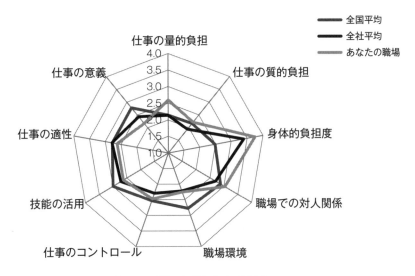

図6 ストレスの原因と考えられる因子

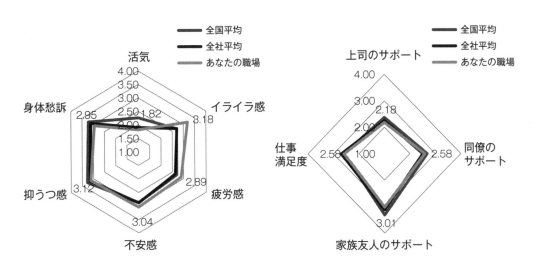

図7 ストレスによって起こる心身の反応　　図8 ストレス反応に影響を与える他の因子

させることで可能になります。例えば，運転前後での機械のチェックポイント数を小集団活動によって軽減するなどの工夫があります。
・仕事の進行に困難があると，仕事の量的な負担感が増加します。このような場合には，作業が円滑にできるよう作業方法を改善することが大事な対策になります。逆に，仕事量が多いはずなのに「仕事の量的負担」が低めであった場合には，円滑に仕事が進む環境が整っているといえるでしょう。

（2）仕事の量に比較して仕事のコントロール（自由度や裁量権）が低い場合
- 仕事のコントロールを増やすということは、「個々人の能力を活用できる機会を作る」ことです。仕事の量的な負担や困難に対して、個々の従業員または作業グループが自ら問題解決できる機会を作ったり、そのための自由度や権限の幅を増やすように工夫しましょう。
- 仕事のすすめ方や職場環境の改善など、職場での意志決定に従業員が発言できる機会を増やしましょう。
- 仕事の目標、作業の見通し、作業の位置づけなどの情報がメンバーにきちんと伝えられることによっても、従業員の仕事のコントロール（自由度）は改善します。
- OJTや技能研修なども、仕事のコントロールを増やすことにつながります。

（3）上司あるいは同僚の支援が低い場合
- 上司の支援は、上司が多忙のために上司への報告・調整が難しい場合に低下する場合があります。また、トラブルが多い職場では上司の支援の必要性が増大して、相対的に上司の支援が低くなる場合があります。従業員が必要な場合に上司に円滑に報告・相談ができているかどうかに注意しましょう。
- 職場グループ内の連絡会議の回数を増やして情報や問題を共有することも、上司や同僚の支援を増やすために効果的です。サブリーダーなどを設置して、上司の支援機能を代行できるように工夫することもひとつの方法です。
- 職場内のレイアウトや分散職場であることが、上司や同僚の支援を低下させている場合があります。コミュニケーションが円滑にできるような職場レイアウトやオフィス・作業所の配置を工夫しましょう。
- 不公平感は、職場の人間関係を損ね職場の支援を低下させる大きな原因です。上司から従業員へのきちんとした説明、オープンで公平な態度によって不公平感が起きないように留意しましょう。
- 管理監督者へのストレスに関する知識や部下への対応法の教育・研修によって、上司の支援を増加させることができます。

10.「新職業性ストレス簡易調査票」

「新職業性ストレス簡易調査票」とは、従来の「職業性ストレス簡易調査票」に追加して、仕事の負担に関して情緒的負担や役割葛藤を測定できるように設計された尺度です。それと同時に、作業レベル（仕事の意義,役割明確さ,成長の機会など）、部署レベル（仕事の報酬,上司のリーダーシップなど）、事業場レベル（経営層との信頼関係,人事評価の公正さ,個人の尊重など）に関する質問項目も追加されているため、職場環境をより広く、かつ高精度で把握できるような設計がなされています。また、労働者の仕事へのポジティブな関わり（ワーク・エンゲイジメント）、職場の一体感（職場のソーシャルキャピタル）、職場のハラスメントなども測定できます。

そもそも従来の「職業性ストレス簡易調査票」は，その開発者自身，ストレスチェックで使われることに批判をしているように，いわば目的外使用がなされている以上，間違いが生じる可能性があります。

11.「職業性ストレス簡易調査票」と「新職業性ストレス簡易調査票」の比較

「職業性ストレス簡易調査票（57項目）」と「新職業性ストレス簡易調査票（80項目）」で測定できるストレスプロフィールを比較します。

(1) 57項目・80項目の双方で測定できるストレスプロフィール
仕事の負担プロフィール
- 仕事の量的負担（仕事の量が多いことや時間内に仕事をしきれないことによる業務負担）
- 仕事の質的負担（仕事で必要な注意集中の程度や知識，技術の高さなど質的な業務負担）
- 身体的負担度（仕事でからだを動かす必要があるなど身体的な負担）
- 職場での対人関係（部署内での意見の相違，あるいは部署同士の対立など対人関係に関する負担）
- 職場環境（騒音，照明，温度，換気などの物理的な職場環境の問題による負担）

仕事の資源（作業レベル）プロフィール
- 仕事のコントロール（仕事の内容や予定，手順などを自分で決められる程度）
- 仕事の適性（仕事の内容が自分に向いている，合っていること）
- 技能の活用（もっている技術，知識，技能，資格などが仕事上活用されていること）
- 仕事の意義（仕事の意義が認識でき，働きがいを感じていること）

仕事の資源（部署レベル）プロフィール
- 上司のサポート（話しかけやすく，頼りになり，相談に乗ってくれるなど上司から部下への支援）
- 同僚のサポート（話しかけやすく，頼りになり，相談に乗ってくれるなど同僚間の支援）
- 家族友人のサポート（配偶者，家族，友人などからの支援）

(2) 80項目のみで測定できるストレスプロフィール
健康および満足度プロフィール
- 活気（活気，いきいきなどのポジティブな感情）
- イライラ感（怒り，立腹，イライラなどの症状）
- 疲労感（疲れ，へとへと，だるさなどの疲労に関連した症状）
- 不安感（気が張りつめている，不安，落ち着かないなどの不安に関する症状）

- ◆ 抑うつ感（憂うつ感，集中力の低下など，抑うつ気分に関する症状）
- ◆ 身体愁訴（身体的な症状の合計）
- ◆ 仕事満足度（仕事に関する全般的な満足度）
- ◆ 家庭満足度（家庭生活に関する全般的な満足度）

仕事の負担プロフィール
- ◆ 情緒的負担（仕事上で気持ちや感情がかき乱れるなど，感情面での負担）
- ◆ 役割葛藤（方針や要求が互いに相容れないために業務が困難になること）
- ◆ ワーク・セルフ・バランス（ネガティブ）（仕事が個人生活に対して好ましくない影響を及ぼしていること）

仕事の資源（作業レベル）プロフィール
- ◆ 役割明確さ（仕事上で果たすべき役割が明確に理解されていること）
- ◆ 成長の機会（知識や技術を得たり，あるいはその他の自己成長の機会があること）

仕事の資源（部署レベル）プロフィール
- ◆ 経済・地位報酬（仕事上の努力に対し金銭的報酬や処遇を受けていること）
- ◆ 尊重報酬（上司や同僚から，仕事の努力にふさわしい尊敬や賞賛を受けていること）
- ◆ 安定報酬（仕事が不安定，将来の見込みがない，職を失う可能性のあること）
- ◆ 上司のリーダーシップ（上司が仕事の出来をフィードバックし，部下が問題解決できるよう指導していること）
- ◆ 上司の公正な態度（上司が偏見をもたず，部下に思いやりと誠実さをもって対応してくれること）
- ◆ ほめてもらえる職場（ねぎらいや感謝の言葉など，職場でポジティブな評価を受けられること）
- ◆ 失敗を認める職場（失敗しても取り戻す機会があったり，失敗を転じて成功に導くことができること）

仕事の資源（事業場レベル）プロフィール
- ◆ 経営層との信頼関係（経営層と従業員の間に相互の信頼関係があること）
- ◆ 変化への対応（職場でどんな変化があるか説明があったり，たずねることができ，変化への準備ができていること）
- ◆ 個人の尊重（一人ひとりの長所や得意分野，価値観などを考えて仕事が与えられる風土や方針があること）
- ◆ 公正な人事評価（人事評価について情報が提供され，納得できる説明がなされること）
- ◆ 多様な労働者への対応（女性，高齢者，雇用形態などさまざまな背景の従業員が職場の

一環として尊重されること)
- ◆ キャリア形成(従業員のキャリア形成について方針や目標が明確にされ,教育訓練が提供されていること)
- ◆ ワーク・セルフ・バランス(ポジティブ)(仕事により,個人生活を豊かにすることができること)

健康および満足度プロフィール
- ◆ 心理的ストレス反応合計(活気(のなさ),イライラ感,疲労感,不安感,抑うつ感の症状の合計)
- ◆ 職場のハラスメント(職場でいじめ,嫌がらせを受けていること。セクシュアルハラスメント,パワーハラスメントを含む)

このように,「新職業性ストレス簡易調査票」の卓越性は著明であるため,弊社でも2016年度から使うことができるようにし,2016年度の使用率は25%でした。

次ページの図9〜10は,弊社で提供している結果表です。

12. ストレスチェック制度に基づく職場環境改善計画のご提案

筆者は,企業の労務支援経験が豊富な社会保険労務士です。ここでの支援には,行政が提供している助成金の支給支援もあります。この節で述べてきた働きやすい職場環境づくりを行う際に活用できる助成金が2017年度に新設されていることを,なかには知らないストレスチェック提供業者がいることも確認されています。その点,<u>筆者は,多数の助成金申請代行実績があります</u>。なかには,その企業の負担が<u>実質ゼロ</u>で済んだところも多数あり,喜びの声をもらっています。

そこでこの項では,2017年度現在,利用可能な助成金の解説をします。

(1) 職場環境改善計画助成金

ストレスチェックでの「集団分析」結果を踏まえ,この節で書いてきたような職場環境の改善に取り組むことを対象とした助成金です。AコースとBコースとがあります。ストレスチェックを実施し,その分析をすることが支給の開始要件です。

Aコース[※1]

ストレスチェック実施後の「集団分析」結果を踏まえて,専門家[※2]による指導を受けなが

※1 機器・設備購入費用に対する助成は,AコースとBコースを合わせて将来にわたり1回限り。
※2 専門家とは,産業医(安衛法第13条第2項の要件を備えた医師),医師,保健師,看護師もしくは精神保健福祉士または産業カウンセラーもしくは臨床心理士等の心理職のほか,労働衛生コンサルタント,社会保険労務士をいう。

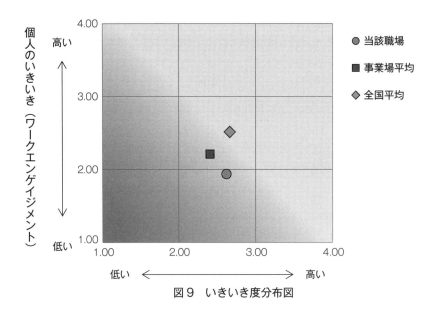

図9 いきいき度分布図

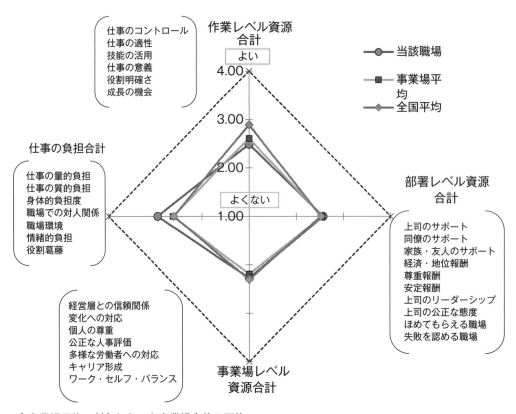

◆事業場平均：対象となった事業場全体の平均
◆得点は最高4点、最低1点になるよう変換されており、高い方が良好な状態を示す

図10 職場のいきいき（職場の一体感）

ら作成した計画に基づき，職場環境の改善を実施した場合に，負担した指導費用および機器・設備購入費用の助成を受けることができる制度です。

センターのように，職場環境改善助成金の要件を満たした専門家を備えているストレスチェック実施機関を選ぶことで，全サービスを，途切れることなく一気通貫的に受領することができます。

Bコース[※1]

Aコースと違い，各都道府県にある産業保健総合支援センターのメンタルヘルス対策促進員の助言・支援に基づき，ストレスチェック実施後の集団分析結果を踏まえた計画を作成し，その計画に基づき職場環境の改善を実施した場合に負担した機器・設備購入費用の助成を受けることができる制度です。

職場環境改善を進めるにあたり，筆者のような社会保険労務士といった専門家の代わりに，産業保健総合支援センターのメンタルヘルス対策促進員を利用する点が，Aコースとの違いになります。

提出書類

提出書類は，以下5種類です。

・職場環境改善計画助成金支給申請書（AコースまたはBコース）
・労働保険料一括納付に係る証明書
・職場環境改善指導実績報告書
・職場環境改善計画及び改善状況確認書
・職場環境改善計画助成金支給申請（AコースまたはBコース）チェックリスト兼同意書

これらの書類は，労働者健康安全機構のサイト（https://www.johas.go.jp/sangyouhoken/tabid/1154/Default.aspx）からダウンロードすることができます（2017年10月13日参照可能）。

助成額

Aコース：助成対象は，①専門家の指導費用，②機器・設備購入費用で，助成額は1事業場当たり100,000円が上限となります。ただし，機器・設備購入費は50,000円（税込み）を上限とし，かつ，単価50,000円（税込み）以内のものとします。50,000円（税込み）の範囲であれば，複数の機器・設備が助成対象となります。

Bコース：助成対象は，機器・設備購入費用のみで，助成額は1事業場当たり50,000円が上限となります。50,000円（税込み）を上限とし，かつ，単価50,000円（税込み）以内のものとします。50,000円（税込み）の範囲であれば，複数の機器・設備が助成対象となります。

支給要件

以下がAコースの支給に必要な6要件です。

① 労働保険適用事業場であること。
② ストレスチェック実施後の集団分析を実施していること。
③ 平成29年度以降，専門家と職場環境改善指導に係る契約を締結していること。
④ ストレスチェック実施後の集団分析結果だけではなく，専門家から管理監督者による日常の職場管理で得られた情報，労働者からの意見聴取で得られた情報および産業保健スタッフによる職場巡視で得られた情報等も勘案して職場環境の評価を受け，改善すべき事項について指導を受けていること。
⑤ 専門家の指導に基づき職場環境改善計画を作成し，当該計画に基づき職場環境の改善の全部または一部を実施していること。
⑥ 専門家から，職場環境改善計画に基づき職場環境の改善が実施されたことの確認を受けていること。

以下はBコース支給に必要な5要件です。

①②はAコースと共通
③ 平成29年度以降，新たに事業場を訪問したメンタルヘルス対策促進員からストレスチェック実施後の集団分析結果の見方やストレスチェック実施後の集団分析結果を踏まえた職場環境改善手法について助言・支援を受けていること。
④ メンタルヘルス対策促進員の助言・支援を受け，職場環境改善計画を作成し，当該計画に基づき職場環境の改善を実施していること。
⑤ メンタルヘルス対策促進員が，職場環境改善計画に基づき職場環境の改善が実施されていることを確認していること。

助成金を受け取る手続きフロー

助成金を受け取るまでの手続きは右の図11のとおりです。

(2) ストレスチェック実施促進のための助成金
内容

派遣労働者を含めて従業員50人未満の事業場が，ストレスチェックを実施し，また，医師からストレスチェック後の面接指導等の活動の提供を受けた場合に，それらの費用の助成を受けられる制度です。

①ストレスチェックの実施
・医師，保健師等によるストレスチェックを実施し，従業員へ結果を通知する。

②ストレスチェック実施後の集団分析
・ストレスチェック結果を一定の規模の集団ごとに集計・分析する。

③職場環境改善計画の作成に係る指導契約の締結
・専門家と職場環境改善計画の作成に係る指導契約を締結する。

④職場環境改善計画の作成
・専門家からの職場環境の評価，改善すべき事項を踏まえ，職場環境改善計画を作成する。

⑤職場環境の改善
・作成された職場環境改善計画に基づき，労働時間や勤務体系，作業方法や職場組織，職場の物理化学的環境の改善，健康相談窓口の設置等を実施する。

⑥職場環境改善計画助成金支給申請【Aコース】
・必要な書類を添えて，労働者健康安全機構へ助成金の申請を行う。

⑦助成金支給決定通知の受取，助成金受領
・労働者健康安全機構から支給決定通知が届き，助成金が振込まれる。

図11　助成の手続き

助成対象

①ストレスチェック

　年1回のストレスチェックを実施した場合に，実施人数分の費用が助成されます。

②ストレスチェックに係る医師による活動

　ストレスチェックに係る医師による活動について，実施回数分（上限3回）の費用が助成されます。

【ストレスチェックに係る医師による活動の内容】

・ストレスチェック実施後に面接指導を実施すること

・面接指導の結果について，事業主に意見陳述をすること

助成金額

　次の費用が助成されます〈助成対象と助成額（上限額）〉。

①ストレスチェックの実施：1従業員につき500円

②ストレスチェックに係る医師による活動：1事業場あたり1回の活動につき21,500円（上限3回）

※ 500 円と 21,500 円はそれぞれの上限額ですので，実費額が上限額を下回る場合は実費額を支給します。

簡便化措置

平成 29 年度より，以下のように簡便化がなされています。

① 小規模事業場登録届出がなくなりました。
② 実施対象期間が 1 年度単位となりました。
③ 申請期間が 4 月 15 日から翌年度 6 月 30 日までとなりました。
④ 助成金の対象となる医師による活動が「ストレスチェック実施後に面接指導を実施すること」「面接指導の結果について，事業主に意見陳述をすること」の 2 点のみとなりました。

(3) 心の健康づくり計画助成金

内容

事業主が，各都道府県にある産業保健総合支援センターのメンタルヘルス対策促進員による助言・支援（事業場訪問 3 回まで）に基づき，心の健康づくり計画を作成し，計画を踏まえメンタルヘルス対策を実施した場合に，この助成を受けることができます。

助成対象

事業主がメンタルヘルス対策促進員による助言・支援（事業場訪問 3 回まで）に基づき，心の健康づくり計画を作成し，計画を踏まえメンタルヘルス対策を実施した場合に助成されます。

助成額（上限額）

心の健康づくり計画の作成および計画に基づくメンタルヘルス対策の実施をした場合，一企業につき一律 10 万円を将来にわたって 1 回に限り支給されます。

申請期限

平成 29 年 6 月 1 日から平成 30 年 6 月 30 日まで（消印有効）
※ただし，申請期間中でも助成金支給申請の受付を終了することがあります。

以上の助成金に関する問い合わせ先

各都道府県にある産業保健総合支援センター，または独立行政法人労働者健康安全機構 産業保健・賃金援護部 産業保健業務指導課
〒 211-0021
神奈川県川崎市中原区木月住吉町 1 番 1 号　事務管理棟
TEL：044-431-8661　FAX：044-411-5543

▼参考文献

さくらざわ博文(2016)もう職場から"うつ"を出さない！―ストレスチェック時代の最新メンタル不調予防法. 労働調査会.

厚生労働省厚生労働科学研究費補助金労働安全衛生総合研究事業の報告書.（http://mental.m.u-tokyo.ac.jp/jstress/［2017年10月13日閲覧]）

独立行政法人労働者健康安全機構. 産業保健関係助成金.（https://www.johas.go.jp/sangyouhoken/tabid/1151/Default.aspx［2017年10月13日閲覧]）

第 2 章 ストレスチェック実施後の総合的取り組み
——年間活動実例

田村　隆

1. はじめに

　ここでは，ストレスチェックの法制度化より10年も前から，ストレスチェックの企画や構築，運営，集団分析も含めた実施に従事してきた立場から，同制度の課題を明らかにするとともに，より良い活用手段や実践方法を紹介します。

2. ストレスチェックの実施

（1）ストレスチェック制度の概要
　第 1 章で解説したストレスチェックは，2014年 6 月に改正労働安全衛生法が閣議決定のうえ，2016年12月より同法，同規則が施行されています。ストレスチェック実施の法制化の目的はメンタルヘルスの一次予防（健康増進・未然防止）であり，二次予防（不調者の早期発見・早期対応）ではないとされています。保護法益には，昨今増加してきた過労死の防止（特に精神障碍に基づく）があります（図 1）。

①実施義務
　このストレスチェックの実施義務が課せられている労働者を50人以上有する事業場のうち，2017年 6 月末時点で，82.9％の事業場がストレスチェック制度を実施していることが，厚生労働省の調査でわかりました。すなわち17.1％の事業場が法律違反をしているということになります。この理由として，事業者は事業場を管轄する労働基準監督署に実施結果報告書を提出することになってはいるものの，未実施事業場に対する罰則規定がないからと想像できます。

②実施対象者
　ストレスチェックの実施対象者は，正規社員ならびに 1 年以上にわたって継続雇用されている非正規社員であり，派遣社員については派遣元に実施義務があります。実際にストレスチェックを受けた方を「受検者」といいます。同じく厚生労働省の調査で，2017年 6 月末時点で受検者は全対象者の78.0％でした。

第2章　ストレスチェック実施後の総合的取り組み

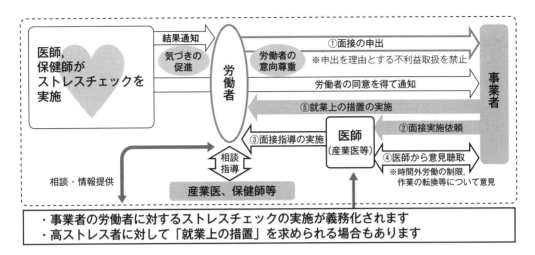

図1　ストレスチェック制度の流れ（2015.4 厚労省）

③**実施後**

　受検者のうち，非統計学的検討結果から出現率が10％と目論まれている「高ストレス者」と区分された労働者は，本人が希望すれば医師面談を受けることが可能です。医師との面談の結果，医師が必要と判断した場合には，事業者はその医師からの意見に対して配慮を行う必要があります。一方で，本人がこれら事後措置によって，報復的な人事処分といった不利益を被ることは改正労働安全衛生法によって禁止されています。しかしながら医師面談を希望した場合，その事実や実施結果が会社に報告されることになるため，面談を希望する人は高ストレス者のごく一部に限られるであろうことは想定されていました。厚生労働省の調査では，2017年6月末時点までに全国で面接指導を受けた労働者の割合はわずか0.6％に過ぎないことがわかりました。

④**集団分析**

　ストレスチェック実施結果を用いた「集団分析」は，組織診断と，これに基づく職場環境改善活動の実施で構成されています。厚生労働省の検討委員会報告書を読むと，使用者側委員の意見によって，実施義務から努力義務へと格下げされました。にもかかわらず，厚生労働省の調査では，2017年6月末時点までにこれを実施した事業場は，受検した事業場のうち78.3％と高い割合でした。仮に過労死等で訴訟問題が起きた際に，その労働者が所属していた職場が，慢性的に高ストレスな職場であることが把握されていながら，何ら対策をとらずに放置していた場合，事業者に対する安全配慮義務がより問われかねないことが，安全衛生委員会にて検討されたものと想像できます（図2）。

(2) ストレスチェック実施事例

　従業員数が単体2,000人弱，連結4,000人弱で，関東地区と九州地区に主な拠点を置く製造

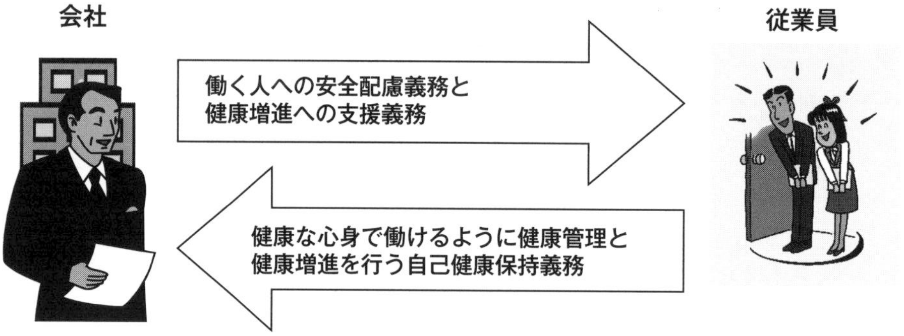

図2 安全配慮義務と自己健康保持義務

業A社が、ストレスチェックの法制度化より10年以上前の2006年から、年に1度、定期的にストレスチェックを実施してきた経験があることから、そこでの実施事例を紹介します。

① A社の背景

当時としてはメンタルヘルス問題に関して先見の明があった産業医の指導の下、社内事情に詳しく社内での発言力もある管理職OBという立場の正社員を社内カウンセラー(産業カウンセラー有資格者)として養成し、産業医の指導の下に1998年より体制づくりを進め、2001年よりメンタルヘルス活動に取り組んできた歴史的背景があります(図3)。

②社内カウンセラー制度

A社は組織的に社内カウンセラー制度を整備・構築し、現在は6名の産業カウンセラー有資格者(うち、シニア産業カウンセラー1名、2級キャリアコンサルティング技能士1名、キャリアコンサルタント1名)を擁するまでに至っています(他にも1名の管理職OBも産業カウンセラーの資格取得を目指して産業カウンセラー養成講座を卒業)。

③社内カウンセラーの活動

2001年より社内カウンセラーによる相談室が開設されました。そして社内カウンセラーを講師とする管理職や新入社員、新任管理監督者等を対象としたメンタルヘルス研修も2004年より提供開始となっています。

その後も復職支援プログラムの策定等、活動領域は広がった末、2006年度からのストレスチェックの定期的実施が開始されました。

④ストレスチェックの実施対象者

当初は事務技術員のみが実施対象者でした。その後技能員やグループ会社の社員も実施対象者へと拡大され、今日に至っています。

第2章 ストレスチェック実施後の総合的取り組み

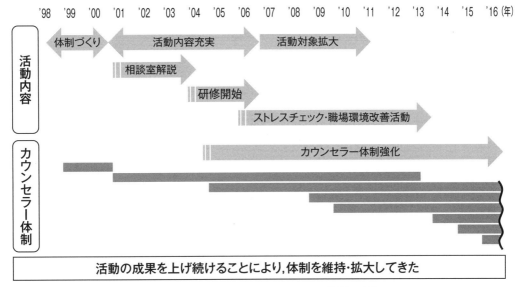

図3 A社の活動内容・カウンセラー体制の変遷

⑤ストレスチェックの実施率

　ストレスチェックの実施率は常に90％以上をキープしています。その背景としては，前述のとおり，社内におけるメンタルヘルス活動に20年近くの歴史があることがあり，これら地道な活動に対する従業員からの理解や期待が浸透している証だと考えられます。

⑥ストレスチェックの実施内容

　ストレスチェック実施後の受検者に対する個人への結果のフィードバックはもちろんのこと，産業医への面談に加え，図4には書かれていないものの，社内カウンセラーへの相談を希望することも可能です。相談希望者に対する面談，組織診断，その結果に基づく職場環境改善活動等の一連の取り組みを，開始当初から実施しています（図4）。このようにストレスチェックの実施が義務化された時点ではすでに10年以上の実績をもっています。

⑦ストレスチェック実施に関する工夫

　WEBでの実施容易化や実施結果の経営層への報告等，より効率的で効果が期待できるよう，さまざまな改善を重ねてきています。

⑧得られた効果

　積極的に労働環境の改善に取り組む職場からは，役員報告より早く自部署の組織診断結果の提供を求められるなど，実施結果をより良い職場づくりに活かそうという意識が高まっています。
　なお，ストレスチェックの実務と結果の個人へのフィードバック，集団集計用のデータベー

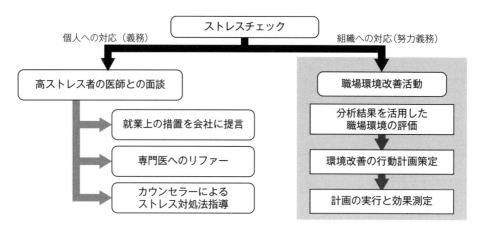

図4 A社のストレスチェック実施後の対応

ス作成と組織診断レポートの作成までは，契約する外部EAPに委託していますが，データベースを用いたさまざまな切り口での追加分析と，分析結果の会社および各職場への報告，その後の職場環境改善活動の支援は，社内事情に明るい社内カウンセラーが自ら担当しています。この社内カウンセラーは，本社の部門，事業場の所在地，およびグループ企業ごとに分担を分けていますが，必ずしもその分担が絶対的なものではなく，お互いに連携を図りながらチームとして柔軟にクライアントや職場の相談に対応しています。

(3) 年間活動スケジュール（A社の例）

A社は毎年，新卒者が入社する4月に最も大規模な人事異動や組織体制の見直しが行われる組織運営がなされているため，体制変更前に組織診断が実施できるような年間活動スケジュールとなっています（図5）。

具体的には，以下のようなPDCAサイクルを回すことができるスケジュールで編成されています。

① 12月にストレスチェックを実施
② 即時，実施結果を個人にフィードバック
③ 3月末までに，相談希望者への産業医面談を実施
④ 同じく3月末までに組織診断を実施
⑤ 4月の経営層へのストレスチェック実施結果報告を皮切りに，各部門別報告を実施
⑥ 高ストレス職場については，5月以降，社内カウンセラーが支援しながら職場環境改善活動を実施し，その結果は翌年12月のストレスチェック結果にて評価される

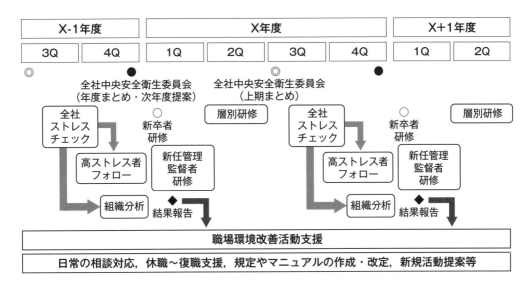

図5　A社の年間の活動スケジュール

3. ストレスチェック実施後の取り組み

　ここでは，A社におけるストレスチェック実施後の具体的な取り組み内容の仔細を紹介します。

(1) 個人のフォロー

　ストレスチェックはWEBを介しているため，WEB端末のある職場に限らず，従業員の自宅のPCや環境さえ許せば世界中どこからでも実施可能になっています。そして即座に画面上で結果通知とフィードバックを受けることができるとともに，過去の履歴を確認することも可能です（図6）。

　WEB端末のない職場や自宅からの通信を希望しない従業員に関しては紙による実施となるため，回答用紙を各自が封印したうえで職場ごとに回収して，契約するEAP機関に送付しています。その場合には，A社経由のうえ，その従業員個人に宛てた封書で結果が届けられます。この場合には，回答の送付から結果のフィードバックまでの所要日数は約1カ月になります。

　出現率約10％の高ストレス者には，結果のフィードバックにその旨が明記されているとともに，①医師面談や，②EAPの相談サービスの活用を促す文が記載されています。

　また，A社では社内カウンセラーを有するという特徴を生かし，これらに加えて③社内カウンセラーへの相談という選択肢（①～③より複数の相談対応を利用することも可能）が案内されています。

　ただし，高ストレス者のなかで①～③を希望（利用）する人は残念ながら多いとは言えず，

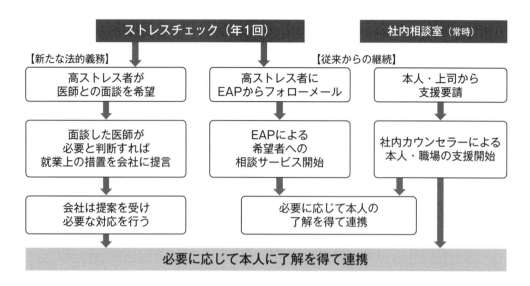

図6 ストレスチェック実施（⇒個人への対応）

個人のフォローを通じてストレスチェックの目的とする，そもそもメンタルヘルス不調にならない／させないという一次予防を促進するためにも，相談希望者の増加が課題ではあります。
　A社のメンタルヘルスにおける一次予防対策としては，次のとおりです。

・ストレスチェック以外にも長時間労働者に対するフォロー（月当たりの時間外労働が45時間を超えると健康管理表を提出。簡易ストレスチェックによる高ストレス者や相談希望者は社内カウンセラーがフォロー。さらに80時間を超える者は産業医面談を実施。100時間超や連続80時間超は原則禁止）
・健康管理センターへの健康相談（2016年度は月平均95件。うち，6割強は職場上司から社内カウンセラーへの相談がきっかけ）
・さらには外部EAP機関への相談についても，相談者本人の了解が得られれば，必要に応じて社内相談室と連携を取るシステムも構築されている

　以上からも，これら相談室を介した総合的な一次予防はかなり定着しているといえるのではないでしょうか。実際，社内カウンセラーを講師とするさまざまなメンタルヘルス研修が年間を通じて計画的に企画・実施されています。2016年度は延べ445人が受講したことからも，社内カウンセラーに対する労使双方からの高い認知度が得られていることが，これら一次予防の円滑な実行につながっているものと考察できます。

第2章 ストレスチェック実施後の総合的取り組み

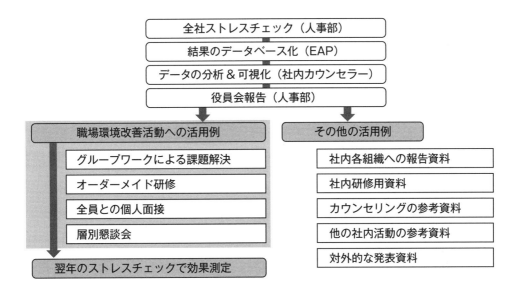

図7　職場環境改善（およびストレスチェック結果のデータの活用）

（2）組織のフォロー

　組織のフォローは，基本的にはストレスチェック実施結果の経営層への報告を機に開始されます（図7）。経営層への報告は，全社役員会議にて，実施結果の概要や部門・部署別のストレス状況や今後の取り組み予定などの報告がなされます。各部門長への報告を経て部署長会議の場でさらに詳細が報告される流れとなります。

　その後，経営層の指示も仰ぎながら，高ストレス職場を中心とした職場環境改善活動が開始されます。ストレスレベルは同様に高くても，ストレスの内容や過去からの経緯などには職場ごとに特徴があるため，単に数値だけを追うのではなく，その背景にある真の課題に迫ることも必要です。また，**高ストレス職場ほど，業務の高負荷状態が続いていたり，支援体制が希薄な場合があったりするため，改善活動の実施を迫られること自体が職場にとってのさらなるストレス要因になる可能性もあります**。したがって<u>一律の対応ではなく，経営層の理解とともに，各職場の実情を踏まえた，真の意味での支援</u>が必要になってきます。

　上記の太字にした課題部分と下線を引いた対策部分は，10年にわたる経験ある立場だから見出せた課題と対策です。確かにストレスチェックでは労務問題が炙り出されることと，それらの解決と支援が重要になることが監修者から問題提起されていました。これらから類推すると，ストレスチェックをにわかに始めた事業者，集団分析結果を解釈する衛生管理者，産業医，キャリアコンサルタント，そしてストレスチェックに参入した労務対応不可能なサービス提供者を使っている組織は果たして大丈夫なのか，心配しています。

	少しは該当する	: △
	該当する	: ○
	特に強く該当する	: ◎
	該当しない	: ー

年　月　日（　）所属：　　氏名：

職場で強いストレスを感じること	昇格・昇進・降格		支援	本音で相談できる相手がいない	
	異動・転勤			身近に雑談ができる相手がいない	
	業務内容・レベル			好きなことを一緒に楽しめる相手がいない	
	業務量・就業時間		個人要因	ストレスを発散できるような趣味を持っていない	
	業務への裁量度			周囲とのコミュニケーションを取るのが苦手	
	さまざまな不公平感			自分の考えや気持ちを伝えるのが苦手	
	上司との関係			周囲からの疎外感・孤独感を感じる	
	その他の人間関係			「○○すべき」という考え方の傾向がある	
	上記以外の悩み			悪いことがあると自分の責任と感じてしまう	
その他のストレス	将来のこと（キャリア問題）			物事を悲観的に考えるネガティブ思考	
	結婚・離婚・出産			自分に対して自信が持てない	
	家族・家庭の悩み			何事もミスなく完璧にしようとする傾向がある	
	恋愛・異性関係			現状から逃げ出したいと考えることが多い	
	上記以外の悩み			頼まれると（ムリだ，イヤだと思っても）断れない	
	身体の健康や疲労			過去の悪い思い出をいつまでも引きずる	

図8　ストレスチェック要因チェックシート

（3）組織改善活動の実際

実際にこれまで社内カウンセラーが支援しながら行ってきた改善活動の事例を，以下に紹介します。

①部署長や所属長とのヒアリング

その職場の分析結果のデータを見ながら，このような結果となった背景について意見・情報交換を行うとともに，個人が特定されないよう十分配慮しながら要因を深堀するための追加分析要望にも応じるようにしています。

また，以下に記載するような具体的な改善活動についても協議しています。

②対象職場の所属員全員面談

実施することになった背景や，実施の目的，面談結果については本人の了解を得ずに上司や人事には伝えないことを説明し，事前にA社独自の問診票(図8)を配布し記入指示したうえで，面談時に持参してもらい，社内カウンセラーがそこへの記入結果を見ながら，1人10分程度の面談を行っています。そこで各自の本音を引き出すことで職場の抱える課題を明らかにするとともに，必要に応じて〈その後の面談の継続を約束する，専門医への受診を勧める，上司との連携を提案する〉など，個人のフォロー（不調者や予備軍の早期発見・早期対応）につなげる場合も珍しくありません。

第2章　ストレスチェック実施後の総合的取り組み

研修の大分類	課題の情報源	具体的な課題	メンタルヘルス基礎	ラインケア				コミュニケーション					セルフケア			
				事例検討	復職支援	職場環境改善	パワハラ研修	認知行動療法	アサーション	傾聴	交流分析	ワーク・ライフ・バランス	リラクセーション	キャリア開発
セルフケア	ストレスチェック分析結果より	中堅層の高ストレス対策	●					●	●	●	●	●	●	
		課長・総括層の高負荷	●					●				●	●	
	社員からの相談対応より	若年層のコミュニケーション能力とストレス耐性向上	●					●	●				●	●
		課長層の相談促進	●					●		●				
ラインケア	日常の上司との連携より	早期発見・早期対応	●	●				●						
		不調者対応ノウハウ習得	●											
	ストレスチェック分析結果より	部下とのコミュニケーション						●	●	●	●	●		
		慢性的な業務負荷大				●								
	社員からの相談対応より	職場のハラスメント					●		●	●				
		休職〜復職支援	●	●	●									

図9　個別課題と研修テーマ

③オーダーメイド研修

前述の①や②を通じて顕在化した職場の課題に対して，効果が期待できそうな研修を企画して実行します。例えばコミュニケーション力向上やストレスコーピングという，ストレス要因に対する対処力や抵抗力を向上することを企図した研修などを準備し，職場単位で受講してもらっています。全員が同じ研修を受けることで，共通理解が得られるメリットも大きいと考えています（図9）。

④課題解決手法を用いた改善活動の実施

A社内で元々定着している一般的な課題解決手法を用い，集中的なグループワークにて課題の明確化⇒要因の分析⇒方策の立案⇒実行計画を立て，その後，この計画に基づいて改善活動を実施しています。手法自体が全社的に定着しているため，違和感なく取り組めるとともに効率的に実施できることが，この方法の強みです。また，この手法にて導いた方策が，上記②や③につながる場合もあります。

⑤良好職場事例の紹介

　業務負荷や生産性が高いにもかかわらずストレスが低いいくつかの職場の（例えば）総括職を集め，それぞれの職場がどのような取り組みをしているかを探るとともに，その内容を社内報などで紹介し水平展開を図ることで，高ストレス職場の改善策の参考にしてもらっています。実際，まったく職種の異なる職場でも，実施している内容には共通点が多いなど，興味深い発見につながる事例も出ています。

⑥組織体制の補強

　法制化に伴いストレスチェックの実施が義務づけられたのは事業者でした。これは，今後の課題ですが，実施結果，高ストレス職場のストレス要因が明らかに構造的な問題（人材不足など）であることが説明できれば，経営層に対して改善を提案することも可能と考えます。

　これまで，ともすると高ストレス職場に対して役員は「何とかしろ」と言うだけで，それがむしろ職場の負担を増していた例も確認されていました。それを解決するためにも，経営層をも巻き込んだ，全社一丸となった取り組みへの発展が解決のカギであること，再度記載させてもらいました。

（4）横断的集団のフォロー

　ストレスチェック結果をデータベース化し，組織を対象に，さまざまな切り口から集団分析において統計学的に分析や解析，そして検討することはとても有用です。そこで，これまでに実際に活用してきたいくつかの集団分析結果について紹介します。

①職位別
　　総括層のストレスレベルが高い，課長層の業務負荷が高いなど
②年齢別
　　20代後半から50代前半まで，高ストレス状態が続いているなど
③性別・年齢別
　　男性に比べて女性は年齢によってストレス要因が大きく変化するなど，非常に複雑
④職種別
　　技能職と技術職の違い，IT関係のストレスレベルが高いなど
⑤年齢・勤続年数別
　　中途採用者には特有のストレス要因があり，高ストレス者割合が高い
⑥勤務地別
　　関東地区と九州地区では，ストレスレベル・ストレス要因ともに大きく異なる
⑦身分別
　　正社員／他社からの出向者／嘱託社員など，契約形態による差も大きい
⑧家族環境別
　　独身者／妻帯者／単身赴任者などによる違い

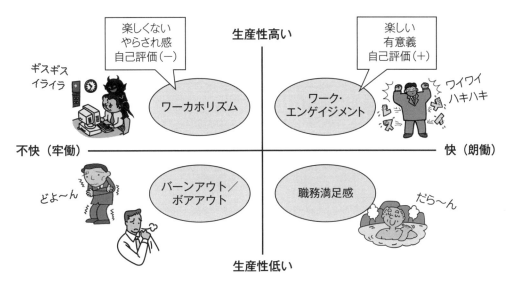

ワーカホリズム：強迫的かつ過度に一生懸命働く状態
ワーク・エンゲイジメント：仕事から活力を得て，活き活きしている状態
バーンアウト：心身のエネルギーが尽き果てた状態
ボアアウト：新たに挑戦できるものがなく，物足りなく，退屈する状態
職務満足感：現状に満足し，さらに向上しようとする意欲のない状態

図10　個人のメンタルヘルスと会社・職場の生産性の両立（島津, 2009を改訂）

こういった分析結果は，研修企画の参考所見として展開しています。また，ダイバーシティ（多様性）への取り組みや新卒者採用計画，社員の配置の参考情報として活用してもらっています。

4. メンタルヘルスと企業活動

（1）高ストレスまたは生産性の低い職場の実態

A社では，職場内での高ストレス者の割合がある一定数以上ある職場を高ストレス職場と定義していますが，ストレスが低くても生産性の低い職場もあります。これらのなかには大きく分けて以下の3パターンが存在することが判明しました。

① 潜在的な高ストレス者が多い職場（ワーカホリズム）
② メンタルヘルス不調者が顕在している職場（バーンアウト／ボアアウト）
③ 生産性の低い職場（職務満足感）

いずれにしても，メンタルヘルス不調者が発生する可能性がある，あるいは生産性の低い職場であり，いずれも企業経営上も好ましくない状態だとの解釈も可能であるため，放置ではなく対処が必要な状態だと認識しています（図10）。

図 11　企業にとってのメンタルヘルス活動

(2) メンタルヘルスと個人の幸せ

　一般的にストレス要因とメンタルヘルスとの関係は非常に強いと言われており，高ストレス者がいずれメンタルヘルス不調者になる可能性は低くはありません。

　ひとたびメンタルヘルス不調になれば，パフォーマンスの低下や勤怠の乱れ⇒病気休業⇒休職の長期化や繰り返し⇒さらには離職など，本人はおろか，家族までもが受ける負の影響は極めて大きくなります。これらを未然に防ぐためにも，<u>ストレスチェック結果で高ストレスと判定された場合は放置せず／させず，できるだけ早く，医師に限らず誰かに相談することで，適切な対応につなげる</u>ことが望まれます（図11）。実際にストレスチェックでは，高ストレス者を選択／抽出する際に，「補足的面談」という，心理専門職による支援を提供することも可能とされています。また，高ストレス者と区分された方に対して，「インテイク面談」といいますが，心理専門職による"ご様子お伺い"面談の提供が必要ではないかとする提言もありました。

(3) 総合的な人事施策に向けて

　ストレスチェックを含むメンタルヘルス対策は，労務管理を筆頭に，他の人事施策との親和性が極めて高く，企業や組織の方向性や将来性を左右するくらい，重要な人的資源管理とみなされています。ここでは，人事施策ごととの関係性について記載します（図12）。

①採用

　採用担当からは，早期離退職につながりえるメンタルヘルス不調者の予備軍を見極めたいとの強い要望が常にあります。

②配属

　労働者それぞれが，より強くストレスだと感じやすい環境や場面，状況といった，その労働者個人における特異的なストレス要因がわかれば，キャリアの円滑なる形成になることから，

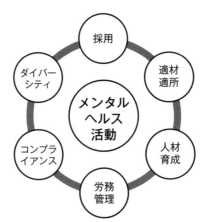

図12　メンタルヘルス活動と関連するさまざまな人事施策

その労働者本人にとって有用なだけではなく，適材適所という人員配置・配属の参考になることから，企業や組織の発展の基盤になります。

③育成
キャリア開発は人材育成の一環であるとともに，キャリア上の悩みに関するカウンセラーへの相談需要は非常に多い印象を受けます。

④労務管理
過重労働を原因とする精神疾患の発症，自殺を含めた，過労死などが生じてしまえば，深刻な経営上の問題にまでつながりえます。

⑤ダイバーシティ
特に女性の活用を考えた場合，男性とは大きく異なる複雑な環境変化やこれに伴うストレスへの理解は不可欠です。

⑥コンプライアンス
さまざまなハラスメント事案やこれに伴う訴訟リスクなどは，問題が顕在化する前に被害者がカウンセラーに相談に来るケースも実は多く存在しています。

（4）メンタルヘルスと企業活動
エジソンは，未来の医学は，そもそも病気にさせない／ならない内容となると，今日の産業保健活動を予言していました。その後，労働省（現厚生労働省）は，1988年と30年も前から，働く人の健康の保持増進に資するため，THP（トータル・ヘルスプロモーション・プラン）を愛称として，働く人の心とからだの健康づくりを推進してきていました。このTHPで

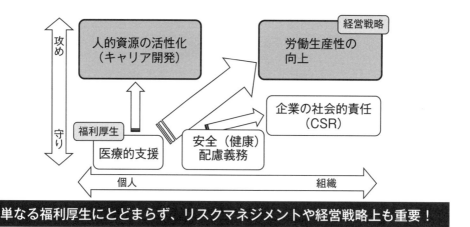

図13　企業にとってのメンタルヘルスへの取り組みの目的と意義

は、個人の生活習慣を見直し、若い頃から継続的で計画的な健康づくりをすすめることで、働く人がより健康になることを目標にしています。具体的なすすめ方については、労働省から指針が公表されています。実際、例えば電機製造業のなかには1990年代後半時点ではすでに、労働災害や私病といった傷病の治療という「健康管理」から、「健康支援」や「健康増進」へと、傷病の予防でも遅く、未病の段階を健康の状況にまで改善や向上する支援を実施していた事業場も確認されています。最近では、「ポジティブ心理学」という学問体系や、経済産業省や東京証券取引所との関係性がある「健康経営®」（「健康経営」はNPO法人健康経営研究会の登録商標です）という取り組みも登場しています。このように、メンタルヘルスへの積極的な投資は、人材育成や生産性の向上との関連があるばかりか、失敗してしまえば従業員にストレス関連疾患を生じさせ、さらには過労死という取り返しのつかない事態を引き起こしてしまいます。労働基準監督署の監査や労働紛争、マスコミ沙汰に発展する場合もあります。したがって企業の社会的責任（CSR）の一環として位置づけられることも当然の時代になっています。このように社会からの信頼を得たり、優秀な「人財」を確保するためにも、今やメンタルヘルスに対する事業者からの積極的な投資や関与は実に重要です（図13）。

5. ストレスチェックの上手な活用法

（1）実施後が大切

　法律で義務づけられた以上、企業にはその遵守が求められますが、ストレスチェックの実施には少なからず費用が発生することは事実です。これを「経費」や「税金」「浪費」と捉えて、そもそも実施しなかったり、高ストレス者が出ないように「忖度」させたり、集団分析は努力義務だからと実行しない経営判断を行う企業があるのも事実でしょう。他方、社員こそ企業活動の最高の資源であり、組織成長の源泉であり、また積極的な投資先と考えて、集団分析や、

本書で書かれた最高かつ最先端の労働者サービスを提供する経営者に恵まれた企業で，日々，意欲的に労働に従事する幸せな方々がいることも事実です。

　最悪の場合，過労死する危険がある，いわゆる「ブラック」や「レッド」職場を，果たして労働者が就職先として選ぶものでしょうか。ご家族が喜んで送り出すものでしょうか。<u>ストレスチェックの実施内容そのものが，事業者の試金石</u>といっても過言ではないでしょう。

(2) 実施結果や情報は宝の山

　ストレスチェックの実施を働きやすい職場環境形成の契機と捉え，これを積極的に活用する組織や集団は，その組織や集団の生産性向上はおろか，従事者やそのご家族の幸せにも寄与することから，まわりまわって，ついにはその企業の社会的地位やイメージアップにつながる可能性があることは以前から取り上げられてきています。この章で述べてきたように，ストレスチェックを実施した結果，得られる情報は多岐にわたり，まさに宝の山にもなり得ることを改めて理解してもらえたら幸いです。

6. おわりに

　ストレスチェックの義務化には，紆余曲折のうえで成立・施行されてきた経緯があります。民主主義社会の宿命なのか，折衷や妥協の末，未解決の課題も含有されているのは事実ではありましょう。しかし10年以上も活用してきた立場として記載したこれまでの内容を，"法律だから""実施費用は税金みたいなもの"と，否定的に捉えるのではなく，経営トップ自らが事業遂行の根幹であり，グローバル化，技術の複雑化，雇用や就労意識の多様性といった課題をも解決しうるチャンスと捉えるきっかけになれば，筆者として望外の喜びです。

▼参考文献

神奈川労働局労働基準部 編（2017）平成29年グラフで見る神奈川県下における労働災害と健康の現状（平成28年労働災害のとりまとめ）．
厚生労働省労働基準局安全衛生部労働衛生課産業保健支援室（2017）ストレスチェック制度の実施状況を施行後はじめて公表します（平成29年7月26日）．
さくらざわ博文（2016）もう職場から"うつ"を出さない！―ストレスチェック時代の最新メンタル不調予防法．労働調査会．
島津明人（2009）職場のポジティブ心理学―ワーク・エンゲイジメントの視点から．産業ストレス研究　16；131-138．
労基署は標的をこう選ぶ 残業禁止時代―働き方改革のオモテと裏．週刊東洋経済2017年7月1日号．

第3章 いきいき職場づくりに役立つ参加型職場環境改善

竹内由利子
吉川　徹

1. はじめに

　2015年12月に施行された「ストレスチェック制度」は，定期的に労働者のストレスの状況について検査を行い，本人にその結果を通知して自らのストレス状況について気づきを促し個人のメンタルヘルス不調のリスクを低減させるとともに，検査結果を集団的に分析し，職場環境改善につなげる取り組みです（図1）。
　この制度では，ストレスチェックの実施と高ストレス者に対する医師による面接指導は「義務」で，ストレスチェック結果の集団分析と分析結果を活用した職場環境改善は「努力義務」とされます。ですが，事業者の労働者への安全と健康の確保の責務（安全配慮義務）が努力義務となったわけではありません。労働者の心身を害するような長時間労働や，耐え難い心理的負担がかかっている働き方や職場環境を見直し改善することが，労働者のメンタルヘルス対策の一次予防のために重要であることは変わりません。
　安全で健康的で働きやすい職場（いきいき職場）を目指して職場環境を改善することは，そこで働く従業員の疲労やストレスを減らします。特に自分たちの働く職場環境を管理監督者や同僚と一緒に見直して，働きやすく改善する「参加型職場環境改善」は，職場における職業性ストレス（心理社会的要因）のリスクアセスメント手順をPDCAサイクルのなかで実施するところに特徴があり，こころの健康（メンタルヘルス）に役立つことがわかっています。また，従業員が自主的に改善した働きやすい労働環境は，生産性に直接的・間接的に良い効果をもたらすことも知られています。参加型職場環境改善の有効性は，後述する「いきいき職場づくり」や「職場ドック」などの手法をもって，多くの業種で確かめられています。

2. 働きやすい職場づくりのために

　働きやすい職場とは，たとえば，「安全」で「健康」に「怪我なく」「安心」して働くことができ，「仕事のやりがい」があり「お互いに助け合い」「楽しい」職場ではないでしょうか。ストレスが少なく，その職場の誰もが働きやすい職場づくりを目指して，仲間同士ですぐできる改善に参加型で取り組むのが「参加型職場環境改善」です。自分の職場全体を職場の仲間で振

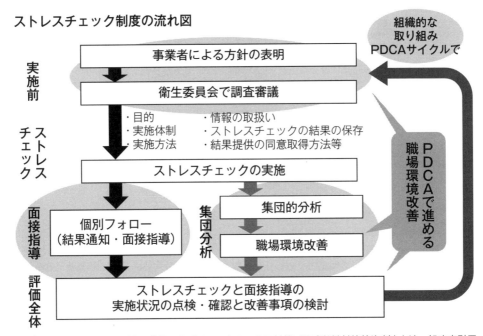

厚生労働省「ストレスチェック等の職場におけるメンタルヘルス対策・過重労働対策等資料」より一部改変引用

図1　ストレスチェック制度における2つの柱（面接指導・集団分析）

り返る機会を設け，働きやすい職場づくりを参加者の合意で進めていきます。

　職場のメンタルヘルス対策には，メンタルヘルス不調者を出さない取り組み（一次予防），メンタルヘルス不調者を早めに見つけて適切に対応（二次予防）し，復職支援（三次予防）の仕組みづくりと，多様な対策がありますが，参加型で取り組む職場環境改善は一次予防を推進する取り組みとして位置づけられます。一次予防策として確かな効果を生むためには，良好事例に着目し，各種ツールを活用して良い点・改善点の討議を中心にグループワークを行い，改善を実施し，フォローアップといった仕組みを継続的に回すことが必要です。これらの手順を簡便にまとめた「いきいき職場づくり」や「職場ドック」で実践されている参加型職場環境改善のすすめ方をぜひ活用してください。

　手順に沿って，自分たちの職場の強み（こころの健康を向上するための良い点）と，自分たちの職場を働きやすくする改善点（こころの健康リスクを減らす対策）に気づき，職場の仲間同士で意見交換する場面をつくり，対策指向で職場環境改善をすすめることで以下の3点が達成できます。

①こころの健康づくり（メンタルヘルス）に役立つ，いきいき職場づくりがすすみます
②職場のコミュニケーションが活性化し，チームワークが良くなります
③仕事への取り組み意欲や生産性が向上します

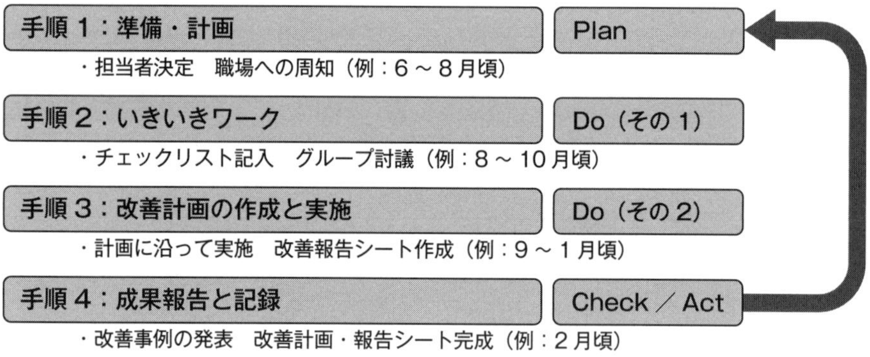

図2 職場環境改善の年間スケジュールと手順(吉川ほか,2016)

表1 いきいき職場づくりのための職場環境改善のメリットと注意事項

メリット	職場のこころの健康づくりに役立つ,事業主のコンプライアンス遵守(法令遵守)を裏づける,コミュニケーションを向上し疲労・ストレスを軽減する職場づくりがすすむ,事故・災害防止,生産性の向上など
注意事項	短時間で行う,外部協力者は必要な場合に限る,年度計画に組み込む,別途予算が必要な場合は小さな改善から行う,グループ討議(意見交換)は職場の良い点から行う

3. 職場環境改善のすすめ方──「いきいき職場づくり」

　職場環境改善は職場(数名から数十名)単位で,複数の職場で同時に並行してすすめます。以下に具体的なすすめ方とそのヒントについて解説します。

　図2に職場環境改善の年間スケジュール例を示しました。職場ごとに「いきいきワーク」を実施し,改善計画をつくり,期限内に実施します。

手順1──準備・計画(Plan)

　職場環境改善の方針,取り組みをすすめるための体制や担当者について事業場で合意形成し,事業場全体に周知します。経営者がこの取り組みを始めることに賛同していることを明示します。いきいき職場づくりとして職場環境改善を行うことのメリットや注意事項(表1)について,経営者に説明し,理解・承諾を得ます。準備や計画段階では職場環境改善の経験のある外部支援者(産業保健総合支援センター,ストレスチェックの委託先,産業保健の専門家など)の協力を得てすすめると効果的な場合もあります。

　職場の管理監督者やキーパーソンを巻き込みながら,参加職場ごとの自主的な取り組みとしてすすめていくことが重要です。

		スケジュール	ツール
	10分	〈説明〉 ①配布資料（ツール）の確認 ②ワークのすすめ方の説明	良好事例集 (p.63)
	15分	〈個人ワーク〉 ①チェックリスト記入 ②良い点3つ・改善点3つ記入 ※事前に実施した場合はもう一度見直してもらう	アクション チェックリスト (pp.64〜67)
	25分	〈グループ討議〉 ①職場の良い点3つ・改善点3つ ②改善計画作成	グループ ワークシート (p.68)
	10分	〈発表と総合討議〉 良い点・改善点のまとめ	

図3　「いきいきワーク」60分のスケジュールと使用するツール（吉川ほか，2016）

手順2──いきいきワーク（60分）（Do（その1））

　職場ごとに職場環境改善の計画を話し合うためのグループ討議を行う短時間の検討会を「いきいきワーク」と呼びます。いきいきワークは60分程度です（図3）。なるべく職場のメンバーの半数以上が参加できる日時に設定します。

　限られた時間を効果的に活用するため，事前にチェックリストを記入してきてもらう，グループ討議でのグループ構成（最多で5人程度）や司会，書記などの役割も決めておくとスムーズにすすみます。

　ざっくばらんに話し合う雰囲気も重要です。多くの参加者が気兼ねなく，前向きで建設的な意見を出せるように，問題指摘ではなく問題解決型で話し合うことを事前に説明しておきます。管理職はオブザーバーの立場で，話し合いを温かく見守るような姿勢で関わり，グループ討議が終わってから発表と総合討議のみ参加するなど工夫します。また，当日参加できなかったメンバーの意見も反映できるよう，事前にチェックリストを記入・提出してもらい，グループ討議の際に活用し，後日個別に意見を聞く機会を設けるようにするのも良いでしょう。

手順3──職場環境改善計画の作成と実施（Do（その2））

（1）職場環境改善計画の作成

　「いきいきワーク」での検討結果を参考に，職場の状況や資源（人的，物的）を考慮して，すぐ実施する職場環境改善計画を職場ごとに決めます。

職場環境改善計画・報告シートに書き込めるよう，いつ，だれが，何を行うのか，具体的に決めます。職場環境改善計画は職場ごとに3つまでを目標にします。改善策は1つでも良いですし，複数実施しても良いです。すぐに取り組める対策を重視しましょう。効果的な職場環境改善計画の視点は以下のとおりです。

　① すぐに取り組める，低コストで実施可能な具体的な改善策に目配りする
　② 小さな改善，業務に役立つ改善，働きやすくする改善を重視する

　職場環境改善計画ができたら，職場環境改善計画・報告シートの計画部分を記入して，コピーを提出します。この記録はストレス対策の実施記録となるので，職場で大切に保管します。

(2) 職場環境改善計画の実施

　複数の職場で並行して取り組んでいることがわかるように事業場全体に広報しながらすすめます。また，改善の実施に際して，特定の人に負担が集中しないよう，職場全体で協力しながらすすめるように支援すると良いでしょう。継続的に改善の場が設定できるように，小集団活動（QCサークル：quality control circleなど）や安全衛生委員会など，すでにある職場の仕組みを活用することも，無理なくすすめるためのヒントです。

　また，改善を行う前と後の職場の写真も忘れずに撮影しておきましょう。

(3) 職場環境改善計画の作成と実施におけるヒント

　アクションチェックリストを使って職場を見てみると，すでに実施しているストレス対策が実はとても多いことに気づかされます。グループ討議で出た職場の良い点は職場の強みですから，改善計画も強みを生かしながらすすめていくと良いでしょう。

　また，他の職場での取り組みがすすんでいることを知らせる（広報）ことで，取り組みが停滞している職場が活性化することもあります。どのような状況や工夫によって職場環境改善の取り組みが促進されるのか，停滞させるのかを横断的に見ることが参考になります。

手順4——成果報告と記録（Check，Act）

　職場環境改善の実施内容や改善に取り組んだことの成果（効果）の報告は，あらかじめ提出期限を設定しておきます。改善計画・報告シートを使って，報告する内容を決めておくと負担が少なく取り組みの進捗や成果が確認できます。

　複数の職場で職場環境改善に取り組んでいる場合，事業場内で改善の成果発表の場の設定をすると良いでしょう。その際，良い改善に取り組んだ職場を表彰するなど，成果を確認し共有する場を設けると職場環境改善の取り組みに対する継続意欲が高まります。

　取り組み実施後，ストレスチェックの集団分析結果を活用して実施前後の変化を見ることで，取り組みの効果を評価できます。取り組みを評価し，見直すことでPDCAサイクルに沿っ

た，いきいき職場づくりを継続するヒントが得られます．労働安全衛生マネジメントシステム（Occupational Safety and Health Management System : OSHMS）を導入している事業場は，実施内容の記録を OSHMS 文書として保管します．

4．いきいき職場づくりのための 6 つのポイント

　これら職場環境改善の取り組みを効果的にすすめるために，共通して重要となる点を以下にまとめました．

① 職場の問題点ではなく，最初に職場の良好事例や良いところに目を向けること
② 職場のメンバーの半分以上が「いきいきワーク」に参加するよう設定すること
③ 幅広い視点で職場環境を見渡せるように，良好事例集やアクションチェックリストなどのツールを活用すること
④ すぐにできることから始め，段階的な改善をすすめるよう励ますこと
⑤ 年度計画として取り組み，報告会で成果を共有する機会をもつなど，PDCA サイクルとして進行させること
⑥ 産業保健スタッフなど，保健職が支援チームに入って支えること

5．こころの健康づくりに役立つ職場環境の捉え方

　こころの健康（メンタルヘルス）と聞くと，人間関係や相談窓口に目を向けがちです．しかし，職場の人たちによる参加型職場環境改善では，幅広い視点で職場環境改善を捉えることが重要です．なぜなら，こころの健康に関する職場環境は単一の要因ではなく，いくつかの要因が複雑に絡み合って影響を与えているからです．いきいき職場づくりでは，幅広く職場環境を捉えるヒントとして，図 4・5 に示す A〜D の 4 つの視点で捉えています．

　職場のことをよく知っているのは，その職場で働いている人々です．そのため，職場で働く人々自身が職場の仲間同士で話し合いながら，幅広い視点で職場環境改善を捉えて改善策を立案していくことで，適切なアセスメントの実施が可能になります．

　この 4 つの職場環境改善の視点をまとめたものが，良好事例集とアクションチェックリスト（pp.63〜67）です．実際に職場環境改善をすすめる際には，これらのツールを活用することで職場環境を効果的に捉え，そのなかで，すぐに実施できる改善をとりあげていくための筋道を立てることができるのです．

6．職場環境改善に用いるツール

　職場環境改善を参加型ですすめるうえで重要なことは，「改善」について特別な知識や技能

仕事の量，裁量度
仕事の意義
役割の明確さ
情緒的負担
役割葛藤，等

A：仕事の すすめ方

オフィス環境，採光
暑さ・寒さ，
騒音，粉じん
有害化学物質
休息・休養設備，等

B：作業場・オフィス 職場環境

C：人間関係 相互支援

D：安心できる 職場のしくみ

上司のリーダーシップ
上司の公正な態度
上司のサポート
同僚のサポート，対人関係，等

相談窓口
キャリア形成
公正な人事評価
ハラスメント対応，等

図4　こころの健康づくりのための職場環境改善の視点（吉川ほか，2016）

A　仕事のすすめ方	B　作業場・オフィス環境

作業計画への参加と情報共有，労働時間と労働組織，作業条件，多能工化，人間工学的改善等の仕事の量・質の負担軽減など	物理的環境（温湿度，照度，音，換気など），有害化学物質，受動喫煙対策，衛生設備（休憩室，食堂，トイレ，洗面所）など
C　職場の人間関係・相互支援	D　安心できる職場のしくみ

上司・同僚の支援，ハラスメント防止，ワーク・ライフ・バランス，職場内の相互支援など	将来の見通し，再チャレンジできる風土の承認，キャリア支援，公平な風土，相談窓口など

図5　4つの領域と具体的な改善視点（吉川ほか，2016）

表2　職場環境改善に用いるツール一覧（吉川ほか，2016）

ツール名称	ツールの説明	使用する場面
1．良好事例集	こころの健康づくりに役立った職場環境改善事例の写真をまとめたもの	「いきいきワーク」での導入や改善計画を検討する際に，職場環境改善の目のつけどころについてヒントを得る
2．アクションチェックリスト（職場環境改善ヒント集）	こころの健康づくりに役立った良好事例をリスト化したもの	「いきいきワーク」での個人ワークの際，職場環境を幅広い点で捉えるために自分の職場を振り返りながら記入する
3．グループワークシート	こころの健康づくりに役立つ職場の良い点3つと改善点3つをまとめるためのシート	「いきいきワーク」でのグループ討議の際，グループで検討した内容を記入する
4．改善計画・実施報告シート	職場環境改善の計画と実施状況を報告するためのシート	職場環境改善の計画時に改善計画欄を，改善実施後に記入する（改善の前後写真を忘れずに）

をもたなくても，誰もが参加し実施できるところにあります。それは，労働者自身が職場の働きやすさを実現している良い点，改善したらもっと良くなる点も知っているからです。しかし，良い点を認め合い，その事例のシェアや具体的な改善のアイデアや優先順位づけなど，どのように整理しながらすすめていくかなどは，事業計画のなかでの位置づけ，スケジュール，チェックリストをはじめとした各種ツールを準備し活用することでスムーズにすすみます（表2）。

　忙しい業務の間隙に確保した貴重な時間を効率的で有意義に活用するためにも，職場に合った各種ツールを準備しましょう。職場は業種，業態でも大きく異なるため，ツールはその職場に合ったものを十分に検討して準備しましょう。似たような職場はあっても実情は異なるため，現地（＝その業種・業態，職場）に合わせてカスタマイズした，現地適合型ツールが必要なのです。これは，職場の良好事例を反映して，十分実施可能な知恵を出し合うことができるように整えましょう。これらの各種ツールは，「マニュアル」としてまとめるとわかりやすくて使いやすくなります。

7．おわりに

　参加型職場環境改善は，今までこのような手法が使われていなかった業種，業態に広がりつつあります。そのような職場を対象に，手法や効果を研究する機関や大学の研究室なども見られるようになりました。すべては職場で働く人がストレスを少なくして，いきいきと，心身ともに健康で働ける職場づくりを目指しています。

　職場の仲間の合意のもとに進めることが大切であることはすでに述べました。一部の意見を押し付けるものではなく，一部の人に負担が集中するのでもありません。そのために話し合いの場を何より大切にします。職場の実態は一律ではありませんから，その職場に合った場のも

ち方をし，現場での良い事例に学びながら，視点は幅広く，実現可能性を重視して，できるだけたくさんのアイデアを出し合い，アイデアをアクションに結び付けるステップバイステップの改善計画・実施ができるようにしましょう。すべてを一時にすすめるのではなく，できることからの積み重ねが大きな成果へつながります。

今後の課題として，ツールの工夫や現場の規模やニーズに合わせた支援の在り方，ネットワーキングなどが挙げられますが，業界団体，行政，専門家グループなどを通じた，ますますの広がりと進化・深化を期待します。

▼参考文献

川上憲人ほか（2010）メンタルヘルスのための職場環境改善—「職場環境改善のためのヒント集」ですすめるチェックポイント30. 中央労働災害防止協会.
竹内由利子（2014）「職場ドック」のツールと活動のすすめ方. 労働の科学 69-10 ; 15-19.
Ton That Kai, 川上剛, 小木和孝［吉川悦子ほか 訳］（2016）これでできる参加型職場環境改善. 大原記念労働科学研究所.
吉川悦子, 小木和孝, 森口次郎ほか（2016）いきいき職場づくりのための参加型職場環境改善の手引き—仕事のストレスを改善する職場環境改善のすすめ方. 平成27年度厚生労働科学研究費補助金（労働安全衛生総合）(H25-労働-一般-009)「事業場におけるメンタルヘルス対策を促進させるリスクアセスメント手法の研究」班（代表研究者　川上憲人），「職業性ストレスの改善ツールの改善と開発（分担研究　吉川徹）」.
吉川徹（2016）職場ドックをストレスチェック制度にどのようにつなげるか？ 労働の科学 71-7 ; 32-36.
吉川徹, 小木和孝 編（2015）メンタルヘルスに役立つ職場ドック. 大原記念労働科学研究所.

▼参考ウェブサイト

1) いきいき職場づくりのための参加型職場環境改善の手引き——仕事のストレスを改善する職場環境改善のすすめ方（厚生労働省「こころの耳」ウェブページより）
https://kokoro.mhlw.go.jp/manual/files/H27_ikiki_shokuba_kaizen.pdf
安全で健康的で，働きやすい職場（いきいき職場）を目指して職場環境を改善することは，そこで働く従業員の疲労やストレスを減らします。この手引きは，中小規模事業場の安全衛生担当者が従業員と一緒に行う「メンタルヘルスのための職場環境改善」の手順について，最新の研究と現場経験をもとに簡便にまとめたものです。表2に示したツールも入っています（63〜68ページにも一部抜粋掲載）。ダウンロードのうえ，事業場等で自由に利用できます。ただし，独占的または営利目的での利用，作成趣旨に反するなど著しく不適当と認められる利用はご遠慮ください。
2)「事業場のメンタルヘルスサポートページ」東京大学医学系研究科精神保健学分野（http://www.jstress.net）
職場環境改善のためのヒント集（2004年版），およびヒント集を使った職場環境改善の進め方，活用事例集，ヒント集を使ったグループ討議のファシリテーターになるための解説書などが掲載されています。

参考（「いきいき職場づくりのための参加型職場環境改善の手引き」より）

働きやすい職場づくりに役立った職場環境改善事例

1. 職場で簡単な打ち合わせに使用できるスペースを確保しました

2. 忙しい時期に備え、作業グループごとで仕事の進め方を調整しました

3. 作業スケジュール表を活用して週間の作業を「見える化」しました

4. 道具置き場を使いやすく整理しました

5. 局所照明を使い明るさを確保しました

6. パートの方が作業途中に休憩する場所をつくり、暖房設備を設けました

7. リラックスできる休憩室を設置しました。

8. 上司が職場にいる時間を増やしたところ、上司に相談しやすい雰囲気になりました

9. 育児・介護など、個人の生活様式に応じた勤務条件を調整し、配慮しました

10. ボーリング大会・懇親会を開催し、職場内外のコミュニケーションが促進されました

11. 仕事上の悩みや心の健康について、相談できる機会をつくりました

12. チェックリストを活用し、皆で職場の良い点、改善点を検討しました

参考（「いきいき職場づくりのための参加型職場環境改善の手引き」より）

いきいき職場づくりのための
アクションチェックリスト（職場環境改善ヒント集）

このアクションチェックリストには、働きがいのある、働きやすい、よりよい仕事にとりくめる「いきいき職場づくり」のための改善策が盛り込まれています。あなたの職場の職場環境を改善する際の参考にしてください。

－アクションチェックリストの使い方－

各チェック項目について「提案しますか？」の欄に記入します。

1. その対策が不必要で、今のままでよい（対策がすでに行われているか、行う必要がない）場合は「□いいえ」に✓をつけます。
2. その対策が必要な（これから改善したい）場合は、「□はい」に✓をつけます。すでに対策が行われている場合でも、さらに改善したい場合には、この「□はい」に✓をつけてください。
3. 「□はい」に✓のついた項目のうち、その対策を優先して取り上げたほうがよい項目は、「□優先する」に✓をつけてください。3－5つ選ぶとよいでしょう。
4. チェックリストを記入したら、あなたの職場で安全・健康に、快適で働きやすい職場づくりのために「役立っている良い点3つ」と「改善したい点3つ」を最後の頁に記入します。
5. このチェックリストにはない項目で、自分たちの職場のチェックリストに追加したほうが良いと思う改善策がある場合は、「E.追加項目」の欄に直接記入してください。

	A　仕事のすすめ方		
1	従業員が参加するミーティングを定期的に開催し仕事のすすめ方について話し合います		提案しますか？ □いいえ　□はい 　　　□優先する
2	掲示板、共有ファイルなどを活用して、必要な情報が全員に正しく伝わるようにします		提案しますか？ □いいえ　□はい 　　　□優先する
3	残業時間の上限を決めて、残業の恒常化をなくします		提案しますか？ □いいえ　□はい 　　　□優先する
4	忙しい時期に備え、また休日・休暇が十分取れるように前もって業務を準備、調整します		提案しますか？ □いいえ　□はい 　　　□優先する
5	ローテーションの工夫、休憩時間の確保などにより、負担の大きい反復、過密、単調作業を減らします		提案しますか？ □いいえ　□はい 　　　□優先する

第3章　いきいき職場づくりに役立つ参加型職場環境改善

6	疲れがたまらないように勤務時間制、交代制を改善します		提案しますか？ □いいえ　□はい 　　　↳□優先する
7	物品と資材の整理・整頓、取り扱い方法を改善します		提案しますか？ □いいえ　□はい 　　　↳□優先する
8	表示やラベルを使い、作業ミス防止策を強化します		提案しますか？ □いいえ　□はい 　　　↳□優先する
9	職場レイアウトを工夫し、また、個人ごとの作業場所を仕事しやすくします		提案しますか？ □いいえ　□はい 　　　↳□優先する
10	特定の個人やチームに仕事が偏らないように業務を配分するなど、チーム等で確認・決定します		提案しますか？ □いいえ　□はい 　　　↳□優先する
11	作業の分担範囲を広げて一人の作業者が様々な仕事ができるようにします		提案しますか？ □いいえ　□はい 　　　↳□優先する
12	クレーム対応・緊急時対応のマニュアルを作成します		提案しますか？ □いいえ　□はい 　　　↳□優先する
B　作業場環境			
13	換気設備、照明、低騒音設備で、快適な作業環境にします		提案しますか？ □いいえ　□はい 　　　↳□優先する
14	有害化学物資や粉じんの発生源を隔離します		提案しますか？ □いいえ　□はい 　　　↳□優先する
15	職場の受動喫煙対策、分煙対策を進めます		提案しますか？ □いいえ　□はい 　　　↳□優先する
16	快適で衛生的なトイレ、更衣室とゆっくりくつろげる休憩室を確保します		提案しますか？ □いいえ　□はい 　　　↳□優先する
17	災害発生時や火災などの緊急時に対応できるよう、通路を確保するなど日頃から準備を整えます		提案しますか？ □いいえ　□はい 　　　↳□優先する

	C 職場の人間関係・相互支援		
18	必要な時に上司に相談したり支援を求めたりしやすいコミュニケーション環境を整備します		提案しますか？ □いいえ　□はい 　　↳□優先する
19	上司は皆が自分で問題解決できるよう励まし、適切な助言をします		提案しますか？ □いいえ　□はい 　　↳□優先する
20	上司はえこひいきせず、思いやりをもって接します		提案しますか？ □いいえ　□はい 　　↳□優先する
21	職場内の問題を同僚間で報告し合い、相談しやすいように、小会合や日報、メーリングリストを活用します		提案しますか？ □いいえ　□はい 　　↳□優先する
22	仕事に対する評価として、日頃から意識的にほめたり、ねぎらったり、お礼を言ったりします		提案しますか？ □いいえ　□はい 　　↳□優先する
23	従業員同士がお互いを理解し助け合う雰囲気が生まれるよう、懇親の場や勉強会の機会を持つなど工夫します		提案しますか？ □いいえ　□はい 　　↳□優先する
24	学校、育児、介護など、個人のライフスタイルに応じて、勤務調整ができるようにします		提案しますか？ □いいえ　□はい 　　↳□優先する
	D 安心できる職場のしくみ		
25	個人の健康や職場内の問題、職場のパワハラ、セクハラ等について相談できる窓口を設置します		提案しますか？ □いいえ　□はい 　　↳□優先する
26	職場の将来計画や見通しについて、いつも周知されているようにします		提案しますか？ □いいえ　□はい 　　↳□優先する
27	仕事に対する適切な評価を、納得できるようなタイミングで受け取ることができるようにします		提案しますか？ □いいえ　□はい 　　↳□優先する
28	いろいろな立場の人（若年、高齢、女性、パート）が職場の一員として尊重される働きやすい職場にします		提案しますか？ □いいえ　□はい 　　↳□優先する

29	技能・資格取得の機会を明確にし，キャリアに役立つ教育やチャンスを公平に確保します		提案しますか？ □いいえ　□はい 　　　　↳□優先する
30	失敗しても再チャレンジのできる雰囲気の職場にします		提案しますか？ □いいえ　□はい 　　　　↳□優先する
E　追加項目			
31	（追加項目）上記以外で提案があれば加えてください		提案しますか？ □いいえ　□はい 　　　　↳□優先する
32	（追加項目）上記以外で提案があれば加えてください		提案しますか？ □いいえ　□はい 　　　　↳□優先する
33	（追加項目）上記以外で提案があれば加えてください		提案しますか？ □いいえ　□はい 　　　　↳□優先する

チェックリストを終えたら、職場の良い点、改善点を3つあげてください

あなたの職場で安全・健康に、快適で働きやすい職場づくりに

役立っている良い点3つ

例：18　コミュニケーションがとりやすい
例： 2　掲示板にお知らせが貼ってある

1.
2.
3.

改善したい点3つ

例：15　食堂を禁煙にして分煙をすすめる
例：17　緊急時のマニュアルを作る

1.
2.
3.

作成：平成26年度厚労科研「事業場におけるメンタルヘルス対策を促進させるリスクアセスメント手法の研究」

	所属名／人数		/	人（内 管理職　　人）
改善計画	改善計画日	年　　月　　日　記入者		
	改善する事項 ・誰が ・何を ・どのように ・いつまでに	1.	2.	3.
	改善実施期間	年　月　日～　月　日	年　月　日～　月　日	年　月　日～　月　日
改善報告	改善を実施した目的・理由 （背景など） 内容に該当する領域：該当するものに一つだけ○をつける	A 仕事のすすめ方　　　　B 作業場環境 C 職場の人間関係・相互支援　D 安心できる職場のしくみ 領域　A　B　C　D	領域　A　B　C　D	領域　A　B　C　D
	改善実施内容 （箇条書き） ※記入例 ○○の確保、 △△の実施、 □□の改善	1.	2.	3.
	改善の評価・意見			
	コスト　参加したメンバー			
	かかった費用			
	改善前後の写真イラスト　改善前			
	改善後			

第4章 「キャリアコンサルタント」の活用
——個人と組織の活力を高める
キャリアコンサルタントの役割

杉澤賀津子
沢野敦子
櫻澤博文

1. はじめに

　現在わが国では，労働力不足の深刻化に歯止めがかかっていません。売り手市場の人材難時代に，人的資源投資を怠る企業として労働市場から淘汰を受ける目に遭わないためにも，いきいきと働きやすい職場づくりに向けて，より前向きに取り組む必要があります。思うに2017年3月に掲げられた「働き方改革実行計画」でも，病気の治療，子育て・介護等と仕事の両立，障碍者就労の推進，外国人材の受け入れ，女性・若者が活躍しやすい環境整備，雇用吸収力の高い産業への転職・再就職支援が織り込まれています。とはいえ，「男女雇用機会均等法」は1985年の制定です（その前身の「勤労婦人福祉法」は1972年制定）。その後1991年に「育児・介護休業法」も成立しています。それにもかかわらず，1985年以降，22年間も生産年齢層人口減少に効果が出ていない背景を，株式会社パーソル総合研究所取締役副社長の櫻井功氏は，以下のように指摘しています。

① 男性のさらなる育児や介護支援をシンボルとした，そもそもの日本人の家族観やその他の文化的価値観が変わる必要がある。
② 日本型雇用制度に起因する，硬直的な組織や仕事の分担の在り方を変えていかなければならない。

　この解決策について櫻井功氏は，「企業は両立支援策の負担に対し「一種の税金なのだ」と思考停止するのではなく，あくまで事業の継続性や成長をもたらす戦略投資として積極的に位置づけ，出産・育児・職業人としての将来設計など個人のライフプランに踏み込み，従業員に要求すべきことを要求することを恐れてはならない（＝企業にとっての「両立」）。それこそが，結局は個人の成長やキャリアの継続・形成にも役立つのだ（＝個人にとっての「両立」）」と指摘しています（櫻井，2017）。その支援のための「サテライトオフィス2.0」という概念も打ち出されています。単なるコ・ワーキングスペースではなく，リカレント教育よろしく「スキル

習得支援サービス」や「キャリア支援サービス」，そして「託児サービス」を備えた概念です。このように，「キャリア」という概念は，企業と労働者の双方において核となる概念という認識が普遍化しつつあります。

　そこで，働きやすい職場環境形成に向けて，労使双方がwin-winとなるよう，「キャリアコンサルタント」が2016年4月に国家資格化されるに至った背景から，為すべき役割や，活躍することで得られる展望について紹介していきます。筆者の杉澤も沢野も，労働者として現場で汗や涙を流すなか，とあるキャリアコンサルタントと出逢い，その助力を得たことでそれまでの苦闘に対して道を切り開いてきたという実経験をもつ立場です。したがって，個人の働き方・生き方，そして組織活性の双方に貢献しうるキャリアコンサルティングの意義を，より多くの，なかでも日常的に事業経営や人事労務に携わる方々に，"肉声"を通じて語りかけることができると考え，櫻澤とともに共著者になってもらいました。

2．「キャリア」とは

　「キャリア」の語源は英語の馬車の轍（carriage）と言われています。木村周著『キャリアコンサルティング理論と実際（4訂版）』によればキャリアとは，「一般的には経歴，履歴またはその人の専門職業，仕事などの意味」に使われていますが，使用する人や研究者によって諸説あります。心理学的な定義では，「人が生涯を通じて関わる一連の労働や余暇を含むライフスタイル」「役割統合（role integration）に影響を与え，かつ相互に関連する現象としての労働，教育，家族などの選択に当たって個人を援助することに含まれる包括的概念」「人が生涯に行う労働と余暇の全体」「自分が何をするか，自分をどう見るかを結びつける現象的，行動的概念。それは社会的環境，将来計画，能力や特性などとの関連で，自己をどう見るかを規定する」という定義があります。国家資格であるキャリアコンサルタントは，就職しようとする人や働いている人から相談を受け，上記の「キャリア」という概念が，より充実するような支援を提供する専門家です。相談範囲には，単に個人の職業人生のみならず，今まで歩んできた人生を振り返り，現在の価値観や自己概念を再認識してもらい，これから「轍」となる未来が，より良い選択の結果としてつながっていくような内容が含まれています。

3．キャリアコンサルタントが国家資格化された背景

　それまで民間資格であった「キャリア・コンサルタント」は2016年4月より国家資格になりました。キャリアコンサルタントは登録制の名称独占資格とされ，守秘義務・信用失墜行為の禁止義務が課されています。これにより，職業に関する相談を今まで以上に安心してできるようになりました。キャリアコンサルタントは，企業，需給調整機関（ハローワークなど），教育機関，若者自立支援機関などの幅広い分野で活躍しています。

　キャリアコンサルタントになるためには，キャリアコンサルタント試験に合格し，キャリア

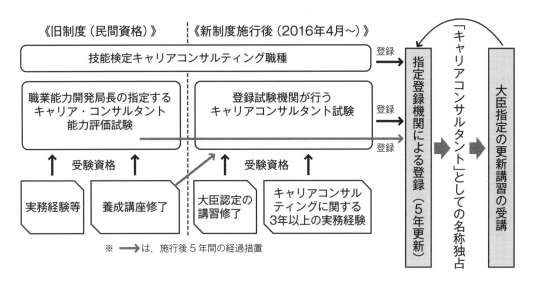

出典：特定非営利活動法人キャリアコンサルティング協議会ホームページより

図1　キャリアコンサルタントの制度改正について

コンサルタント名簿に登録することが必要となります。また，キャリアコンサルタントは5年ごとに更新を行い，最新の知識・技能を身につける必要があります。技能によって1級と2級に区分され，1級は指導者レベル，2級は熟練レベルと位置づけられています。キャリアコンサルティング技能士を目指すには，第一歩として各民間団体が授与している「標準レベルキャリアコンサルタント」資格を取得後，実務経験を積みステップアップするケースが多く見られました。しかし2016年4月1日に「キャリアコンサルタント」が「職業能力開発促進法」により技能士とは別に国家資格になったことで，キャリアコンサルタントを目指しやすくなりました。のみならず，2016年10月1日以降は「キャリアコンサルタント」と名乗れるのは職業能力開発促進法に規定されたキャリアコンサルタントだけになりました（図1）。ちなみに国家資格では名称の中央にある中点（・）がなくなりました。キャリアコンサルタントの受検資格は以下の通りです。

・厚生労働大臣が認定する講習の課程を修了した者
・労働者の職業の選択，職業生活設計又は職業能力開発及び向上のいずれかに関する相談に関し，3年以上の経験を有する者
・技能検定キャリアコンサルティング職種の学科試験又は実技試験に合格した者
・上記の項目と同等以上の能力を有する者

なぜキャリアコンサルタントが国家資格化され，目指しやすくなったのでしょうか。近年急速なグローバル化，技術革新の進展，産業・職業構造の変化が起こり，労働者の職業キャリア

のあり方も大きく変化しました。改正職業能力開発促進法第3条第3項では「労働者は，職業生活設計を行い，その職業生活設計に即して自発的な職業能力の開発及び向上に努めるものとする」と明記されました。急速に変化し続ける国際社会で日本企業が遅れを取らないための経済活動の一環として，国は労働者個人がその個人にあった「キャリア」を形成する責務を負うことを規定しました。その支援役がキャリアコンサルタントです。同時に，同第10条第3項にて，事業主に対しても，労働者に対する定期的なキャリアコンサルティングの機会の確保などに関する努力義務を課しています。こちらについては「セルフキャリアドッグ」として後述します。

　少子高齢化による労働人口の減少は大きな問題ですが，一方で政府は若年無業者数，いわゆる若者ニートが77万人と2012年以来の増加となったことを平成29年版「子ども・若者白書」で発表しています。1994年にはすでに新卒者の3年以内離職率が中卒者7割・高卒者5割・大卒者3割と言われていましたが，19年も経った2013年3月卒業者でも中卒者6割・高卒者4割・大卒者3割と依然高い状態です。若者の勤労観，職業観を学生のうちから培い，計画的なキャリア教育を行うことで就職率，定着率を高めることができると期待されます。そのためには，すでにある高校や大学の進路指導のキャリア支援に加え，もっと早い義務教育から職業についての基礎的な知識と技能，勤労を重んずる態度や社会人基礎力を意識した教育が課題となるほか，キャリア教育全体を把握し，コーディネート役となるキャリアコンサルタントの必要性が高まっています（図2・3）。

　さらに厚生労働省は，「「日本再興戦略」改訂2015」「日本再興戦略2016」を通じて，「セルフ・キャリアドック」の普及施策を開始しました。この「セルフ・キャリアドック」とは，キャリアについて定期的に振り返る「人生の棚卸し」の機会を提供し，労働者の働く意欲を高めることで定着率の向上を目指し，結果として企業の生産性が上がることが期待されています。実際に2016年より「セルフ・キャリアドック導入支援事業」も始まり，モデル企業が選定されています。成果や課題の検証，導入マニュアルや就業規則等の開発につなげていきます。また，人材育成に取り組む事業者に対する助成制度であるキャリアアップ助成金が2017年4月より，これまでの3コースから8コースに拡充し，コースによっては支給限度額を倍増させるなど，さらなる充実策が加えられています。先に述べた新たな国家資格「キャリアコンサルタント」がこの企業領域で大いに期待されていることが窺えましょう。

　また，働き方改革にもキャリアについて示されているのをご存知でしょうか（図4）。経済社会だけではなく，人生にはさまざまな転機が訪れます。卒業，結婚，妊娠，出産，介護など避けては通れず多くの人が直面することになるでしょう。出産・育児，介護後に昇進・昇格から外れるキャリアコースを強いられ，仕事での活躍をあきらめざるを得ないという暗黙の「マミートラック」の存在が指摘されています。このような単線型のキャリアパス[※]は変革が必要

[※]キャリアパス：Career path，直訳すると「キャリアを積む道」を意味する。企業の人材育成制度のなかでどのような職務にどのような立場で就くか，またそこに到達するためにどのような経験を積みどのようなスキルを身につけるか，といった道筋のことをいいます。企業のなかでの異動や昇進のルートのことを示します。

勤労青少年福祉法等の一部を改正する法律案要綱の概要
（「青少年の雇用の促進等に関する法律」）

適切な職業選択の支援に関する措置，職業能力の開発・向上に関する措置等を総合的に講ずることにより，青少年の雇用の促進等を図り，能力を有効に発揮できる環境を整備するため，関係法律についての所要の整備等を行う。

1．円滑な就職実現等に向けた取組の促進（勤労青少年福祉法等の一部改正）

（1）関係者の責務の明確化等
国，地方公共団体，事業主等の関係者の責務を明確化するとともに，関係者相互に連携を図ることとする。

（2）適職選択のための取組促進
① 職場情報については，新卒者の募集を行う企業に対し，企業規模を問わず，（ⅰ）幅広い情報提供を努力義務化，（ⅱ）応募者等から求めがあった場合は，3類型ごとに1つ以上の情報提供を義務化。
　➡ 提供する情報：（ア）募集・採用に関する状況，（イ）労働時間等に関する状況，（ウ）職業能力の開発・向上に関する状況
② ハローワークは，一定の労働関係法令違反の求人者について，新卒者の求人申込みを受理しないことができることとする。
　➡ ハローワークは求人申込みをすべて受理しなければならないこととする職業安定法の特例
③ 青少年に係る雇用管理の状況が優良な中小企業について，厚生労働大臣による新たな認定制度を設ける。

（3）職業能力の開発・向上及び自立の支援
① 国は，地方公共団体等と連携し，青少年に対し，ジョブカード（職務経歴等記録書）の活用や職業訓練等の措置を講ずる。
② 国は，いわゆるニート等の青少年に対し，特性に応じた相談機会の提供，職業生活における自立支援のための施設（地域若者サポートステーション）の整備等の必要な措置を講ずる。

（4）その他
① 勤労青少年福祉法の題名を「青少年の雇用の促進等に関する法律」に改める。
② ハローワークが学校と連携して職業指導等を行う対象として，「中退者」を位置づける。（職業安定法改正）

2．職業能力の開発・向上の支援（職業能力開発促進法の一部改正）

（1）ジョブカード（職務経歴等記録書）の普及・促進
国は，職務の経歴，職業能力等を明らかにする書面の様式を定め，その普及に努める。

（2）キャリアコンサルタントの登録制の創設
キャリアコンサルタントを登録制とし，名称独占・守秘義務を規定する。

（3）対人サービス分野等を対象にした技能検定制度の整備
技能検定の実技試験について，厚生労働省令で定めるところにより検定職種ごと，実践的な能力評価の実施方法を規定する。

【施行期日】平成27年10月1日（ただし，1．（2）①及び②は平成28年3月1日，1．（3）②，2．（2）及び（3）は平成28年4月1日）

出典：厚生労働省ホームページより

図2　勤労青少年福祉法等の一部を改正する法律案

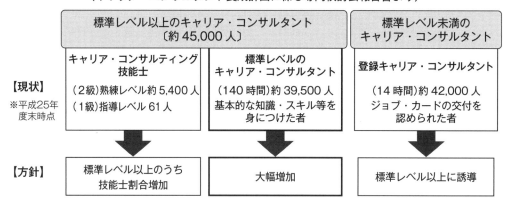

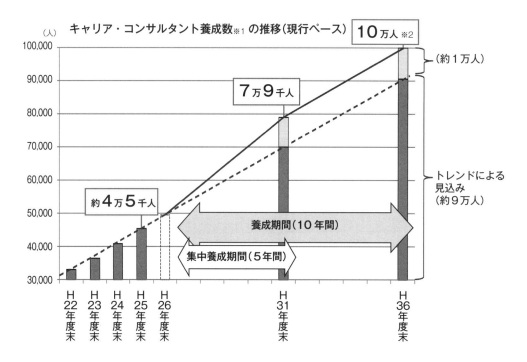

※1 標準レベルのキャリア・コンサルタントおよびキャリア・コンサルティング技能士を計上。
※2 ハローワークにおけるキャリア・コンサルタント数を除く。
なお、ハローワークにおけるキャリア・コンサルタントについては、ハローワークの質の向上に係る具体的な方策のなかで、平成26年度中に検討。

出典：厚生労働省ホームページより

図3　キャリア・コンサルタントの現状および養成計画策定の方針

第4章 「キャリアコンサルタント」の活用

働く人の視点に立った働き方改革の意義（基本的考え方）

- 日本経済再生に向けて，最大のチャレンジは働き方改革。働く人の視点に立って，労働制度の抜本改革を行い，企業文化や風土も含めて変えようとするもの。働く方一人ひとりが，より良い将来の展望を持ち得るようにする。
- 働き方改革こそが，労働生産性を改善するための最良の手段。生産性向上の成果を働く人に分配することで，賃金の上昇，需要の拡大を通じた成長を図る「成長と分配の好循環」が構築される。社会問題であるとともに経済問題。
- 雇用情勢が好転している今こそ，政労使が3本の矢となって一体となって取り組んでいくことが必要。これにより，人々が人生を豊かに生きていく，中間層が厚みを増し，消費を押し上げ，より多くの方が心豊かな家庭を持てるようになる。

経済社会の現状

- 4年間のアベノミクスは，大きな成果を生み出した。
  - ✓ ［名目GDP］47兆円増加，9％成長
  - ✓ ［賃上げ］ベースアップが4年連続で実現しつつある
  - ✓ ［有効求人倍率］25年ぶりの高水準，史上初めて47全ての都道府県で1倍超。
  - ✓ ［正規雇用］26カ月連続で前年を上回る勢い。
  - ✓ ［相対的貧困率］足元で減少，子供の相対的貧困率は初めて減少に転じた。

- 他方，個人消費や設備投資といった民需は，持ち直しつつあるものの，足踏みがみられる。
- 経済成長の隘路の根本は，人口問題という構造的な問題に加え，イノベーションの欠如による生産性向上の低迷，革新的技術への投資不足。
- 日本経済の再生を実現するためには，投資やイノベーションの促進を通じた付加価値生産性の向上と，労働参加率の向上を図ることが必要。
- 一億総活躍の明るい未来を切り拓くことができれば，少子高齢化に伴う様々な課題も克服可能。

日本の労働制度と働き方にある課題

正規，非正規の不合理な処遇の差	＝	正当な処遇がなされていないという気持ちを「非正規」労働者に起こさせ，頑張ろうという意欲をなくす。
世の中から「非正規」という言葉を一掃していく	▷	正規と非正規の理由なき格差を埋めていけば，自分の能力を評価されている納得感が醸成。納得感は労働者が働くモチベーションを誘引するインセンティブとして重要，それによって労働生産性が向上していく。
長時間労働＝	＝	健康の確保だけでなく，仕事と家庭生活との両立を困難にし，少子化の原因や，女性のキャリア形成を阻む原因，男性の家庭参加を阻む原因。
長時間労働を自慢するかのような風潮が蔓延・常識化している現状を変えていく	▷	長時間労働を是正すれば，ワーク・ライフ・バランスが改善し，女性や高齢者も仕事に就きやすくなり，労働参加率の向上に結びつく。経営者は，どのように働いてもらうかに関心を高め，単位時間（マンアワー）当たりの労働生産性向上につながる。
単線型の日本のキャリアパス	＝	ライフステージに合った仕事の仕方を選択しにくい
単線型の日本のキャリアパスを変えていく	▷	転職が不利にならない柔軟な労働市場や企業慣行を確立すれば，自分に合った働き方を選択して自らキャリアを設計可能に。付加価値の高い産業への転職・再就職を通じて国全体の生産性の向上にも寄与。

出典：首相官邸ホームページより

図4　働き方改革の意義

でしょう。人生の転機を迎えた労働者にとっても選択肢が増え，ダイバーシティを受け容れる基盤と考えられます。

4．キャリアコンサルタントが注目される背景

　2009年に嘉納英樹弁護士は「キャリアコンサルタントとしての資格を人事労務担当者が手に入れておくのは必須ではないが，きわめて有益である」ことを自らの労務支援の経験から提唱しました。特に，メンタルヘルス不調に起因する休職と復職に携わるときの有用性が根拠となっています。

　2013年，オックスフォード大学のマイケル・A・オズボーン准教授が「雇用の未来（The future of employment）」という論文を発表しました。日本では，2015年に野村総合研究所がオズボーン准教授らとの共同研究により日本版を発表しています。そこでは，調査対象とした601の職業のうち49％にもわたる職業が今後20年の間に人工知能やロボットに代替される，つまり人が行う仕事としては失われる可能性が高いと予想しています。例えば，この4月に入社したばかりの新社会人が40代になった頃，会社どころか自分の仕事がなくなってしまう可能性さえあるというのです。

　個々の労働者が今から20年後の未来に備えるには，自身のライフプラン（生活するうえで担う人生の役割）とキャリアプラン（職務経験の設計，未来図）を併せて考えることでワーク・ライフ・バランスを取り，自律的に仕事と会社を選択し必要な能力を身につけながらモチベーションと生産性を高め，目標や夢の達成に向かって努力するという働き方を目指す必要があります。

5．個々の労働者に対するキャリアコンサルタントの役割

　では個々の労働者は，どのようにしたらなりたい自分の未来図を描けるのでしょうか。キャリアコンサルティングには図5に示す6つのプロセスがあります。そのなかで最も重要なのが，①自己理解です。ここで示す「自己理解」とは単なるセルフイメージではなく，なぜ，どうして自分はそれが好きなのか，譲れないのか，その思いはどこから来ているのか，なぜそう考えるのかという深部まで理解することです。自己理解を深めるには相談者とキャリアコンサルタントの信頼関係構築（ラポールの形成）が前提となります。なぜなら人は生まれ育った環境や出来事に影響され，それぞれ価値観が異なります。その価値観を紐解いていくため，時には辛い過去も思い出し言葉として発する自己開示の必要があるからです。キャリアコンサルタントは傾聴を中心としたスキルを身につけています。そして自らもさまざまなワークやツールを利用し，繰り返し自己理解を深めながら自己研鑽を継続しています。キャリアコンサルタント資格取得までには，キャリア理論やカウンセリング理論，労働法，職場組織，職場環境の基本を学んでいなくてはならないことは言うまでもありません。

　キャリアコンサルタントは相談者に自己理解を深めてもらいながら，人生や職業経験の棚卸

第4章 「キャリアコンサルタント」の活用

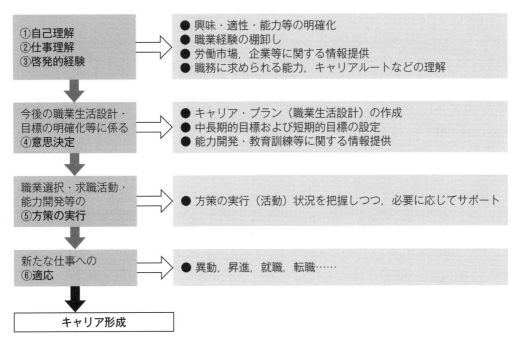

出典：厚生労働省ホームページより

図5　キャリアコンサルティングの流れ

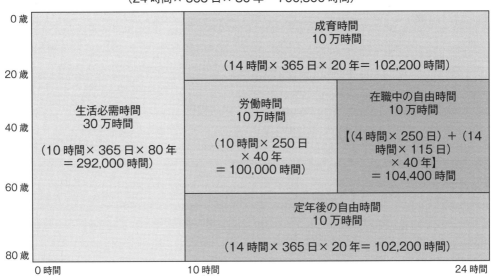

Copyright (c) 2017 to Employee Service Inc. All rights reserved

出典：先見労務管理　2017年4月25日号より

図6　人生80年の時間

し(振り返り)を支援します。何歳の頃はどのような職場に在籍し,どのようなことに積極的に取り組み,やりがいを感じ,どのようなスキルを身につけたのかを時系列で整理することで,自分の強みや経験を改めて認識できるようになります。一方で,現在や未来のワーク・ライフ・バランスを考えて発生する弱みや脅威も整理します。昨今は人生80年と言われ,人は約70万時間を生きることになります。平均的な生活時間,成育時間,労働時間を除くと自由時間は約20万時間,約7分の2あると言い換えられます(図6)。「自分らしい人生とはどのような人生か」「そのために必要な能力は何か」を考えることから始まります。キャリアコンサルティングは相談者の主体的な意思で決定し,展開した後にクロージングを迎えます。時にはプロセスを一時的に戻ることもありますが,キャリアコンサルタントは相談者がキャンパスに何を描くのか,なぜそこに描くのかを明確にしながら情報提供や,必要な場合には,より上位者や組織への紹介も行います。

6. 組織に対するキャリアコンサルタントの役割

　キャリアコンサルタントは,労働者個人と企業の調整,働きやすい職場環境を専門スタッフとコーディネートすること,必要な場面に応じて傾聴を基本としたファシリテート技能を発揮することで,労働者同士の自由な話し合いを促進しコンセンサスを取っていくための案内役です。労働者個人が自己理解を深め,意思決定を行うことで主体的な行動変化が得られます。個人の意欲が,集団として拡大し続けた先には,組織全体の生産性向上が期待できます。一方で個人がしっかりとキャリアプランを立てられても,目標を実現するには企業側や人事部の方針,人員配置計画も同様に重要です。キャリアコンサルタントは日頃から人事部署と連携し情報交換に努めながら相談者を支援する必要があります。企業理念,経営方針を理解し企業と働く人々の間に立ち,職場におけるメンタルヘルス不調や離職の原因になるミスマッチを低減していく役割が期待されます。

(1) 健康づくり(THP)・メンタルヘルス・快適職場づくりにおいて
　中央労働災害防止協会によれば,労働者のモチベーション向上には,ハード・ソフト両面からのアプローチが必要とあります。ハード面は労働衛生管理の基本である「作業環境」の快適化が挙げられます。照度,室温・湿度,換気,臭気の有無,休憩室,トイレの衛生を主体的に管理する衛生管理者(安全衛生推進者)や,産業保健スタッフとの連携が必要です。ソフト面は7領域あり,その1番目にキャリア形成・人材育成が挙げられています(図7)。

(2) ファシリテーターとして
　2つ目の具体例です。職場環境改善は誰かの押しつけや命令よりも,労働者が相互に今できていることを認め合い参加型の協議の場をもつことが効果的です。そのような協議の場でも,キャリアコンサルタントはファシリテート役として互いを否定しない発言を促し,「アサーショ

ソフト面の7領域

快適職場づくりのソフト面について，中央労働災害防止協会の「快適職場システムづくり調査研究委員会」（平成8年度～10年度）において検討が行われ，心理的，組織的，社会的な人間の側面について，次の7領域（35項目）が提示された。

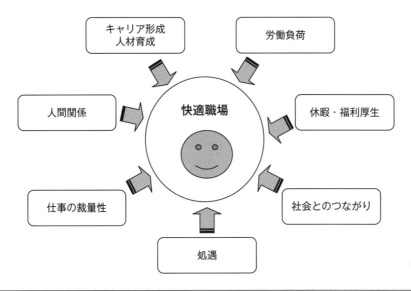

領域1 キャリア形成・人材育成（教育・訓練，キャリア形成，キャリア・コンサルティング，自己啓発，経営方針，組織風土など）

　この領域は，教育・訓練や人材育成など，労働者のキャリア形成への取組みがテーマである。

　人材育成は企業にとって永続的に取り組むべき経営上の基幹課題のひとつであり，人材の成長は企業の成長を支え，企業の成長が人材の成長機会を拡大する。90年代に入り，長期雇用システムの維持が困難になりつつある経営環境の下，社外でも通用する能力を保有する強い個人を育成していくことが企業としての責任であるとの考えが拡がっているが，労働者も自らのキャリアのあり方，キャリアデザインに強い関心を持ち，自分を活かし成長させることができる組織を求める傾向が強くなっている。

　これまで，教育・訓練，人材育成は，企業側のニーズに基づき，所属する企業において成果を上げ，貢献する人材を育てることを目的として実施されてきた。しかしながら，近年は個人のキャリア意識・成長志向の高まり，企業側のエンプロイヤビリティ（雇われる能力／市場価値）向上支援の考え方の拡がりの中で，「労働者の自立支援・強化」といった新たな位置づけをもって，その重要度が増しつつある。

出典：中央労働災害防止協会　安全衛生情報センターホームページより

図7　快適な職場環境ソフト面の7領域

ンスキル」※を自然と体験してもらいながら中立な立場でコンセンサスが取れるように促します。図8のキャリアコンサルタント養成に関わるカリキュラムを見るとメンタルヘルスやグループアプローチについても習熟している必要があることがわかります。この「アサーションスキル」や「グループファシリテーションスキル」はキャリアコンサルタント養成講座を開設し

※アサーションスキル：円滑なコミュニケーションを行う態度や表現技能です。相手にも自分にも配慮したコミュニケーションを取る態度と，対等かつ率直に，自分も相手も誠実に尊重しながら行うコミュニケーション技法で構成されています。

科目	範囲	時間 講義	時間 演習	時間 合計
キャリアコンサルティングの社会的意義に対する理解	一 社会・経済的動向とキャリア形成支援の必要性の認識	3	0	10
	二 キャリアコンサルティングの役割の理解	3		
	三 キャリアコンサルタントの活動	4		
キャリアコンサルティングを行うために必要な知識	一 キャリアに関する理論	3	0	30
	二 カウンセリングに関する理論	3		
	三 自己理解の知識	2		
	四 仕事の知識	2		
	五 職業能力の知識	3		
	六 人事管理及び労務管理の知識	3		
	七 労働市場の知識	2		
	八 労働関係法令及び社会保障制度の知識	2		
	九 学校教育制度及びキャリア教育の知識	2		
	十 メンタルヘルスの知識	4		
	十一 ライフステージ及び発達過程の知識	2		
	十二 人生の転機の知識	1		
	十三 個人の特性の知識	1		
キャリアコンサルティングを行うために必要な技能	一 基本的な技能 　1　カウンセリングの技能 　2　グループアプローチの技能 　3　キャリアシート（法第十五条の四第一項に規定する職務経歴等の記録書を含む。）の作成指導及び活用の技能 　4　相談過程全体の進行管理に関する技能	9	53	70
	二 相談過程において必要な技能 　1　相談場面の設定 　2　自己理解の支援 　3　仕事の理解の支援 　4　自己啓発の支援 　5　意思決定の支援 　6　方策の実行の支援 　7　新たな仕事への適応の支援 　8　相談過程の総括	8		
キャリアコンサルタントの倫理と行動	一 キャリア形成及びキャリアコンサルティングに関する教育ならびに普及活動	2	7	20
	二 環境への働きかけの認識及び実践	2		
	三 ネットワークの認識及び実践 　1　ネットワークの重要性の認識 　2　ネットワークの形成 　3　専門機関への紹介 　4　キャリアコンサルティングと異なる分野の専門家への照会	3		
	四 自己研鑽及びキャリアコンサルティングに関する指導を受ける必要性の認識	3		
	五 キャリアコンサルタントとしての姿勢	3		
その他キャリアコンサルティングに関する科目				10
合計				140

（備考）
一　講習の実施方法
　1　次の表の科目又は範囲ごとに通信の方法によっても行うことができることとする。この場合は，適切と認められる方法により添削指導を行うこととする。
　2　全体の半分以上を通学の方法によって行い，いずれの分野においても当該分野すべてが通信の方法によらないこととする。
二　知識及び技能の修得の確認
　講義及び演習は，修得することが求められている知識及び技能の修得がなされていることを確認する内容を含むこととする。
三　教材
　科目に応じた適切な内容の教材を用いることとする。
四　講師等
　1　教科の科目に応じ当該科目を効果的に指導できる知識，技能及び経験を有する者とする。
　2　演習は，講師のほか，講師の補助者を配置する。
五　講習を受ける者の数
　講義は三十人以下，演習は二十人以下とする。

出典：厚生労働省委託事業　三菱UFJリサーチ＆コンサルティング株式会社

図8　キャリアコンサルタント養成に係るモデルカリキュラム

ている，日本産業カウンセラー協会などで繰り返しスキルアップ講座が実施されています。ほかにはプレスタイム社が「ヒューマンスキルトレーニング・ファシリテーター認定講座」を擁しています。このように，キャリアコンサルタントは，自己の資質を高めることが顧客の支援に直結するというwin-win関係，つまり自身のスキル向上と周囲に積極的なアウトプットを目指しています。以上のことから，労働者個人への支援のみならず，労働者同士または労働者と企業相互の架け橋になり，縦，横，斜めに人と企業をつなぐ支援が，キャリアコンサルタントの役割と言えます。

7. おわりに

　ストレスチェック，メンタルヘルスケア，ダイバーシティ，働き方改革，職場環境改善は個々の労働者のキャリア形成を基軸に必ずつながり，生きがい，やりがい，モチベーション向上，生産性向上にループしながら広がります。それは企業において労働者が単なる人材でなく人「財」であることは言うまでもありません。2016年のNHKの大河ドラマ「真田丸」第38話で，真田昌幸（草刈正雄）が「軍勢をひとつの塊と思うな。一人ひとりが生きておる。一人ひとりが想いをもっておる。それをゆめゆめ忘れるな」と真田幸村に残した言葉は，現代でも十分に通用するのではないかと思います。その一人ひとりに寄り添いながら最強の軍勢に成長支援するのがキャリアコンサルタントの仕事であると確信をもっています。

- キャリアカウンセリングはクライエントとキャリアコンサルタントが一緒に絵を描く共同作業です。
- ペンは必ずクライエント（相談者）がもっており，キャリアコンサルタントがそれを取り上げることはありません。

キャリアコンサルタント試験対策勉強会「チバ塾」代表　千葉和久先生（CDA）語録より

▼引用・参考文献
樋口保隆，さくらざわ博文（2017）これで安心！　ストレスチェックの実施実務17—職場活性に向けた応用編その③．先見労務管理 2017年4月25日号；43-45.
嘉納英樹（2009）私傷病休職と職場復帰の労務管理—精神障害等を中心に．先見労務管理 2009年3月25日号；6-26.
木村周（2016）キャリアコンサルティング理論と実際（4訂版）．雇用問題研究会．
内閣府（2015）平成27年版 子ども・若者白書．日経印刷．
中野円佳（2014）「育休世代」のジレンマ—女性活用はなぜ失敗するのか？　光文社．
株式会社パーソル総合研究所（2017）136万人が働き手に変わる"サテライトオフィス2.0"の提言．HITO特別号 HITO REPORT vol.2.
櫻井功（2017）櫻井功編集長が語る—事業の維持と成長，個人のキャリア，出産・育児をバランスさせるには，企業も個人も制度の目的を正しく理解した運用が必要．HITO 11；28-29.
沢野敦子，さくらざわ博文（2017）これで安心！　ストレスチェックの実施実務18—職場活性に向けた応用編その④．先見労務管理 2017年5月25日号；45-55.
吉川徹，小木和孝 編（2016）メンタルヘルスに役立つ職場ドック．公益財団法人労働科学研究所．

特定非営利活動法人キャリアコンサルティング協議会. 旧制度と新制度と技能検定の関係図.（https://www.career-shiken.org/images/license005.png［2017 年 10 月 4 日閲覧］）

中央央労働災害防止協会安全衛生情報センター. 継続的かつ計画的に快適な職場環境の形成に取り組むために. (http://www.jaish.gr.jp/user/anzen/sho/sho_07.html［2017 年 10 月 4 日閲覧］)

働き方改革会議. 働き方改革実行計画（概略）―1. 働く人の視点に立った働き方改革の意義.（http://www.kantei.go.jp/jp/singi/hatarakikata/pdf/gaiyou_h290328.pdf［2017 年 10 月 4 日閲覧］）

厚生労働省. キャリアコンサルティング・キャリアコンサルタント.（http://www.mhlw.go.jp/stf/seisakunitsuite/bunya/koyou_roudou/jinzaikaihatsu/career_consulting.html［2017 年 10 月 4 日閲覧］）

厚生労働省. キャリアコンサルタントの現状及び養成計画策定の方針.（http://www.mhlw.go.jp/file/05-Shingikai-12602000-Seisakutoukatsukan-Sanjikanshitsu_Roudouseisakutantou/0000052927.pdf［2017 年 10 月 4 日閲覧］）

厚生労働省. 別表2 キャリアコンサルタント養成に係るモデルカリキュラム（訓練時間の目安）.（http://www.mhlw.go.jp/bunya/nouryoku/dl/career-shiken-01_0005.pdf［2017 年 10 月 4 日閲覧］）

厚生労働省. 新規学卒者の離職状況.（http://www.mhlw.go.jp/stf/seisakunitsuite/bunya/0000137940.html［2017 年 10 月 4 日閲覧］）

厚生労働省. 勤労青少年福祉法等の一部を改正する法律案.（http://www.mhlw.go.jp/topics/bukyoku/soumu/houritu/dl/189-26.pdf［2017 年 10 月 4 日閲覧］）

第5章　組織内キャリア理論とキャリア危機への予防的対策と実践

上之園洋一

1. はじめに

2012年12月に始まった第2次安倍内閣で設置された日本経済再生本部の下部組織となる産業競争力会議の第1回が2013年1月に開催されました。同会議は4分野の分科会を設け，そのうちの「雇用・人材分科会」が2013年9月から8カ月の間で9回開催され，その第6回開催後に「雇用・人材分科会中間整理」が発表されました。その内容は激変する産業構造やさまざまな社会要請に対応できる新たな「日本的就業システム」を構築するために，次の3点の実現を目指すというものです。

① 柔軟で多様な働き方ができる社会
② 企業外で能力を高め，適職に移動できる社会
③ 全員参加により能力が発揮される社会

「①柔軟で多様な働き方ができる社会」のなかで，これを構築する際に重要インフラのひとつとなるキャリア・コンサルティングの活用のため，「キャリア・コンサルティングの体制整備」が言及され具体的な方策を立案のうえ，労使の理解を得つつ実行するように求めました。

この中間報告を受け，「キャリア・コンサルタント養成計画に係る専門検討会」で，キャリアコンサルタントの養成計画案がまとまりましたが，その内容は4領域（企業，教育・訓練機関，需給調整機関，地域における支援機関）のうち，企業領域で圧倒的なキャリアコンサルタント増を目指すものでした（図1，表1）。キャリアコンサルタントである筆者には突然出現したビックマーケットと映りましたが，しかし，どう踏み込んだら良いか見当もつかない未開の地，ニューフロンティアでもありました。

なぜならば，筆者がこれまでキャリアコンサルタントの勉強会や交流会で出会った企業領域キャリアコンサルタントの大半が，名の通った大企業の人事労務部門に在籍している人たちでしたが，この専門委員会が増やそうする企業領域の大半は500人未満の事業所であり，そこは大企業でも人事労務部門のいない分散型事業所か中堅・中小企業で，企業外部のキャリアコンサルタントからみれば孤立無援の地とも映ったためです。

このため，ニューフロンティアに踏み込むキャリアコンサルタントとして，キャリアコンサ

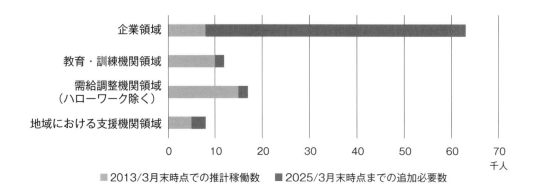

図1　活動領域別キャリアコンサルタント必要数

表1　企業領域キャリアコンサルタント（CC）必要数内訳表

事業所規模	対象事業所数	対象総労働者数	キャリアコンサルタント必要数
500人以上	5,000件	563万人	12,000人
500人未満	542万件	5,021万人	51,000人

ルティング導入を企業にどう勧めたら良いのか，また，キャリアコンサルタントとしてどう取り組んだら良いのか，この1年ほど考え込んでいました。未だ，新たなフレームワーク，ビジネスモデルとして提示できる段階に至らないため，本章では企業とキャリアコンサルタントの双方へ，中間報告としての筆者の考えを述べたいと思います。なお，企業向けでは組織人キャリアの成長を支える動機付けに絡めた視点であるため，次項で先に組織心理学の大家であるシャイン博士の経時的発達モデルと幾つかのモチベーション理論に触れ，そのうえで，企業とキャリアコンサルタントへ筆者からプチ提言をさせていただきます。

なお，前章で説明済みですが，2016年4月以降は「キャリア・コンサルタント」が「キャリアコンサルタント」，「キャリア・コンサルティング」が「キャリアコンサルティング」と表記が変わりました。本章での表記は会議体等で使われた時期によって混在しておりますが，ご了承ください。行政では一般化されていない外来語の組み合わせは「・」を入れる運用がなされています。そして，一般的に認知される言葉になったと判断されると「・」を外した表記になります。上記変更はそのような行政判断によるものです。

また，本章では「事業所」と「事業場」を使い分けています。原則的にはどちらも同一場所ですが，労働基準法や労働安全衛生法で使われる「事業場」は行政通達（参考文献参照）の例外規定で同一場所でも別事業場となったり，異なる場所でも同一事業場となったりするため，等しくはありません。事業所数は総務省統計局の経済サンセスに基づきます。

第 5 章　組織内キャリア理論とキャリア危機への予防的対策と実践

2. 組織人の発達モデル

(1) 組織人の発達モデル

　人は大人になるまでの間，思春期など成長段階で乗り越える，共通する課題がありますが，これは発達課題と呼びます。そして，この発達課題は成人となり老人に至る間にも幾つかあることを，エリック・エリクソンが明らかにしています。このため，組織心理やキャリア理論においても成人以降の発達観，その課題認識は重要な視点となります。

　キャリアコンサルタントでもある作家の楠木（2017）は，会社員生活が直接的な一本道ではなく，おおまかに2つの通過儀礼があると言います。前段階は，入社してから組織で仕事を通じて成長・自立するプロセスで，ここでの発達課題は仕事仲間や顧客に役立つ自分をどう作り上げるかであり，後の段階は組織での仕事に一定の目途がついた以降のプロセスで，ここでの課題は老いることや死ぬことも意識して今後の自分のあり方，組織との距離感のもち方を調整することと述べています（筆者要約）。

　この楠木の言う後の段階を河合（1993）は中年クライシスと言います。その時期には自分の人生が見え将来の見通しが立った頃にこれを狂わすアクシデントが生じ，不幸や苦悩のなかに突き落とされることを大なり小なり人は体験するものだが，それをどのように対処するかによって，その人のユニークな生き方がつくりだされていくと言える，と述べています。この項では組織人としての個人の成長段階をエドガー・シャイン博士が経時的発達モデルで提示した，①キャリア初期，②キャリア中期，③キャリア後期，の発達ステージとして示し，各発達課題を説明します。これに先立ち，シャイン博士自身を紹介します。

　シャイン博士は，現在，MIT（マサチューセッツ工科大学）経営大学院（スローン・スクール）の名誉教授ですが，1928年チェコスロバキア生まれで物理学者の父親とともにチェコ，ロシア，米国シカゴへ移り，英語ができなかったため1年遅れのクラスで小学校へ入学しました。その後，シカゴ大学で学生，スタンフォード大学大学院で修士課程，ハーバード大学大学院で博士課程へと進み，陸軍から奨学金を得ていたため軍関連病院の精神神経医学部門でインターン勤務をしました。なお，研究者としての最初の仕事は陸軍病院における朝鮮戦争の捕虜復員者の洗脳，教化の研究でした。

　就職に際しては，コーネル大学の心理学部とMITのビジネス・スクールからオファーがあり，MITの教授陣や実践的取り組みに惹かれ，後者を選びました。MITではかつての洗脳研究を応用した，会社（組織）が従業員（個人）を教化・社会化するという研究テーマを立て，教え子のスローン大学院修了生44名の追跡調査を行いましたが，1年後の再インタビューで会社の価値観に教化の影響を受けたのはわずか6～7人であり，その他，卒業生なりの変化もあったことから，企業文化による教化研究を中止しました。その後，想定に反し，組織に教化・社会化されない個人のキャリア形成に着目し，5年後に再調査を行い，さらに7年後にも再調査のインタビューを行いました。そして，卒業生44名はそれぞれセルフ・イメージが形成され，

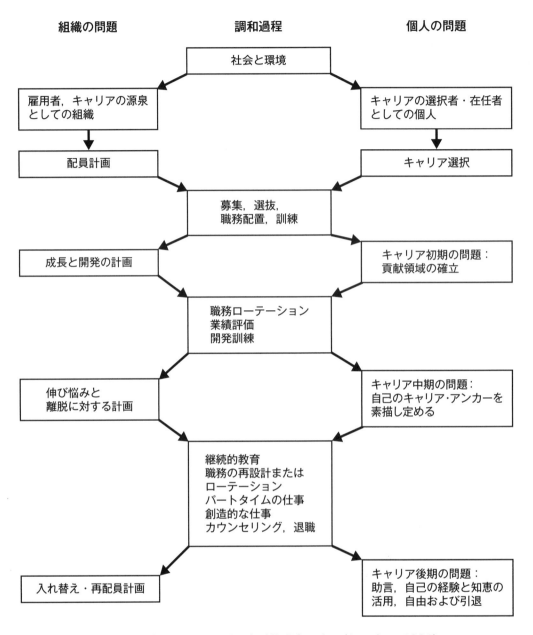

図2 人間資源の計画と開発：経時的発達モデル（シャイン，1991）

それぞれのキャリア選択の際に，道標や足かせともなるキャリア上の引っ掛かりが数種類に分類できることを発見しました。そして，この引っ掛かりを，船の碇（いかり）をモチーフに「キャリア・アンカー」と名付けました。

では，シャイン博士の経時的発達モデル（図2）をご覧ください。左側が「組織の問題」，

第5章　組織内キャリア理論とキャリア危機への予防的対策と実践

表2　組織内キャリア発達とその課題

発達ステージ	発達課題
基礎訓練	リアリティ・ショックの克服 〈克服できず早期離職もあり〉 日常業務への適応 仕事仲間や組織からの受け入れ，組織的社会化の適応
キャリア初期 （30歳頃まで）	部下としての有能性獲得 将来のリーダー役割の基礎作り メンターの獲得
キャリア中期 （25～45歳）	中堅社員として高い専門性と責任の担い手 下位レベルの管理職への昇進実現 将来の自己のキャリアの可能性見極め （見極め次第で転職もあり）
〈キャリア中期の危機〉 （35～45歳）	自己のキャリア・アンカーの自覚 当初の夢や野心と比較した現状の評価 →低評価の場合，寂しさや虚しさの感情引き起こし 妻や子供の自身に対する依存心低下 →家庭内孤独感の引き起こし
キャリア後期（非リーダー） （45歳～定年）	熟練社員として専門的能力の深化，技術的有能性の確保 年長者としての自己の影響力を発揮，若手への援助・育成 〈無能な中高年社員となる可能性もあり〉
（リーダー）	管理者・経営者として高い責任と権限保有 組織の重要問題解決へ全エネルギー投下 〈仕事失敗や派閥争いでの出世階段落ち，家族関係喪失もあり〉
下降と離脱	定年退職に向け他の人に仕事を譲っていく 定年後キャリアへの準備

右側が「個人の問題」，そして相互の摺り合わせとなる中央を「調和過程」と呼んでいます。個人の問題の上2枠は組織への入職前，3枠目以降が入職後で，これらを時系列に並べています。

次に3つの発達ステージにおける発達課題を表2で示します。表2の①基礎訓練からキャリア初期まででは「早期離職」，②キャリア中期では「キャリア・アンカーとキャリア中期の危機」，③キャリア後期から下降と離脱では「若手育成」を課題テーマとして述べます。

(2) 基礎訓練からキャリア初期まで，「早期離職」について

学生について

はじめに新入社員の学生時代を探ってみます。以下は2010年前後，大学生向けキャリア支援をした筆者の経験談です。なお，クライエントへの守秘義務があるため，名称や内容を一部変えています。

経験その1：エリート大学生の自身喪失（国立大学の名門学部2年生へのキャリアカウンセリング）

　暗い表情で話口調は途切れ途切れ，自己効力感がまったく感じられない学生と面談が始まりました。高成績の小中高時代は友人も自然に集まりボス的存在でしたが，大学では埋没し友人づくりができなかったことから将来の人生も暗いと悲観していました。話を聞き続けると，大学では本音で話ができる同性の友人が1人おり，専門課程に伴う引越しに際し，ともに学習するため同居を決めているとのこと。

　そこで，カウンセラーとして一言，「ギャングエイジの友人関係は徒党を組んでワイワイやるが，人生に関わる深い対話をする機会はあまりなかったはず。大学時代の友人が一人きりと嘆いているけど，残りの学生時代を同居できるほどの心からの友人を得ていることは，学生として凄いことではないか」と伝えました。これを耳にした学生のうつむいた顔はゆっくり上がり，「僕の学生時代，OKですね，えへへ」と応じました。

経験その2：中高でいじめを受けた大学生（就職活動で出遅れた低偏差値大学での模擬面接訓練）

　大学設置基準が大幅に緩まった1990年代の新設大学でのことです。低偏差値に集まる学生に中高生レベルの再教育やキャリア教育を熱心に取り組んでいましたが，最初の就職面接でつまずき就職活動が停滞した学生10数名への支援として就職模擬面接を実施しました。皆，明るい学生でしたが，模擬面接では様子が変わるため，終了後の雑談で中高生時代のことを尋ねると，ほとんどの学生がいじめられた経験をもっていました。大学では安心して学業に専念できたけれど，社会に出るとまたいじめられるのではないかと不安を抱えていました。

経験その3：2泊3日の大学生との合宿（会社訪問の準備・訪問訓練のチューター役）

　4人を一組として預かる2泊3日のプログラムを終え，学生40名を前に統括教員から完璧な社会人を目指すよう激が入ったため，学生からどんな資格取得が役立つかと相談がありました。そこで，学生時代は現在取り組んでいることを続け，社会人になったら興味ある分野や好きな分野を追いかけると良いと答え，ピーター・ドラッカーの言葉「無能を並みの水準にするには，一流を超一流にするよりも遥かに多くのエネルギーと努力を必要とする」を伝えました。すると社会人になったとき，自分の興味や好みを定めるにはどうしたら良いかと聞かれ，以下の話をしました。

> 　得意なスキルには2種類あり，「好き＆得意」はコアスキル，「嫌い＆得意」は組織要請により身についたスキルです。後者は経験年数のなかで熟練域に達しますので，40歳以降に発見できるものと仮置きします。そうすると，40歳未満では不得手なスキルが2種類あり，「好き＆不得手」と「嫌い＆不得手」があるわけです。好きとか，興味があるとかいうことはモチベーションを高めます（詳細は後述）ので，若い頃は「好き＆不得手」から「好き＆得意」のコアスキルを目指し，組織要請により身についた中高年の「嫌い＆得意」は好きになることでコアスキルが増えるということです（図3）。

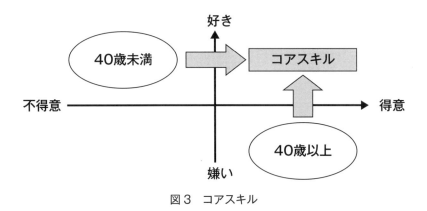

図3　コアスキル

　ちなみに，神経言語プログラミングというコミュニケーション，能力開発，心理療法の技法のなかで4段階の有能モデルとして，①無意識的無能性，②意識的無能性，③意識的有能性，④無意識的有能性，という区分けがあるそうです。これを自動車運転に例え，①車の運転法がまったくわからない段階，②自分がうまく運転することができないことに気づくようになる段階，③うまく運転するために継続的に意識的な注意を払う必要がある段階，④脇に座っている友人に話しかけながらでも問題なく運転することができる，すなわち，車の運転のプロセス全体が無意識的（または，機械的）になる段階，という説明を受けました。プロレベルの仕事とは，④無意識的有能性に達したものと言ってよいでしょう。

　ところで，自分のモチベーションを高めるスキル分野が何かを探す簡便法として，職業心理学者D・J・プレディガーの「ワーク・タスク・ディメンション」を応用する方法があります。「ワーク・タスク・ディメンション」は4つの要素（「データ」⇔「アイデア」，「人」⇔「物」）分けとし，これはジョン・ホランドの職業選択理論にある6つの性格特性と仕事環境から抽出したものです。

　ホランドの6つの性格特性と仕事環境とは，①現実的（Realistic），②研究的（Investigative），③芸術的（Artistic），④社会的（Social），⑤企業的（Enterprising），⑥慣習的（Conventional），をいい，各英単語の頭文字を取り「RIASEC」と呼ぶこともあります（図4）。大学生はVIP職業興味調査を受けたこともあろうかと思いますが，これはホランド理論に基づくものです。

　このワーク・タスク・ディメンション（「データ」「アイデア」「人」「物」）からキャリアの方向性を探る自己理解ツールがあります。それは，**株式会社日本マンパワーの『モチベーション・スキル・カード』**です。カードは裏・表に記載があり，片面はいろいろなタスク（例えば，①分析する；状況・データを，②記述する；創作的に・説明的に，③援助

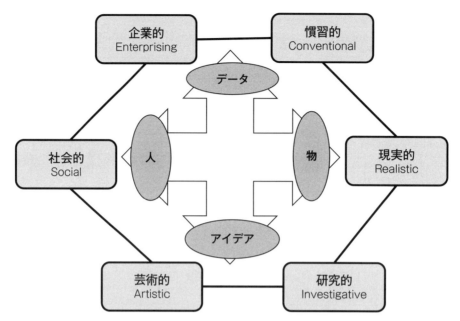

図4 ホランドの六角形（外側）とワーク・タスク・ディメンション（内側）の関係

する；人を（思いやり），④組み立てる；設備・機械を）など40枚です。これを図3にあるような2軸（好き⇔嫌い，得意⇔不得意）で仕切る4面の各枠に振り分けます。

振り分けた後のコアスキル（「好き」&「得意」）から上位6枚を選び出します。もし，コアスキルに振り分けた枚数が5枚以下だったら，40歳ぐらいを起点に若い方なら（「好き」&「不得手」）から，年配の方なら（「嫌い」&「得意」）から不足分を補います。さらに，6枚から上位3枚を選び，その3枚から最上位1枚を選び，最上位1枚を頂上とするピラミッド（上段1枚，中断2枚，下段3枚）に並べます。そして，並べたカード6枚をひっくり返すと4種類（「データ」「アイデア」「人」「物」）に区分され，最上位のカードを中心に上にあるとか，数が多いとかの種類が，モチベーション維持のための重要なスキルであろうという見立ての助けになるわけです。

こうした自己理解ツールをWEB上で行いコメントを返すものはいくつもあります。これらを利用する場合，筆者は占い気分で結果を捉えるぐらいがちょうど良いと伝えています。本当の自己理解は内省したものを言葉に出し，出した言葉を再度自身が聞くことで気づいたプロセスから見えてくるものと思います。そのためには三面鏡となる聴き手の存在が欠かせません。調査方法には，統計上の準備に多数の質問項目を決め，その解答を基に統計的に返すストレスチェックのような方法とシャイン博士がスローン大学院修了生44名に行った研究のようなインタビュー形式で対話を深めながら本質を探るものがあります。なお，『モチベーション・スキル・カード』WEB版を2009年に趣味で作られたものがあり，2017年10月24日段階でも使えました（アドレスは参考文献欄を参照）。

これらの出会った学生に対して共通する筆者の印象は，あたかも高校生のように見えたことです。これを大学教員の方々に伺うと「学生の生徒化」は日本の大学で広く進んでいるとのことでした。岩田（2011）はこれを「キャンパス文化の変容」として以下のように説明しています。

学生である青年期はモラトリアム期間（エリクソン）となり，学業のみならずさまざまな課外活動に取り組み多種多様の学生文化を歴史的にも世界的にも作り出してきました。戦後日本では1950代半ばまでこそ苦学生が多く余裕がなかったものの，それ以降の学生可処分所得で「修学費」を「娯楽嗜好費」が乗り越え急増，また書籍代や勉学時間が減少し，アルバイト，サークル，デートといった遊び文化が蔓延し，1980年代半ばには日本の大学が「レジャーランド大学」と呼ばれるまでになりました。

しかし，1990年代のバブル崩壊による就職率の低下により「勉学」重視派がトップに立ち，その後の就職率の改善時には遊び文化が多少復活してくるという一面があります。また，就職率の影響以外にも大学改革による授業中心主義から出席や成績評価の厳格化から学生の「まじめ」化が促進されたとも言えます。

また，遊び文化の担い手は「伝統的な」学生であったのですが，大学の大衆化で学生も「大衆化」したことが学生の「まじめ」化を促進したとみています。この大衆化とは米国教育社会学者のマーチン・トロウの「高等教育進学率の3段階」説にある，①エリート段階（進学率15％未満），②マス段階（15％〜50％未満／日本は1963年），③ユニバーサル段階（50％以上／日本は2010年）のことを指します。この結果，学生の学び方が変容し，大学では将来に役立つ実学が教えられるべき，との考え方に振れているそうです。こうして，就職などで役立たない教養科目への関心が薄れ，資格取得志向に走るようになり，1990年代以降の学生に教養主義文化は衰退の一途と指摘しています。

営業職しか経験のない筆者の考えが今日の人事採用者と一緒か否かわかりませんが，組織が学生に期待するのは，今できること，ではなく，「将来の可能性」であろうと思います。学生時代に継続的に取り組んだことが「体験」に終わらず，自身にとってその「体験」の意味を深く考える際に身につけた教養が触発材となることで厚みのある「経験」へと昇華し，その人なりの「可能性」を広げていくものと考えます。キャリアコンサルティングで行われる個人相談のコンサルタントの役割は，その触発材になることにあります。以上，1990年代以降の学生の質に変化があったことを理解してもらったうえで，次項から「七五三」とも言われる新卒入職者の早期離職問題について考えてみます。

（3）新卒入職者の早期離職について

新卒入職者が3年以内に離職する学歴別の比率で「七五三離職」という言葉が世間に広まったのは2000年前後のことでした。実際にはそのような傾向は相当前からありました（図5は2017年9月に厚生労働省が発表した「新規学卒者の離職状況」データを筆者が改変したもの）。

2000年前後に話題となったのは，その年の離職率が高かったためですが，その要因は個人の「こらえ性」が劣ったわけではなく，入職時の景気が悪かったという背景があります。これは，

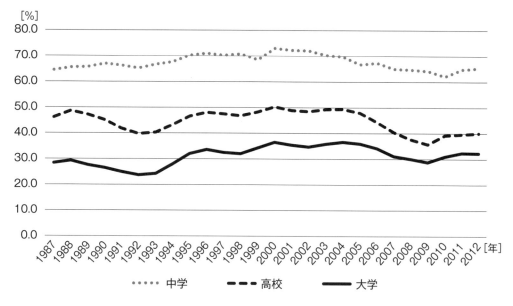

図5 学歴別新卒3年未満の早期離職率の推移

①勤続年数に伴い給与が高まる大企業，金融保険業，インフラ産業，教育・学習支援業，専門・技術サービス業等は，企業特殊的機能性が高いため人材の長期育成が必要なのですが，景気の悪化により採用が減り，②逆に企業特殊的技能性が低く勤続年数を重ねても給与が高まり難い小規模企業，生活関連サービス・娯楽業，飲食・宿泊業が採用を増やしたため，結果的に離職率が高くなったという太田ら（2007）の研究により定見となっています。

労働政策研究・研修機構が2017年2月14日に発表した「若年者の離職状況と離職後のキャリア形成」で，新卒正社員である若者の職場経験と離職の関連について調査がされています。なお，ここでいう若者の学歴は「高卒」「専修・短大・高専卒」「大卒・大学院卒」に分かれています。その結果を箇条書きで示します。

① キャリア教育・支援を受けた高校生は長期定着しやすい。特に男性では「働くためのルール」を学ぶ機会を得た人は定着が強まる。
② 在学中にいじめや嫌がらせを受けた経験や不登校になった経験をもつ人に離職者が多く，特に高卒男女，大学・大学院卒男性で顕著。
③ 応募経路では，ソーシャルネットワーク（学校や家族・親戚）経由や個人の直接応募は定着率が高く，需給調整機関（職業安定所・民間紹介業・求人サイト）経由は離職傾向がより高い。
④ なお，需給調整機関で入職前の労働条件と現実の差は，職業安定所で高く，そのための離職は男性が低く女性は高い。民間紹介業・求人サイトでの入職前の労働条件と現実の差は低いものの，ズレがあった場合の離職は性別にかかわらず高い。

⑤ 業種・従業員規模・職種では，男女・学歴の別なく，従業員規模が小さい「小売業」や個人を顧客とするサービス業，一般の「営業販売職」「サービス職」で離職者が多い。なお，男性は，高卒で「その他のサービス業」，専修・短大・高専卒で「学術研究，専門・技術サービス」，大学・大学院卒で「情報通信業」での離職者が多い。

⑥ 従業員の正社員割合について，高卒男女の離職が多いのは正社員割合が低い場合。専修・短大・高専卒男性の離職が多いのは逆に正社員割合が極端に高く，女性は二分化。大学・大学院は差がない。

⑦ 反社会的行為が業務内で行われていたり，離職者が続出したりする企業は離職者が多い。

⑧ 性別・年齢・勤続年数を問わない実力主義に基づく雇用管理を行い，過度な競争を促す企業は離職者が多い。

⑨ 人を育てる雰囲気や経営者と一般従業員の交流，従業員同士のサポートといった職場コミュニティ機能が高いと定着傾向が増える。

⑩ 労働条件相違のなかでも特に長時間労働があると，男女にかかわらず大学・大学院卒は離職傾向が高い。

⑪ 教育訓練で，男性と高学歴者はOff-JT機会があり，女性と低学歴者はOJTの個別対応が多いが，教育機会の多寡は離職・定着に差がなく，やって当たり前の衛生要因化している。

⑫ 男女・全学歴とも「曖昧な指示のもとで放置」されたり，最初から「先輩と同等の業務」を任せるなど不適切な扱いをすると，てきめんに離職傾向が強くなる。

⑬ 入社後の3カ月間，上司や先輩から若者にコミュニケーションを働きかけた場合は定着率が向上する。特に高卒男性には効果的。

⑭ 自らキャリア形成を図る行動（希望の仕事内容や働き方を伝える，働きぶりに意見・感想を求める）を起こす若者は少なく，特に女性や低学歴で低い。にもかかわらず，この行動を取った高卒・専修・短大・高専卒の女性は職場への不満ではなく前向きな理由による離職率が高い（貴重な人材のはずが適切な対応ができず逃がしている企業が多い）。

⑮ ハラスメントや法令違反に該当する職場トラブルがあると離職率を高める。特に，「残業代不払い」「人手不足で業務が回らない」「希望した日に有給休暇が取れない」場合は要注意。また，職場トラブルがあると大学・大学院卒の男女とも離職率が大幅に高くなる。

⑯ 中小企業で働く高卒男性に高水準，高ノルマ，重い責任の業務を与えると自信喪失し，他の条件（人間関係，賃金，健康上の理由）と重なり離職傾向が増える。専修・短大・高専卒男性は変化が少ない。大学・大学院卒男性で業務裁量権が増え初級管理職を経験すると離職を促す可能性がある。

⑰ 中小企業で働く高卒，大学・大学院卒女性が非正規社員や部下の管理・指導を経験すると離職率が上がり，また，結婚・出産を理由に退職する傾向がある。専修・短大・高専卒女性で裁量権が増え，責任が増し，管理的立場になると定着傾向が強まる。

⑱ 大企業・公団で働く高卒男性は製造工程で働く人が多く，あらゆる業務の変化（種類増，高度化，管理的立場へ移行）は定着傾向が強まるが，正社員の部下・後輩をもつと労働

条件や将来性で揺れ，キャリアアップの転職をする傾向がある。同じく専修・短大・高専卒男性の業務の変化（種類増，高度化，管理的立場へ移行）では大幅に定着率が高まる。大学・大学院卒男性で非正規社員の指導・管理を経験した場合，モチベーションが下がり離職が増える。

⑲ 大企業・公団で働く高卒女性の業務の変化（種類増，高度化，管理的立場へ移行）は定着が増え，専修・短大・高専卒女性は変化なく，大学・大学院卒女性は離職傾向を強める（ノルマ・責任増大が結婚・出産を機会に退職へ動く）。

⑳ 卒後入職先の離職理由は，一般離職・早期離職とも男性がキャリアアップや自己実現，女性は結婚・出産とすることが多いが，3年以内の早期離職者はその傾向が弱まり，男女とも人間関係要因が増えてくる。なお，男性低学歴は労働問題，健康被害，人間関係，自信喪失などネガティブ要因が多く，高学歴男性はキャリアアップや自己実現といったポジティブ要因（離職前は，自分のやりたい仕事と異なる）が増える。女性は学歴差が少なく，家族形成，労働時間，健康被害，人間関係の離職理由が多い。特に高卒女性は人間関係，専修・短大・高専卒女性は賃金，大学・大学院卒女性はノルマや責任の重さが比較的多い。さらに3年以内の早期離職では高卒女性がノルマや責任の重さ，専修・短大・高専卒女性は賃金，大学・大学院卒女性はノルマや責任の重さが離職理由として高い。この3年以内の女性は学歴にかかわらず，職場にマイナス要因を見つけると早々に離職する傾向が強いことに注意を要する。

㉑ 職場での仕事や職場での悩みに関する相談相手は，一般離職・早期離職とも男女・全学歴とも，家族・友人・同僚・上司等の身近な人物が選ばれやすく，専門家・出身校・行政相談窓口，労働組合等の組織は選び難い。ただし，高卒男性は悩みを溜め込みやすく，相談相手選びも狭い。専修・短大・高専卒男性は相談傾向が高く，同年代の同僚が多い。大学・大学院卒男性も同年代の同僚が多い。一方，女性の相談相手は家族・親族が全学歴とも高い。そのなかで高卒女性は同僚や友人への相談が他学歴より低く，さらに上司・先輩は低くなる。また，専修・短大・高専卒女性では出身校に相談する傾向が比較的高い特徴がある。

　上記箇条書きのなかには，離職する理由が労働問題，健康被害，人間関係，自信喪失などネガティブ要因かキャリアアップや自己実現などのためのポジティブ要因か，という対比がありました。福島（2017）は，大卒若年層の転職者へのインタビュー調査で，夢を追う「意識高い系」と漂流する「ここではないどこか系」に分けています。

①「意識高い系」
　仕事で自己実現を目指す「キャリアの自律」意識の高い人たちで，そうした意識をもつタイミングは「在学時」「初職入職後」「転職後」の3段階に分かれると言います。

①-1「在学時意識高い系」

就職活動中から仕事で実現したい希望や将来のキャリアプランを明確にもっており，彼らは先の展望を描いていたことから入職後すぐに望みが叶うとは考えず，リアリティ・ショックに苦しむことはなく，じっくりと見定めて見通しが立たなければ魅力的な転職先を決めてから退職します。

①-2「初職入職後意識高い系」

入職した企業での就労中にある希望を抱き，これが満たされないとわかると，希望を満たせる企業に転職するのですが，福島は彼らが本来やりたかったことは在学中に作られていたが就職活動で封印し，社会人となり真にやりたいことが戻ってきたものと分析しています。

①-3「転職後意識高い系」

初職で不満があり転職活動をするなかで，自分にとっての働く意義を見つめなおすことからその意識が生じたという在学時代のキャリア感ではなく，働く実体験を踏まえて，より納得感のある働く意義探索を行い，転職先を決めている人たちです。

②「ここではないどこか系」

就労に対する希望，満足，不満足の要因がその時のタイミングで変化する類型で，出身大学や初職企業規模，労働環境などは芳しくなく，就職活動中は転職を考えていない。また，転職意欲が芽生えてもすぐには動かず沈静化し，また再燃を繰り返しますが，転職を決意すると，以後は1つの会社に所属し続けるという考え方がなくなり，その時々の不満を解消する手段として転職を繰り返す人たちを指します。

福島の分類の「在学時意識高い系」「初職入職後意識高い系」は，在学時のキャリア教育で植え付けられたキャリア自律意識があり，「転職後意識高い系」は社会からのキャリア自律要請に応えたものと言えましょう。反対に，不満解消のため転職を繰り返す「ここではないどこか系」に，筆者はその派生を1つ加えたいと思います。昔の離職は転職先を決めてから行ったものですが，昨今はその転職先も探さず離職する人が散見されます。独身者なら親元で食わせてもらい，共働きなら（男性でも）相方に食わせてもらうという「青年モラトリアム」ならぬ「成人モラトリアム」という派生です。

しかし，採用コスト，育成コストを掛けて，あっさり退職される企業はたまったものではありません。その後の中長期の人員計画にも大きな影響を受けますので，定着の術を考えます。まず，ビジネス上の競争はワークルールのなかで行うフェア精神が大前提でしょう。そのうえで，大卒については，生徒感覚で学生時代を過ごし青年期のモラトリアムという発達課題を乗り越えたとは言い難い学卒者がいるということを前提に，上司や先輩が積極的にコミュニケーションを取っていくことがポイントだと考えます。

マネジャーに成り立てだった頃を振り返るインタビューを，中原（2010）は『職場学習論』で披露していますので，上から下へ近づくコミュニケーションについて一考いただければと思います。

　「自分がマネジャーになったとき，最初はそれまでの自分の上司がやってきたことと同じことを，自分もマネジャーとしてやったんですよ。ミーティングはしない，目標は与える，困ったら呼べ，の3点です。（中略）そしたら，もう砂漠でしたね。生き生きしてないし，やらされ感がメンバーのあいだに漂っていて。僕との距離はどんどん遠くなっていく。何より，本当に必要なこと以外の会話はゼロです。（中略）で，思い切って変えました。メンバー交代の時期だったので，ここを逃せばこのままじゃ保たないと思って。この状況で2年目突入はさすがに僕自身がつらいなと思って。（中略）僕は，よく親父にこう言われてきたんです。プライドを捨てられるプライドを持て，と。それで思い切って。
　悩み事を聞いたり，ミーティングを開いて情報交換をしあったり，メンバーがどんな夢を持っていて，どんなモチベーションを持っているかを聞くようにしました。
　そうしたら，だんだんと悩みを打ち明けてくれるようになって，少しずつチームが変わってきました。お互いの安心感，信頼感みたいなものがでてきたし，仕事の情報共有も進んできた。
　後から聞いた話ですけど，3カ月くらいは，メンバー同士で様子見をしていたみたいです。『いや，実は，昨年は，話しかけられませんでしたよ』というメンバーもいました」。

（中原，2010）

　シャイン博士（原書1978）は，新人の社会化の段階で4つの否定的結果（①可能性の多い新従業員の辞職，②モチベーションの喪失と自己満足の学習，③キャリアの初期に無能を発見し損なうこと，④キャリア後期に必要となるものと違う価値および態度の学習）を回避する救済策が，最適な学習経験と挑戦的な仕事とよいフィードバックの提供であるとしています。これにより新人はリアリティ・ショックを切り抜けて，どのようにして仕事をし，人々と接し，変化に対する抵抗を管理し，上司と仲間集団に対処し，また組織でのアイデンティティの感覚を得るかを学び始めるなら，一人前のメンバーになっていきます。組織は，従業員についてより多くを学び，従業員が貢献しうるか否か，また，それはどこでどのようにかを知るにつれて，次第に正式のメンバーシップを与える（正規の仲間と認める）ようになると言います。
　このように新人に挑戦的な仕事を与えること，およびフィードバックを確実に行うことを，アメリカ企業のいくつかは15％ルールや20％ルールなどと呼び，その割合分は本来業務以外の自分が興味ある分野に時間を割かなければならない決まりがあります。西條剛央氏によれば，Googleではこの20％ルールのなかから（本来の担当業務以外で），G-mailやGoogleマップ・ニュースが生まれていますが，新入社員はさらに1週間通して新しいアイデアのプロトタイプ作りに取り組むことができ，最終日にデモをします。これには少なくとも1名，できれば普段一緒には仕事をしない仲間集めに取り組まねばならず，こうして，会社のどこに行けば何がで

表3　キャリア・アンカー

アンカー名	説　　明
専門・職能別コンピタンス	自分の得意の分野において，さらに能力を伸ばしていきたいと考える。 報酬は公平か否かが判断基準（同程度の能力者が同程度の報酬は良し）。 最も重視することは自分の専門能力を成長させるような仕事機会を得ること。 専門外の上司に褒められても意味を感じず，同一専門家から評価されることに価値あり。 ゼネラリストとなる管理職への昇進を望まない。 但し，同一専門家集団の管理職は可能。
全般管理コンピタンス	どれだけ昇進し，裁量権を広げ，部下を多く持つかで自分を評価する。 比較的オープンなキャリアと捉え，多様な問題へ直面しやすい。 報酬は部下よりどれだけ高いかに関心がある。 成功イメージは一般社会での地位の高さ，報酬の高さによる。 ゼネラル・マネージャーの4つの基本的な適性を持つ。 （高いモチベーション，情報分析能力，コミュニケーション能力，感情コントロール）
起業家的創造性	学生時代から起業したり，自分でビジネスを起こしたりしている。 新しいアイデアや製品で，従来と異なる仕組みなどを作り上げたいと思っている。 自分の立ち上げた組織の規模で成功を測る傾向がある。 何度失敗しても成功に向けて邁進する。 他人の言うことは聞かず，学術的なことも興味ない。
保障・安定	安定した給与や報酬，福利厚生の充実を望む。 組織の一員でいたいと思う。 会社に対して忠誠心が高く，逆に会社に対しても誠実な対応を求める。
自律・独立	仕事で縛られることをとにかく嫌い，自由を得たいと思う。 自由を得るためなら不安定な報酬や待遇も受け入れる。 組織のルールから自由であることを大切にする。 （自律的スタイルを望む若者はこれに相当，企業は扱いにくいと感じている）
奉仕・社会貢献	自分が何か高い価値に貢献しないと意味がないと感じている。 給与や昇進よりも自分にとって意味のある奉仕や社会のための仕事が重要と考える。
純粋な社会挑戦	非常に困難な状況を乗り越えることを求める。 仕事は常に新しく意義のある挑戦を与えてくれるもので不可能な問題を求める。 手強い相手に打ち勝つと言う意味で競争を求める傾向がある。 物事にすぐ飽きてしまうので，組織でははた迷惑な存在。但し，困難時には頼りになる。 業務内容を広げたりとか，特別な任務やより困難な仕事を与えたりすれば挑戦機会と前向きに捉える。
ライフスタイル	個人のキャリアより自分と家族のニーズを含む幅広い文脈で自分のキャリアを位置づけする。 本来の個人アンカーが満たされない場合は代用で満足しようとする。

（シャイン博士が語るキャリア・カウンセリングの進め方（2017）より抜粋一覧化）

きるかが見えるようになり，また，アイデア実現のプロジェクト推進には人間関係作りが必要だと体感させる社員教育になっているとのことです。「意識高い系」なら確実に引き込まれますね。

(4) キャリア中期「キャリア・アンカーとキャリア中期の危機」について

　シャイン博士の教え子であるMITスローン大学院修了生44名への追跡インタビュー調査で，各人のキャリア選択の際に道標や足かせともなる「キャリア・アンカー」を見つけたことは，この項のはじめで述べました。現在，キャリア・アンカーは8つに分類されています（表3）。なお，シャイン博士はこのキャリア・アンカーは理論ではなく分類であると言っています。

　シャイン博士は，職種でキャリア・アンカーが分かれることはないので注意するよう呼びかけています。その例として医師という職種を挙げ，医師のなかには世界一の執刀医になりたいと思う人，病院の診療部長になりたいと思う人，大病院で安定した職を得たいと思う人，遠隔地の医療に携わり自由を得たいと思う人，社会貢献のため特定の病気を撲滅したいと思う人，純粋な挑戦として疾病を根絶しようとする人など，同じ医師という職種でもそのキャリア・アンカーは異なると説明しています。

　また，キャリア・アンカーの判定方法は自己診断や紙面でのアンケート調査も恣意的になるため，インタビュー調査が不可欠と言います。そのインタビューでは相手が何らかの反応を起こすような，選択を求める質問をするそうです。相手が専門のエンジニアでもありたいし，全般管理のマネジャーにもなりたいと言った場合，10年後は技術部長になりたいか，CEOになりたいかを聞けばどちらかが判明するということです。

　人生でキャリア・アンカーが変わる可能性は無きにしもあらず。ただし，専門・職能別コンピテンシーは変化の可能性が少ない。米国と文化の違う日本で使えるかとの質問に対しては，キャリア・アンカーのカテゴリーは人間の性格であり，文化ではないので使えると考えているようです。

　キャリア・アンカーが使える年齢は，35歳以降を目処としており，学生に使ってほしくないと言っています。キャリアの自律としての生き方に参照となるので学生の自己理解ツールに使いたがる気持ちはわからなくもないのですが，キャリア初期まではなりたい自分，他人に見せたい自分を演じることが多分にあり，キャリア中期の危機を迎えて，素の自分と対峙することができるようになるものと思えます。なお，この危機の様相を一言で言えば，①周りが阿呆に見える，②自分の力量不足を認めざるを得なくなる，となり，ある意味，真逆の反応が出ると言って良いでしょう。①は周囲の力量が自分より劣り会社の将来の程度が見えてしまい，②は自分の将来の程度が見え，どちらも会社，自分に対し再評価を行い，現状維持または転職を含むキャリア変更を選ぶようになると言われています。自分の再評価の際に，キャリア・アンカーを発見し，しっくりくるキャリアと生き方に軌道修正することが，残りの職業キャリアでの満足感を高めることになると思います。

　ところで，キャリア・アンカーを紹介したシャイン博士の著書に『キャリア・ダイナミクス』

があります。その翻訳本で二村（1991）は，訳者はしがきで，この書のフレームワークを「シャインに従えば，人は仕事だけでは生きられず，ライフサイクルにおいて，仕事と家族と自己自身が個人の内部で強く影響し合う。この相互作用は成人期全体を通じて変化する。ここにすでに，動態的なダイナミクスがあることになろう。しかし，他方，多くの場合そうであるように，組織に雇われて働けば，個人を受け入れる組織には組織自体の要求があり，これが，個人のもつ要求と調和されなければならない。シャインのいう個人と組織の相互作用である。そして，組織の要求も時の経過とともに変化する。また，個人も組織も複雑な環境のなかに置かれており，両者の相互作用は一部外的諸力によっても決定される。こうして，仕事の決定について，きわめて複雑な動態的なダイナミクスが出現することになる。これが，「キャリア・ダイナミクス」だということができる」と紹介し，組織⇔個人⇔家庭の動きが意識されています。

　そうしたなかでの半ば余談になりますが，この原書は40年前の1978年出版で，家庭の問題を抱えた部下への上司のあり方についてシャイン博士はこう述べています。従業員は家族や自分の家をおいて出社するのだから，組織は仕事志向の開発活動の機会を作るよう配慮するのみで良いと考えるのは伝統的な組織管理の短所だ。なぜならば，仕事にくるのは個人全体だからと。つまり，心は1つなので，そこに家庭の悩みを抱えながら仕事に臨んでも捗らず，これを放置すれば生産性が下がるという指摘です。これと同じことをBSフジ「プライムタイム」「過労死はなくせるか―再発防ぐための方策は」（2016年10月26日放送）のなかで監修者である櫻澤医師が申されていたことを思い出しました。

　シャイン博士は続けてこう述べています。「ここに示した管理者向けの技術は，基本的には，効果的監督に至る技術と同じもので，たとえ真実が痛ましくても，それを自由に言えると部下が感じるコミュニケーションの雰囲気を作る能力である。多くの管理者は無意識のうちに，問題については聞きたくない，というメッセージを伝え，問題が解決されたのを聞くことだけを望む。部下たちは，問題解決ができなければ，問題が存在するという情報を，しばしば上司にひたすら隠すだろう。仕事の分野では，ほとんどの管理者がこの状況は望ましくない（中略）仕事関連情報が隠される雰囲気を生むより問題を知る方がよい（中略）と認めることができる。同じ論理が個人および家庭問題にもあてはまる。部下が問題を自由に言えると感じるならば，管理者には次のように言う手が残っている。「自分は役に立てないし，巻き込まれるのもまったくごめんだが，そのためによい仕事ができないなら，いったいどうすればいつもの状態に戻れるか考えよう」こうして，管理者は，問題自体の内容にはまったく立ち入らずに，仕事を休む，カウンセラーに相談する，何もしない，などの選択肢の探索をすすめることができる」と。40年前に書かれた助言は今なお，まったく色褪せていません。

(5) キャリア後期から下降と離脱まで「若手育成」について，そしてエール

　シャイン博士は，キャリア後期を了解する鍵は人生の他の時期の場合と同様，発達的な見方をすることだと言い，「キャリア後期の発達的な課題を明らかにするとともに，この段階をもなお一層の成長が起こりうるし，また実際起こるものとして扱うことである。個人および組織

の双方にとっての目標は，キャリアおよび人生のすべての段階において，事前能動的な成長志向を維持することでなければならない」と言います。具体的には若林（2006）が中・後期のキャリア発達を規定する組織，個人，家庭および社会の要因として以下（表4）のようにまとめています。

若林は続けて，「諸要因にどれだけ恵まれるかによって規定されるが，特に組織に関する要因は所与であり，個人の意思や努力が及ばない。しかし，他の要因の獲得は個人の努力や貢献度に依存する」と言い，組織・個人・家庭との三者のかかわりのバランスの取り方でそれぞれのキャリア発達が展開されると言っています（表5）。

キャリア後期では非リーダー（専門職）とリーダー（管理職）に分化しますが，キャリア・アンカーの説明を見れば，それぞれの価値観による役割の適正幅がわかります。キャリア・アンカーが配慮されず，当人が嫌がる管理職に昇格させたがためメンタルヘルス不調となり離職した例は少なくありません。また，ピーターの法則（能力主義の階層社会では能力の極限まで出世するため，無能レベルに達して出世が止まることから各階層の組織は無能で埋め尽くされる）なる社会学の法則もあります。キャリア後期を快活に生きるためには有能感を大切にしたいものです。

本題の育成力に入ります。先に後段の成果主義で触れますが，それ以前の能力主義時代には存在した管理職の部下への支援姿勢が成果主義以降，統制主体になり支援力が著しく減少したと筆者は見ています。このため大手企業は成果主義を修正し，この支援要素を取り組む動きに入りましたが，付け足しで管理が大変になっています。現在のキャリア初期・中期世代の大半は，バブル崩壊前までは存在した能力主義時代の管理職の支援を受けた経験をもちません。そして，支援を受けた経験をもっているのはキャリア後期が最後になるでしょう。

アメリカの動きを見ると，管理職の統制では企業の生産性向上に結びつかず，部下支援姿勢へシフトしています。この支援とはキャリアコンサルティングそのものであると言っても良いほどで，キャリア後期世代がこの知識やスキルの一部でも学ぶ機会があれば，かつての上司から支援を受けていた経験があるので経験に基づく実務力と昇華しやすいはずと筆者は睨んでいます。

また，ここでは管理職のみならず，専門職のキャリア後期の方にも若手育成の力を借りたいと考えています。上下だけの関係は狭く，斜めの関係が多面的支えになることも多いです。

そしてもう1点。若手の育成を評価に反映して報酬が入れば万々歳ですが，成果主義の修正が整わないと難しいでしょう。そこで，ここはこのように考えていただきたいのです。若手育成の報酬は銭ではなく，若手の魂に触れたこと，人を支援したという誇りだと。

以下は，おまけのキャリア後期へのエールです。シャイン博士はキャリア後期を45歳〜定年までとしていますが，50歳を過ぎると定年や定年後のことがチラチラ浮かぶものです。楠木は著作『定年後』(2017)で健康余命を探し出しました。これをエール代わりにお伝えします。

平均寿命が毎年，厚生労働省から発表され，男女とも年々延びています。これに対して，平

表4　中・後期のキャリア発達を規定する要因

領域	要因内容
組織の要因	①ポスト数を規定する要因
	②組織内の人的移動を促進する制度
	③人材育成の基本方針
	④組織内での対人関係のあり方
	⑤やる気を高める職務の要因
個人の要因	①管理職や専門職としての能力・適正
	②中期に至るまでに成し遂げた実績
	③キャリアへの動機付け
	④価値意識（組織との一体感，人生観など）
	⑤心と身体の健康管理に関する要因
家庭・社会の要因	①増大する家庭内の責任の対処
	②夫・妻・子ども間の役割関係の変化への対応
	③地域社会とのかかわり

表5　三領域の交換関係

型	組み合わせ
バランス型	どの領域も適度の交換関係があるもの
仕事中心型	個人と組織の交換だけに適度に傾いたもの
マイホーム型	家庭と個人の交換だけに適度に傾いたもの
無気力型	どの領域も交換関係が希薄なもの

均余命も各年齢に対してあと何年かわかる表が発表されています。そもそも平均寿命とは0歳児の平均余命ということなのです。こうした平均寿命に対して，自分の身の回りのことが介助なく自立して行える間を健康とし，その限度を健康寿命として，これも毎年発表されます。しかし，それは0歳児の健康余命ですので，例えば，50歳の人の健康期間はあと何年と知りたいなら年齢別の健康余命が必要ですが，これは発表されていません。

余談ですが，WHOでは障害調整生命年（DALY：Disability-Adjusted Life Year）が使われ，これはある特定の疾病による寿命の損失と，その疾患による健康の損失を時間に換算したもの（YLL：Years Lost due to Disability）の合計で現わされます。いわば，それがなければ天寿を全うしたものの，それがあったために減った命の年数となります。

余談の話を元に戻しましょう。健康余命のことです。楠木が掲載したグラフの出処は東京大学高齢社会総合研究機構の秋山弘子特任教授によるものです。秋山先生は老人学が専門で，高齢者の心身の健康や経済，人間関係の加齢に伴う変化を調査するため，1987年から約6,000人の日本の60歳以上の高齢者に対し，同じ人に3年ごとに同じ質問をするという追跡調査（パネル調査）をされたそうです。その結果は岩波書店の雑誌『科学』2010年1月号（Vol.80）で「長

表6 高齢者の自立度の推移パターン

男女	パターン	構成比	状況
男性	Ⅰ	2割	70代前に健康を損ね早く亡くなる人
	Ⅱ	7割	70代半ばから徐々に自立度が落ちる人
	Ⅲ	1割	80代，90代でも元気で自立している人
女性	Ⅰ	1割	70代で亡くなったり重度の介護状態になったりする人
	Ⅱ	9割	70代前半から半ばで，男性より緩やかながら自立度が落ちる人

寿時代の科学と社会の構想」として発表され，掲載されていたグラフの出処となります。ただし，2017年9月現在Amazonではすでに欠品でした。ずいぶんと古い号なので増刷は期待薄，そこでWEBを探したところ，2015年5月に開催された「第5回くまもと未来会議リレー会議」で，ちょうど参考になる話が掲載されていました。参考文献欄にそのWEBアドレスを付けておきます（2017年9月13日現在，配布資料と議事録がダウンロードできました）。その高齢者の健康寿命を筆者が表に作成し直したものが表6で，結論から言えば，多くの男女は70歳代半ばまでくらいなら日常生活を自立して過ごせそうです。

一般的な細胞は，再生のための分裂のたびにそのテロメアが短くなります。細胞の寿命にテロメアが関与している発見からノーベル医学生理学賞を受賞したエリザベス・ブラックバーンによれば，テロメアは一方通行で短くなるだけではなく，長さを回復する酵素テロメラーゼなるものがあり，ストレスや運動，食事などの生活習慣のコントロールでも健康余命を調整できる可能性が高いようです。男性ならⅠがⅡに延びたり，ⅡがⅢに延びたりすることもできそうです。いずれにせよ，50歳になった方が定年まで残り10年，15年でしんみりするより，健康寿命がⅡなら25年，Ⅲでもしかしたら40年，と捉えると何か新しいことに取り組めそうな気がします。新しいことでも10年励めばプロになれますから。

3. モチベーション理論

2017年のノーベル経済学賞は，行動経済学のリチャード・セイラーが受賞しました。経済学は一般に合理的な営みを前提に組み立てられますが，この行動経済学は人の不合理な心理の知見を取り込んだ研究がなされています。実は筆者が初めて行動経済学を知ったのは，ある産業衛生勉強会の講演からでした。産業保健スタッフの方々から見れば，筆者のような生活習慣病一歩手前の労働者は不合理そのものです。

この勉強会はその人間の不合理な心理を逆手に取って産業衛生を合理的に推進しようというもので，その不合理な人の心理の説明に聴衆者は感嘆していましたが，筆者にとっては半世紀以上前の社会心理学の実験や追試，一般社会フィールドに出掛けての検討で定説となった知見が多く含まれ，今頃何言っているのだろうとの思いもありました。なお，社会心理学とは集団

心理ではなく，他者の存在（実際に存在しようと，想像上の存在であろうと）で個人の思考，感情，行動がどのように影響を受けるかを理解し説明する試みです。

　社会心理学の一例を挙げると，1964年3月にニューヨークで深夜に帰宅した若い女性が自宅アパート前で男に刺殺された**キティ・ジェノビーズ事件**を題材にしたものがあります。この事件は暴行が35分間におよび，女性の悲鳴を聞き，電灯を点けたり，窓を開け様子を伺ったりした住民が38人もいたのに，警察に通報したり助けたりすることがなく，当時のマスコミは都会の住民の冷淡さや隣人への無関心振りとして描いたのです。しかし，1968年に緊急事態介入という社会心理学上の統制された実験を行い，人が多いと援助行動が抑制されるとの結果を得て，人の心理に「責任の分散（自分が助けなくても誰かが助けるだろう）」「非難の分散（自分が助けなくても非難されることはないだろう）」「評価懸念（自分の行動は他者にどう映るだろう）」「集合的無知（状況把握のために誰も他者との行動を参考にしようとするために，結局，誰もその状況を正しく理解できない）」という不合理な判断があるとわかり，マスコミの都会論を一蹴しました。

　これまでモチベーション理論と関係ない話をしました。実は心理学上の知見が経済学のみならず実務の世界に取り込まれ組織に行動変容を起こそうとする動きが米国で始まっています。ドラッカーは組織改革のリーダーを「Change Agent」と呼んでいますが，元々このこの言葉は，心理学や行動科学の外部専門家が組織構成員に対し，組織改革の変化にうまく対応できるよう支援する者を指したものです。キャリアコンサルタント＝「Change Agent」であることを自覚しながら，話を先に進めます。

(1) 主なモチベーション理論

　経営学の人的資源管理の教科書のなかではモチベーションをヒトが何らかの行動をするとき，その人を動かす源と説明し，内容理論と過程理論の2つに分け，前者でアブラハム・マズローの欲求階層理論，フレデリック・ハーズバーグの二要因理論（衛生要因），後者でビクター・ブルームの期待理論などに触れます。キャリア系でも似たようなもので，一例を挙げれば表7になります。

(2)「外発的動機付け」vs.「内発的動機付け」

　研究者が自身の研究を本にまとめても一般人が手にするのは容易でありません。ノンフィクション作家が1つのテーマを追い，多くの研究の流れとその成果をまとめ，その作家の意見・提言があると，一般人がその研究分野に関心を寄せる機会をつくってくれます。立花隆のNHKスペシャルなど筆者には科学の分野が低いハードルとなり，興味を広げてくれました。米国のクリントン政権時代の副大統領アル・ゴアのスピーチライターをやったダニエル・ピンクも研究者ではありませんが，1つのテーマを徹底的に調べ，研究者でない私たちに最前線を伝えてくれます。ピンクの書籍原題"DRIVE"は日本語翻訳本タイトルで『モチベーション3.0』(2015) となりました。これは表7の上から3つ目，エドワード・デシの研究である「内発的

表 7　モチベーション理論

大区分	理論名	代表的理論家	概要
内容理論 行動に影響を及ぼす実体や動機の内容を特定することに主眼をおく。	欲求階層理論	マズロー	人間の欲求を5階層で示し，低次から，生理的欲求，安全の欲求，所属と愛の欲求，尊厳の欲求，自己実現の欲求と上がっていく。最低次の欲求が満たされると1段上位の欲求を満たそうとする際にモチベーションが生じる。ただし，最高次の自己実現の欲求は限りなく続く欲求となる。
	二要因理論（衛生要因）	ハーズバーグ	仕事の内容そのものに関わっている5要因（達成，承認，仕事そのもの，責任，昇進）は満たされれば満足となる動機付け要因とし，仕事環境という周囲状況に関係する5要因（会社の政策と経営，監督技術，給与，対人関係－上司，作業条件）は職務不満足の防止に役立つものとして医学上の扱いにならい衛生要因と称した。
	内発的動機付け	デシ	人がやらされているとか何かの報酬に釣られているとかの思いがなく主体的にある行為を行う際に，人はその行為に対して自己が有能であると感じ，自己決定したと感じた行為のこと。内発的に動機付けられている人に外発的報酬を与えると，自分の動機付け行為に疑問を抱き，内発的動機付けを低下させる。
過程理論 人がどのように動機付けられているかの心理的メカニズムの過程を追って説明したもの	期待理論	ブルーム	人のモチベーションの強さは得られる結果の大きさと，それが得られるかもしれないという期待の大きさに注目し，モチベーションは期待（努力により成果が得られるという主観的確率），誘意性（本人にとっての成果の魅力度），手段性（成果が報酬に結びつくと感じる主観的確率）の3要素の積で規定できるとする。
	（修正）期待理論	ローラー	モチベーションの過程における要素を努力，業績ないし達成，報酬，報酬の誘意性の4つを複雑な積和算式で説明した。
	衡平理論	アダムス	自己のインプットとアウトカムと他者のそれの比率を比較し，不衡平と感じられた場合は不衡平の解消に努め，衡平と感じられた場合は維持しようとする。
	目標設定理論	ロック	目標が人の行動の直接的な規定要因で，業績達成は困難度が高いほど，具体的で明確であるほど達成し，受容目標は受容されねばならず，目標達成の過程で成果がフィードバックされることで成果に影響を及ぼすというもの。

動機付け」がテーマと言えます。今，一部の大手米国企業の労働者が元気になり，組織の生産性向上に大いに寄与するパフォーマンスマネジメント（人的資源管理）が激変しています。この源が，「内発的動機付け」研究の成果だと言えそうです。

モチベーション3.0について，ピンクは以下のように位置づけています。

① モチベーション1.0は「生存本能に基づくもの」
② モチベーション2.0は「外発的動機付けによるもの」
③ モチベーション3.0は「内発的動機付けによるもの」

①はマズローの欲求階層理論の底辺部と同じことです。本題は②と③，「外発的動機付け」から「内発的動機付け」への移行を喚起することでした。

「外発的動機付け」とは親が子どもに勉強をさせる際に，次の試験で80点以上ならゲームソフトを買ってやる。50点以下ならテレビゲームは禁止だ，というようなものです。営業成績が良ければ臨時ボーナス100万円，逆に悪ければ降格もこの類です。次に「内発的動機付け」を対比で説明しますが，少し寄り道させてください。

最近，第4次産業革命が迫り，十数年後には現在の仕事の半分はなくなるなど不安な話を耳にします。経済学者の井上（2016）は産業革命を引き起こすキーは「汎用目的技術」で，これは補完的な発明を連鎖的に生じさせるとともに，あらゆる産業に影響を及ぼす技術だと言い，その例として第1次産業革命の「汎用目的技術」の発明が1760年の蒸気機関，補完的な発明は蒸気ポンプ，蒸気機関車，蒸気船，力織機などを挙げています。そして，第2次産業革命の「汎用目的技術」は1870年の内燃機関や電気モーターを挙げています。こうしてみると，1次，2次の動力革命により産業構造が農業から工業主体へ移り，フォードの自動車大量生産が始まるにあたっては経営史に残る大規模マネジメントが導入され，高報酬という外発的動機付けに工場労働者は大いに士気を高めました。この外発的動機付けを支えていたのは，エドワード・ソーンダイク，バラス・スキナーなどの「オペラント条件づけ」の研究で，これは報酬や罰に適応して自発行動を行うよう学習させる行動主義の心理学となります。

学問の世界も，実業の世界も外発的動機付け一色のなかで，1949年，リーザスサル（アカゲザル）の研究をしていたハリー・ハーロウ（発達心理学では，子ザルを親サルから引き離し，ミルクをくれる金網ザルとミルクはくれない毛布ザルと一緒に檻に入れる実験で愛着理論を実証した学者として有名です）が，掛け金や留め金，蝶番などの一連の仕掛けを作ったパズルを檻のなかに入れ様子を見ていたところ，パズルに興味をもち，解き方を発見し，さらに元に戻す方法まで見出し，これを何度も何度も繰り返すほど好奇心から熱心に取り組みました。報酬の餌もやらないのに。それでこれを「内発的動機付け」と名付け発表しました。しかし，天動説の世の中に地動説を唱えるガリレオになりかねない時世でしたので，これはそのままにして愛着理論の研究に移りました。その20年後，赤ちゃんや幼児は好奇心や探求心で満々なのに，人が成長するとそれが低まってしまうのはなぜか，という問題にこだわっていた心理学の大学

表8 ソマ・パズル実験手続き

	1セット目	2セット目	3セット目
グループA	報酬無し	報酬あり	報酬無し
グループB	報酬無し	報酬無し	報酬無し

院生デシが行動主義心理学の教義に疑念をもち，ハーロウが唱えた「内発的動機付け」研究を次々に行い，その成果で学問の世界は「内発的動機付け」の存在を認め，教育の世界では指導法として組み込まれ，産業分野でも人材開発で導入のうねりが起きています。

(3)「内発的動機付け」の要素

「内発的動機付け」をデシ博士の元で研究員だった桜井（1999）は「外から圧力をかけられることなく，自らの偽りのない気持ちにもとづいて学んだり仕事をしたりしようとする意欲」と説明します。デシ博士らの注目を引いた最初の研究成果は，「内発的に動機付けられている人に外発報酬を用いて過度に統制すると，内発的動機付けが低下させ質を落とす」というものです。この研究では，キューブ・パズル・ゲームと銘打たれたソマ・パズルを実験材料としました。ソマ・パズルは，形の異なる7つのブロックを特定のやり方で組み立てると3インチ四方の立方体が組め，さらに，何千ものやり方でいろいろな形に組み立てることができるようになっており，手引書には完成されたさまざまな形が掲載され，当時の大学生を惹きつけるパズルでした。そして，大学生を集め被験者たちをA・Bと別室の2つのグループに分け，テーブルについて座り試験立合人のもと，数種類の必ず完成できる難度の形つくりを30分ほど真剣に取り組ませました。これを3セット取り組むのですが，試験者は休憩1回ごとにデータ登録のため退出し不在となるので，この休憩時間は好きに過ごしてくださいと言いました（当時の大学生が好きそうな雑誌も数冊置かれていました）。

1セット目は両グループとも報酬を払う話をせず行い，2セット目でAグループには1個パズルが完成する度に現金報酬を払うと言い（外発的報酬でやる気満々になる），Bグループには報酬について何も言わず1セット目と同様にします。そして，3セット目にAグループに対し報酬の現金が底ついたとして払えないといい，Bグループは2セット目と同じく報酬について一切話さず行いました（表8）。

実は休憩の間，試験立会人は実験室の室内の様子が見える仕掛けガラス越しに大学生の休憩振りを観察するのがこの実験の目的でした。1セット目が終わった休憩時間，ABグループの大学生たちはソマ・パズルに熱中しましたが，2セット目が終わった休憩時間では報酬を得たAグループはソマ・パズルをやるものが少なく，Bは引き続き熱心に，そして3セット目の実験ではAグループの成果が下がり，Bグループは1セット，2セット同様の成果となりました。

1セット目の実験はABとも内発的動機付けでゲームを楽しみ，Bグループは2セット，3セットとそれが続きましたが，2セット目で外発的報酬（現金）を与えられたAグループの楽し

みはゲームではなく報酬が得られることに変わり，3セット目でその報酬も得られなくなったことから成果が下がったと言えるわけです。つまり，「内発的に動機づけられている人に外発報酬を用いて過度に統制すると，内発的動機付けが低下させ質を落とす」ということです。その後，いくつもの視点の異なる実験を行い，内発的動機の要素は「自律性への欲求」「有能さへの欲求」「関係性への欲求」であることを見出しました。

①内発的動機の要素その1——「自律性への欲求」

「自律性への欲求」とは自らが選択し，やらされ感がないことですが，企業においては部下の勝手に任せて放任することではありません。何らかの目標到達を目指すに当たっていくらかの裁量権をもち，内発的動機付けが高まるよう支援姿勢が必要で，統制する意図が透けて見えるような偽りの自律支援は逆効果になりかねません。デシ博士は，他者に対し支援ではなく支配志向の人が上司では難しいが，自律性を支援するために必要なスキルをもっていない人が上司であれば比較的簡単な問題といい，ゼロックス社での研究例を挙げました。

デシ博士らはこのゼロックス社の管理職研修で，①どのように部下のことを気にかけ適切に反応するか，②どのように自発性と責任感を増進させるか，③どのように選択と支援を与えるか，というトレーニングによる介入として，2日間の社外でのワークショップ，その後3カ月間は随時ミーティングと議論とフィードバックセッションを行いました。なお，教育効果を測定するため，介入前後で管理職が管理的（支配的）か支援的かを評定したところ，3カ月のトレーニング期間中にすでに自律性を支援するように変わっており，さらに管理職の部下が職場に対してポジティブな知覚や態度をもつようになるなど，管理職とその部下にまで良い影響を与えたそうです。ではこれで万々歳かというと，もう1つ大きな問題があり，管理職の上司（経営者）が支配的パーソナリティであれば，管理職は圧力を感じ，これが部下にも伝わることから良い成果は出なくなります。要は経営者の本気が管理職，その部下へと伝わり，支配（統制）風土を支援風土に変え，労働者全体のワーク・エンゲイジメント（活力，熱意，没頭）が向上し，生産性向上に結びつくということです。

中原（2010）は，職場で他者から受ける各支援と能力向上の関係を統計分析しています。支援は「業務支援」「内省支援」「精神支援」の3つのタイプとし，能力向上は「業務能力向上」「他部門理解向上」「他部門調整能力向上」「視野拡大向上」「自己理解促進」「タフネス向上」の6次元を要素として，分析はロバスト標準偏差を用いた重回帰分析です。その結果，上司の「精神支援」「内省支援」，上位者・先輩の「内省支援」，同僚・同期の「内省支援」「業務支援」が，それぞれの「能力向上」に奏功していることが判明しました。

ちなみに，「業務支援」は仕事を遂行するうえで直接的に関係してくる助言や指導を指します。「内省支援」とは，問題が生じたときに，なぜかと問われ，「気づき」を得るプロセスです。「精神支援」とは精神的な安息で，例えば，仕事上の失敗を自然に上司に話したところ，その上司も過去の失敗談を語ることで非公式のオチが決まる会話が普通に行われる風土だと得ることができます。だからといって失敗ごとをそれで済ませるわけにはいきませんが，失敗ごとで部下

の人格を責めず，その失敗が改善策や今後の予防策を考える良い事例として上司が考えると，部下は「報連相」のハードルが格段と下がります。精神的な安息とは安心なのです。支援姿勢ではなく統制姿勢では不安を与え悪い影響が生じやすくなります。

　デシ博士は上司の部下への「自律性支援」について，①部下の気持ちを把握すること，②部下に意思決定（選択）をする役割を与えること（過去，過度に管理されたため意思決定を逃げる部下に対しては忍耐強くこの支援を続ける），③責任ある選択のため範囲設定が必要な場合は，部下に範囲設定を決めさせる，範囲設定をせねばならない理由を説明し理解を得る，範囲をできるだけ広げたなかで選択を許し制限感を薄める，選択には何らかの結果を伴う（制限を越えて選択すれば相応の責任が生じる）ことを学習する機会にするなどの基本姿勢を示しています。筆者からみて，上司の「自律支援」はキャリアコンサルタントの基本的な姿勢に通じるものがあると思いました。

②内発的動機の要素その2――「有能さへの欲求」

　「有能さへの欲求」はアルバート・バンデューラの自己効力感につながる概念で，頑張ればやり切れるという程度のハードルです。最初から駄目だと思うような到達不可能な目標や寝ていてもできるような目標ではありません。自分の成長感でワクワクするような気持ちになる目標です。

③内発的動機の要素その3――「関係性への欲求」

　「関係性への欲求」とは，他者とつながりをもち，他者とかかわりあうために周囲に順応しようとすること（「内在化」といいます）ですが，注意すべきはその順応の仕方に，見せ掛けの順応（「取り入れ」といいます）と本心からの順応（「統合」といいます）があり，支援者は配慮しなければなりません。どういうことかというと，「内在化」するものがルールだとした場合，そのルールを丸ごと飲み込むのが「取り入れ」，よく噛み砕き消化するのが「統合」です。丸ごと飲み込む「取り入れ」は，〜すべき，〜しなければならないという形で「内在化」されるため，その時点で自律性がすっ飛んでいるわけです。そうすると頑なに服従するか，やる気はないけど止められない中途半端になるか，反抗的になるかの3つです。そこできちんと消化する「内在化」のために支援者は，①合理的な理由を提示する，②抵抗がある感情を認める，③圧力を最小限にする，④自律性を支援する行動（理由付け，承認，および選択）を行う，ことがポイントとなります。

4．わが国のアメリカ型成果主義の導入

　わが国の人事評価は，戦後の高度成長期の「年功主義」⇒低成長期の「能力主義」⇒バブル崩壊後の「成果主義」へと移ってきました。能力主義に移行するころから従業員の職業能力の育成・開発・活用に力が入ってきましたが，成果主義への移行後はこれが萎みます。成果主義

が始まる1990年代はバブル崩壊, GDPの伸び率の大幅低下, 生産年齢人口減少（1997年以降）などマイナス要因がひしめくなかでグローバル経済への対応をせねばならぬところに, さらに団塊世代がキャリア後期を迎え人件費がピークとなるなど, 企業にとってはダブル, トリプルパンチとなりました。初期に成果主義を導入した企業がもっともらしい導入意図を述べても, その多くは財務事情に余裕がなかったと言え, このような転換は,「内発的に動機付けられている人に外発報酬を用いて過度に統制すると, 内発的動機付けが低下させ質を落とす」というデシ博士の実験結果を実証確認する機会となりました。

その状況を見るため, 成果主義導入の初期10年程度の様子を企業の導入視点（山本, 2006）と人事評価の仕方視点（中村, 2007）で分類していましたので, 筆者がこれらを表9に一覧化しました。

岡本（2009）は日本が導入したアメリカ型成果主義に労働者の働きがいを改善すべく, コンピテンシー評価などを組み入れた修正評価主義を2009年に提唱しました。そのなかでアメリカ型成果主義と旧来の日本型経営における労働者の「働きがい要因」比較や大企業の成果主義導入での問題とその改善状況の紹介がありましたので, これも記載します。労働者のモチベーションを高める5つの働きがい要因をアメリカ型成果主義と旧来の日本的経営とで比較したのが表10です。

(1) 成果主義導入企業の問題と改善事例

① 成果主義は猛烈な働き振りを促すと同時に, 厳格な評価が上司と部下, 同僚との心理的な摩擦を生んでいます（「日本IBMの事例」朝日新聞2005年10月9日）。これは成果の達成を果たすために従業員同士で競争意識が働き「人間関係の軋轢」を生んでいる事例です。

② 1991年に成果主義を導入しましたが, 組織が硬直しているとコンサルタント会社から指摘されました。具体的には部下を育てない上司, 隣で仕事をする同僚を助けない社員が目立つなど社内に個人主義（自己中心主義）が広がり始めたという指摘でした。そこで<u>チームワーク重視の仕組み</u>にすることにしました（「村田製作所の事例」日本経済新聞2007年2月5日）。

③ 営業社員に販売成績に応じた歩合制の採用により, ある社員は年収がピーク時の1/3になると予想され, 愕然としました（「富士火災海上保険の事例」朝日新聞2005年10月9日）。これは年功主義から一気に成果主義へ切り替わったために起こった「賃金格差の発生」に対する社員の「狼狽」です。

④ 大手企業のなかで富士通は1993年に成果主義を導入しましたが, 2001年に「成果」以外に<u>目標に取り組む姿勢やプロセス評価を加え, さらに「チームワーク重視」</u>の修正を行いました（朝日新聞2005年10月9日）。これは成果主義本来の機能（特に成果に対応した「個人格差」）が従業員には受容されず, 成果主義のたび重なる修正です。

⑤ 結果中心の評価から<u>プロセスやチームへの貢献も重視</u>するようにしました（「ベネッセ03

表9　成果主義の区分（山本，2006；中村，2007）

成果主義の導入意図による3区分（山本紳也）		成果主義の評価方法による3区分（中村圭介）	
区分名	説明	区分名	説明
CM型成果主義 Crisis Management	緊急時の避難的役割（人件費の削減など）が多く，短期戦略達成に軸足を置いたもの。	素朴な成果主義	売上，利益，費用など数値実績と報酬を直接，関係させるもの。
NCC型成果主義 Non Clear Concept	明確な導入目的や方法論があいまいにされたまま，"なんとなく"導入されたもの。	プロセス型成果主義	売上，利益，費用などの目標値の達成率だけではなく，成果を生み出すプロセスも評価するもの。
SPI型成果主義 Strategic Performance improvement	追求すべき本来の組織やビジネス上の目的やそのために必要な方法論も熟考のうえで，短期のみならず中長期戦略達成のインフラとして導入されたもの。	分離型成果主義	成果主義を標榜しながらも成果そのものは評価せず，成果を生み出すために発揮すべきだと定めた能力がちゃんと発揮できたかを評価するもの。

表10　「働きがい要因」の比較（岡本，2009）

No.	働きがい要因	成果主義	日本的経営
①	業績を反映した賃金システム	適合する。	適合しない。
②	その職場での良好な人間関係	適，不適がある。個人の成果評価の場合，個と集団（和）の葛藤が起こる可能性あり。	適，不適がある。集団主義的な人間関係が形成され，通常の日本人には馴染みやすい。
③	管理者の思いやりある態度	時によっては自己の成果に没頭して，部下への思いやりが希薄化する可能性がある。また，部下の評価については「仕事の成果」より「人間関係の善し悪し」で評価する可能性あり。	「同じ仕事仲間意識」で公私混同した上司と部下の関係になる可能性がある。
④	個人に責任にある仕事を提供	適合する。	適合しない。「出る杭は打たれる」可能性あり。
⑤	個人の仕事成果について適正な業績評価と相応の報酬支払	適合する。	適合しない。

年度の見直し事例」朝日新聞 2005 年 3 月 12 日）。これも成果主義本来の機能（個人の「結果評価」）が受け入れられず，大幅な修正です。

⑥ 成果に加えて，あらかじめ定めた「期待される社員像」に基づいて働いたかどうかも評価しました（「キリンビール 05 年度の見直し事例」朝日新聞 2005 年 3 月 12 日）。これは単なる成果に対する「結果評価」に納得しないために成果主義の大幅な修正です。

⑦ 個人の目標設定の際，部下や後輩の育成に関する項目設定を義務付けました（「松下電器産業の 04 年度の見直し事例」朝日新聞 2005 年 3 月 12 日）。これは成果主義本来の原則が業務目標に対応した成果評価です。しかし「後輩の育成」を付加したことは一部「年功への配慮」と受け取れます。

⑧ 10 段階の（役職や難易度による）職務給を基本として 7 段階評価（目標達成度とチャレンジ精神）による成果主義を採用し，終身雇用を堅持しました（「キヤノン 01 ～ 05 年度の事例」朝日新聞 2005 年 3 月 12 日）。これは年功主義に成果主義を加えた「折衷型成果主義」とも受けとれます。

このように従来あった労働者への長期育成姿勢により生み出していた「内発的に動機付け」に，直輸入したアメリカ型成果主義で外発報酬を強化したため，過度な統制となり人材劣化と業務の質の低下がみられました。その対策として，アメリカ型成果主義に人材育成を加えた日本型成果主義への入れ替えが 2000 年代中頃から始まりました。

しかし，NCC 型成果主義（Non Clear Concept："なんとなく"導入）企業が日本型成果主義へ切り替えるのは難儀だと思います。アメリカ型成果主義はある意味，スタンダードモデルで真似しやすいものでしたが，日本型成果主義はそれぞれの企業の文化や風土を起点に未来を志向したオリジナルモデルなので真似のしようがありません。筆者が数社の中小企業経営者から聞いた愚痴は不思議に似通っていました。

「成果主義なら従業員もやる気を出すので会社の業績も上がると踏んだが，やる気が上がったのは元々のハイパフォーマー数人だけで，それ以外の多数は逆にやる気を失い，業績全体は下がり気味。自分の成果のみ関心のある個人主義が蔓延し，以前は和気あいあいとしていた会社がギスギスした雰囲気になった。評価されない仕事は手を抜き，職業倫理も怪しくなったので要注意だ。フラット組織化で増えたプレイングマネジャーは，半年の評価期間で成果が表れない部下育成など面倒と放置し，新卒の早期離職が続く。ニンジンを眼前に吊れば走ると馬扱いした報いが，餌をやらないとまったく動かない社畜に従業員を変えてしまった。あ～，頭が痛い」と。

そして，2010 年頃には日本の人事評価制度への対比として，アメリカ企業の企業と個人の持続的成長を促す新たな人材マネジメント手法となるパフォーマンスマネジメントを目にするようになりました。人事評価と人材育成が一体運用することから，古川（2011），福井（2012）はこれをパラダイムシフトと呼び，矢田部（2015）はそんなものは昔から日本にあったと言います。パラダイムシフトだと思うほど今の日本には凄いもので，しかも昔の日本にあったほど

馴染みがあるなら，これからわが国が導入（再導入）するならギクシャクすることも少ないでしょう。

　その古川の説明では，本来，人事評価制度は経営戦略実現のツールのひとつであることを意識して全社員に実施されるべきものですが，評価の設定や運用の実際では心理や事象，関係者の困惑（①評価目標や意義があいまい。例えば，行動測定ならプロセス評価や成果評価か，能力測定なら潜在能力か，顕在能力か，など，②管理者の評価に係るスキル不足から生じる負担感・ストレス感，③成果主義導入で強化された事象として未達懸念の高まりとチャレンジ意欲の低下，公正感・納得感の低下，協力関係の希薄化，業績低迷や下降が見られる）が生じていると指摘します。そのため，評価制度の意義づけと内容の再吟味を「実績査定」「採用と選抜」「能力開発と育成」という3つの視点で行い，最後の「能力開発と育成」を以下のように説明しています。

　この評価は，経営戦略や組織・個人の課題対処などの「これからを確実にするため」のものです。正確な評価と的確で丁寧なフィードバックの組み合わせにより「意欲」高揚と未経験な課題への取り組みなどのコンピテンシー「学習」を同時促進するという<u>人事評価の新しい適用領域</u>ですが，その核心は評価者と被評価者双方に「意識化」（その対象は，①取り組む「課題と目標」，②達成する「成果」，③成果に至るための「方法やシナリオ」）が成されていることです。評価に先立ち，この「意識化」がなされていれば，評価の正確性も納得性も生まれやすく，評価は意識化したことの「振り返り」と確認の場にもなります。ちなみにアメリカでは「人事評価」（業績や職務行動を査定して処遇に反映させる人事管理的なもの）から「パフォーマンスマネジメント」人材の能力開発や育成，あるいは行動変容を図るもの）への大転換が起き，「意識化」による「意欲高揚」と「新たな能力の開発」の同時促進のため，フィードバックの質を重要視しています。その事例は，フィードバックが半年ないし1年の評価時ではなく，日常的に行われたり，評価フィードバックを「数字」ではなく「語り」(narrative comments)が柱になったり，被評価者の強みを重視した評価フィードバックがなされたりしています。

(2) アメリカ企業の様子

　竹内（2004）はアメリカの様子を以下のように言っています。

　アメリカの報酬システムは伝統的に職務給制度があり，これは職務内容を詳細に記述した職務記述書を分析評価し当該職務内の等級が決められ，社外の労働市場も参考に賃金水準を定めています。労働者は，その職務に就き順調に進むと等級を上げ昇給しますが，当該職務内の最上位で頭打ちとなります。

　1970年代のアメリカの状況は，日本，ドイツ，アジア諸国との競争で国際競争力を失い生産拠点の海外移転と大規模な国内企業のリストラが吹き荒れ，その後，急速な市場変化や技術革新に職務記述書の更新が追い付かない状態となりました。そして，1980年代となると「ジャパン・アズ・ナンバーワン」から日本企業に学び，部門や職場のチームワークを重視，さらに

労働者の能力向上促進や管理職の行動改革など人寄りの人事管理にシフトしました。また，職務階層を減らしフラット化を図り，職務等級も減らし一職務等級（バンド）に入る職務数を増やすブロードバンド賃金体系に変え，水平的人事異動や配置転換の円滑化が図られるようになりました。併せて，ブルーカラーでは従来からある職務級が年功給的に運用されていたものをスキル評価する技能級とし，労働者の能力開発への動機付けに結びつけました。1990年代となると，顕在化した能力を図るコンピテンシー制度や目標達成へのプロセス重視も加え，人材育成，能力開発，チームワークなどを強化していきました（筆者要約）。

さらに，2010年以降のアメリカの様子について，2005年に内発的変革を基軸とするコンサルティング企業を起業した松丘（2016）の以下の話（以下，筆者要約）が先ほどの古川と符合します。

従来のアメリカ企業はトップダウン・カルチャーが強く外発的動機付けが強かったのですが，最近の目まぐるしいビジネス環境の変化に対し，より機敏な業務運営や，より多様な専門性と価値観を持った人材を活かせる組織へ変革する必要性が強まりました。このため，2012年頃から内発的動機付けを基軸とする新たなパフォーマンスマネジメントを導入し，その足手まといになる人事評価における①労働者のランク付け，②年次評価，を廃止しています。廃止した企業は，ギャップ，アドビシステム，メドトロニック，マイクロソフト，カーギル，ゼネラル・エレクトリック（GE），アクセンチュアなど2015年時点でフォーチュン500（全米上位500社）の約10％におよびます。

この新たなパフォーマンスマネジメントは管理職の部下への接し方を統制視点から支援視点に変えることが肝となります。これは部下のモチベーションを2.0（**外発的動機付け**）から3.0（**内発的動機付け**）へ進化させることを意味します。モチベーション2.0時代の管理職は，上意下達で会社⇒チーム⇒個人へと事実上，降臨する目標設定に対し，タスクのPDCAサイクルとスキルアップを通じて目標達成を目指す中継役となればよかったのですが，<u>3.0時代の管理職は部下一人ひとりの動機付けに寄り添い，その強みの発揮を促すよう支援することで個人とチームのパフォーマンス最大化を目指すもので，これは部下のキャリアコンサルタント役になるようなものです</u>。

2.0時代にどっぷり浸かる日本企業の多くを松丘は，

① 評価制度の運用が形骸化し目標管理やフィードバック面談に部下育成の視点が欠けた通過儀礼となり，評価への納得感はおろか評価制度自体の信頼性も落としており，
② 人材開発要素を伴わず導入した成果主義をもっぱら業績管理ツールとして運用する企業では，管理職が部下に高い目標をコミットさせる事実上の統制を行い，評価面談は業績中心，その結果，個人ランク付けで心理的不安を助長させ，

③ 成果主義に人材開発要素を取り入れる再構築を行った企業は，評価制度が複雑怪奇になり，管理職の理解が届かず面接は増えたものの内容が伴わない形骸化の形骸化が行われています。これらの問題を今なお抱えた企業は，『管理職の部下育成力の弱体化』という課題を抱えています。

これに対し，3.0時代に進んだアメリカ企業の管理職と部下の間を松丘は，

① 目標設定やフィードバックの年次面談を止め，必要時に随時（毎月とか）継続的に実施され，
② 面談は過去の評価に終始することなく，未来に向けての成長課題に重点を置き，部下のキャリアビジョンを共有の上で，現時点での目標選択や行動変容を支援する未来志向にあり，
③ ブレークダウン方式の会社起点による目標設定ではなく，部下の価値観に即した**内発的動機付け**となる個人目標を会社目標も織り込みながら臨機応変に設定し，現場判断ができる権限委譲も担保して自律的な行動を部下に要請し，
④ 部下の「スキル・知識」と「思考・行動特性」（コンピタンス）を組み合わせた強みを重視すると同時に，
⑤ チームメンバーとの対話を通じた相互貢献を推奨するコラボレーションを促進しながら，メンバー一人ひとりの価値観やライフスタイルを尊重することで心理的安全が確保できる職場環境を作るようにしています。

3.0時代の管理職は人を支援するための対話力が必要で，管理職の部下への傾聴や質問により，部下が内省を深め，自らの気づきにより**内的動機付け**により成長への行動変容につながり，これが回転することで部下が伸びます。そして，チームレベルでは，

① メンバー間の相互貢献というコラボレーションの重要性を理解させ，
② 先を見たチーム構想を持つための戦略的な意思決定に知恵を絞りながら，チームのゴール設定と方向づけをチームメンバーにリアルタイムで示し，
③ 相互貢献を活性化するために指示待ちではなく自律的判断の行動を推奨し，
④ ネットワークの細い部下にはチーム内外のコネクション作りの手助けを行いながらチーム力を引上げ，
⑤ 目に見えない情報の壁を作らぬよう，機微な個人情報を除き，情報の共有化を進め，
⑥ 気づきの機会創出のためにメンバー間相互のフィードバックを促進し，
⑦ 仕事における考え方の相違を理解できるよう，あえて，複数のメンバーに対し困難な課題を与える建設的コンフリクトを創出する仕掛けを行うなどの運営力も管理職に求めています。

以上，松丘の話を一部紹介しました。モチベーション3.0時代の管理職像は，部下を駒とし

て統制しチームの成果を出すのではなく，育成支援することを通じてチームの成果を出すということになります。3.0時代の管理職となるためには新たな思考法やスキルが必要となりハードルが高そうに見えますが，キャリアコンサルティングを学び始めた10年前の筆者が3.0時代の管理職を志向しやっていたことからみると，ハードルなどないのかもしれません。というのも，学び始めの筆者のスキルは低く，勉強仲間に「クライエントの話を聴かないカウンセラー」と呼ばれていたぐらいですから。ただ，筆者が若い頃の上司数人を頭に描きながらキャリアコンサルティング・マインドと初歩スキルを混ぜ込むと，必然的に3.0時代の管理職を志向することになっていたわけです。

この新たなパフォーマンスマネジメントについて，前に「**古川，福井はこれをパラダイムシフトと呼び，矢田部はそんなものは昔から日本にあったと言っている**」と書きました。能力主義時代の日本には3.0時代の管理職がみられましたが，誤った理解をして導入した成果主義により2.0時代の管理職に退化したと理解すれば，2.0時代の管理職しか知らない現在のキャリア初期，中期の人たちにとってはパラダイムシフトとなり，キャリア後期の人たちにとっては懐かしい上司を思い出すようなものと言えましょう。松丘（2016）が紹介する経営者の語録をそのまま載せます。

- 人間は短所がたくさんある。その短所をあげつらって直すよりも，その人の長所を伸ばしてやることのほうが，人間を成長させる。――松下幸之助（松下電器産業創業者）
- はんぱな者どうしでも，お互い認めあい，補いあって仲良くやっていけば，仕事はやっていけるものだ。――本田宗一郎（本田技研工業創業者）
- 人は誰でも種々さまざまな能力を持っているのに，どんな優れた能力があるかを知らずにいる場合が多い。――盛田昭夫（ソニー創業者）
- メンバーをよく理解しようとすることもマネジャーにとって大切なことである。それよりももっと大切なことが，マネジャー自身の方針，考え方，人格までもメンバーに理解させることである。マネジャーとメンバーとのよい人間関係は，深い相互理解から生まれる。――江副浩正（リクルート創業者）

5. 第4次産業革命

最近，「AI」「IoT」「ロボット」「第4次産業革命」という言葉をよく見聞きします。経済学者の井上（2016）は第1次から第4次産業革命それぞれの汎用目的技術を〔第1次：1760年〕蒸気機関，〔第2次：1870年〕内燃機関，電気モーター，〔第3次：1995年〕パソコン，インターネット，〔第4次：2030年〕汎用AI，全脳アーキテクチャと提示しています。産業革命を引き起こす汎用目的技術から新たな技術を発見しイノベーションを生み出しますが，それが進展するにつれて新たな発見が次第に減るため，1つの産業革命は山の稜線を描くように見せています。各産業革命はギリシャ文明時代の絶頂期に次の文明であるローマ文明が萌芽したように

表 11 第 4 次産業革命が各職種に与える影響（仮説）経済産業政策局

大区分	増減	仕事内容（職業例）
上流工程	増加	さまざまな産業分野で新たなビジネス・市場が拡大するため，ハイスキルの仕事 （職業例） 経営戦略策定担当，M&A 担当，データ・サイエンティスト，マス・ビジネスを開発する商品企画担当やマーケッター・研究開発者，その具現化を図る IT 技術者
上流工程	増加	データ・サイエンティストなどのハイスキルの仕事のサポートとして，ミドルスキルの仕事 （職業例） データ・サイエンティストなどを中核としたビジネスの創出プロセスを具現化するオペレーション・スタッフ
上流工程	増加	マスカスタマイゼーションによるミドルスキルの仕事 （職業例） ニッチ・ビジネスを開発する商品企画担当やマーケッター・研究開発者，その具現化を図る IT 技術者
製造・調整	減少	IoT，ロボット等によって省人化・無人化工場が常識化し，製造に係る仕事 （職業例） 製造ラインの工員，検収・検品係員
製造・調整	減少	IoT を駆使したサプライチェーンの自動化・効率化により，調達に係る仕事 （職業例） 企業の調達管理部門，出荷・発送係
営業・販売	減少	顧客データ・ニーズの把握や商品・サービスとのマッチングが AI やビッグ・データで効率化・自動化されるため，付加価値の低い営業・販売に係る仕事 （職業例） 低額・定型の保険商品の販売員，スーパーのレジ係
営業・販売	維持	安心感が購買の決め手となる商品・サービスなどの営業・販売に係る仕事 （職業例） カスタマイズされた高額な保険商品の営業担当，高度なコンサルティング機能が競争優位性の源泉となる 法人営業担当
サービス	減少	AI やロボットによって，低付加価値の単純なサービス（過去のデータから AI によって容易に類推可能／動作が反復継続型であるためロボットで模倣可能）に係る仕事 （職業例） 大衆飲食店の店員，中・低級ホテルの客室係，コールセンター，銀行窓口係，倉庫作業員
サービス	増加	人が直接対応することがサービスの質・価値の向上につながる高付加価値なサービスに係る仕事 （職業例） 高級レストランの接客係，きめ細かな介護，アーティスト
IT 部門	増加	新たなビジネスを生み出すハイスキルはもとより，マスカスタマイゼーションによるミドルスキルの仕事 （職業例） 製造業における IoT ビジネスの開発者，IT セキュリティ担当者
バックオフィス	激減	バックオフィスは，AI やグローバルアウトソースにより代替 （職業例） 経理，給与管理などの人事部門，データ入力係

第5章　組織内キャリア理論とキャリア危機への予防的対策と実践

描いたアーノルド・トインビーの『歴史の研究』の文明理論の如く，現在のパソコン・インターネットによる第3次産業革命は，その後スマホを生み，今なお登頂途上にあると思われますが，すでに第4次産業革命への萌芽が見られます。現在のAIは特化型の段階ですが，チェス・将棋・囲碁の対戦だけではなく，IBMのワトソン君が産業界で使われていることからわかります。これが2030年頃には，ヒトの脳の各部位の機能を再現し，それらが結合することで，ヒトの脳を真似る全脳型の汎用AIが生まれると推測されており，これが第4次産業革命の汎用目的技術となるであろうと井上は指摘しています。第1次から第3次までの産業革命同様に産業構造が変わり，これに伴い，人の仕事も変わります。2016年1月25日に開催された経済産業省の産業構造審議会「第5回新産業構造部会」で，官民による戦略的取組の議論により横断的な制度整備を考えるテーマの1つとして「人材・教育」が取り上げられ，「第4次産業革命」が各職種に与える影響を仮説段階としながらも，表11（筆者が一覧化）の通りに明示しています。

井上の第4次産業革命による労働移動の見方は簡便ながらインパクトを明瞭に示しています。すなわち，多数の中所得層が占める事務労働者の仕事はAIに肩代わりされるため，この層が頭脳労働（高所得層）か肉体労働（低所得層）に移るであろうとの推測です。厚生労働省職業安定局より2017年8月29日に発表された一般職業紹介状況（平成29年7月分）の有効求人倍率［季節調整値］（含パート）は1.52倍と発表されました。また，常用（雇用期間に定めがないか，定めがあっても1年を超えて雇用されている，又は雇用される見込みのあり，所定労働時間が週20時間以上ある労働者）に限ると1.31倍でした。これを厚生労働省編職業分類の大分類で有効求人倍率の高い順に並べ，最も低い事務的職業についてはさらに中分類も高い順に並べ直してみたものが表12です。

第4次産業革命により経済産業政策局はバックオフィスが激減すると予想し（表11），また，井上（2016）が述べる労働移動（事務労働⇒頭脳労働・肉体労働）は，汎用AIが生まれるであろう2030年を待つまでもなく，すでにミスマッチが生じていると言えます。

今から25年ほど前，筆者は税会計士をチャネルとする仕事に携わっていましたが，当時の税会計士と言えば9割が顧問先企業の記帳代行，残る1割が税繰り延べ等のコンサルティングで，さらに事業承継など大型のコンサルができる方はその1/10，つまり全体の1%程度との認識がありました。そのなかで，ある大きな税会計士グループで1%レベルにあった老齢の税理士が若手・中堅税会計士に対し，**「記帳代行を主業とするな。今に，企業が領収書をマシンに放り込めば決算書が出てくる時代が必ずくる。税会計士はコンサルを旨とすべし」**と口をすっぱくし，コンサル級になるための学習方法まで助言していました。9割の税会計士が記帳代行を主要な飯の種にしていた頃，未来を透視して若手・中堅に新たな仕事の取り組み方を熱く助言していたわけです。

今日，第4次産業革命の覇者となるべく頭脳労働者を集め未来開発投資を積極的に行う企業があります。しかし，多くの経営を担う事業者や労働者にはその未来が見えていません。第4次産業革命を引き起こす汎用目的技術となる汎用AIは2030年に誕生する見込みで，未来と

表12　平成29年7月分　職業別一般職業紹介状況［実数］（常用（含パート））

厚生労働省編職業分類による区分		有効求人（件）	有効求職（件）	有効求人倍率
職業計		2,323,788	1,771,053	1.31
保安の職業		72,052	9,933	7.25
建設・採掘の職業		104,951	26,909	3.90
サービスの職業		590,900	185,540	3.18
輸送・機械運転の職業		125,251	55,489	2.26
販売の職業		283,097	143,325	1.98
専門的・技術的職業		450,620	229,212	1.97
管理的職業		13,081	7,133	1.83
生産工程の職業		233,210	150,502	1.55
農林漁業の職業		16,528	11,423	1.45
運輸・清掃・包装等の職業		125,251	55,489	2.26
事務的職業		214,017	511,172	0.42
事務的職業の内訳	外勤事務	1,138	302	3.77
	運輸・郵便事務	5,903	1,733	3.41
	生産関連事務	18,430	10,422	1.77
	営業・販売関連事務	24,823	28,363	0.88
	会計事務	19,055	27,025	0.71
	事務用機器操作	4,037	6,898	0.59
	一般事務	140,631	436,429	0.32

いっても年賀状の干支一回り先のこと。多くの人々は，漠然と不安を抱えるか，正常性バイアスに罹り根拠のない楽観論に陥るか，先のことを考えないか，などではないでしょうか。先の見えない事業者，労働者が，社会心理学の一例として上げた「**責任の分散（自分が助けなくても誰かが助けるだろう）**」「**非難の分散（自分が助けなくても非難されることはないだろう）**」「**評価懸念（自分の行動は他者にどう映るだろう）**」「**集合的無知（状況把握のために誰もが他者の行動を参考にしようとするために，結局，誰もその状況を正しく理解できない）**」という不合理な判断に陥らぬよう，また，一人に絞り当たり外れのリスクを大きくしないよう，できるだけ多くの事業者や労働者各自による多様なアンテナを立てることが必要ではないでしょうか。

6. 第4次産業革命に備える企業への提言

（1）未来統計

　第3次産業革命の汎用目的技術であるパソコンとインターネットは1995年に世に出ました。それから15年の間に，いわゆる「ガラケー」はスマホに駆逐されました。第4次産業革命が2030年と言われていますが，ガラケーの運命並みに考えれば，この先30年で駆逐されない処方箋が必要になります。2017年3月7日，東京商工リサーチは，2016年の倒産企業8,446

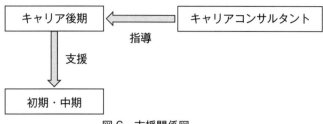

図6　支援関係図

件のうち，業歴が判明した7,457件について，業歴30年以上の老舗企業は2,403件（構成比32.2％），業歴10年未満の新興企業は1,677件（構成比22.4％）であったとし，その平均寿命は24.1年（製造業32.1年，卸売業27.3年，運輸業25.2年，サービス業他18.9年，情報通信業17.1年，金融・保険業14.4年）であったと発表しています。

(2) 事業展開を労働者個人へのキャリア投資を通じて

　第4次産業革命を迎える企業は現業の稼ぎで生き続け未来に備えなければなりませんが，当たるも八卦当たらぬも八卦への探索事業に人的投資を割くのは厳しいでしょう。その探索は，現業以外の，その他の分野に根を張り巡らそうと企図することで，20世紀では，「多角化経営」ともてはやされた時期がありましたが，それは昔のことです。水源のないところに根を張ることをすることは，経営者の理念や志向性の不安定さを示すことに他なりません。多角化経営ではなく，労働者個人に対するキャリア支援という投資を通じ，その個人個人が，それぞれ，人脈を拡大することで事業の展開を模索することを考慮してください。そのキャリア支援にキャリア後期世代を担い手にしたいと考えます。これは成果主義導入前の能力主義時代の上司指導が統制型ではなく支援型を受けた可能性があるためです。支援を受けた経験があれば，支援の仕方を理解するのは早いと期待できることからも，加えて，現場感覚をもつ労働者個人のほうが，社会の変化にはより鋭敏さをもっているものです。

(3) キャリア初期・中期世代への投資

　さらに，若い世代ほど未来に近い情報や人脈をもっている可能性は高いものです。読者のうち50代，60代の方々で，「スマホ」に「アイパッド」に，そして「ドローン」に「インスタグラム」まで駆使し得ている人は少ないでしょう。むろん，この世代の方々も，居間を占拠していた家庭用オーディオシステムではなく，「ラジカセ」や携帯型カセットプレイヤー，携帯型CDプレイヤーを使いこなしていた頃があったのです（ああ懐かしや，あれから30年）。本題に戻り，こういった若い世代への支援はキャリアコンサルティングそのものとなります。したがって，キャリア後期世代の支援知識やスキル獲得はキャリアコンサルティング学習が有効で，実際の若手への支援段階でのキャリア後期への指導や問題解決支援はスーパービジョンが提供できるキャリアコンサルタントが適任と考えます（図6）。

　労働者個人のキャリア支援は，以下の2点を意識すると八卦向けの探索力，情報収集力，人

脈が作れ，企業のアンテナが広がります。

① 労働者個人の問題を解決するプロセスが企業でも問題解決能力とほぼ同じ工程を踏むので，企業負担なしに問題事例を個人が提供し，個人の問題だから責任の分散も起こらず，しっかり取り組み，企業で応用できる問題解決能力が身につくこと
② 労働者個人の興味ある分野を磨くこと

(4) 企業風土改善や文化刷新

　企業風土改善や文化刷新には，産業医とキャリアコンサルタントの連携体制が必要となることを提言します。生産性向上には労働者の能力開発が不可欠です。その労働者が能力開発に力を注ぐには，安心，安全，そして快適な職場環境という土台が必要です。労働衛生と能力開発の両輪を回すことで生産性向上の道筋が見えてきます。

　その際，産業医報酬が高くても「プロフェッショナル産業医」を選ぶことです。産業医資格の取得方法はいくつかありますが，一番人数が多いのは日本医師会認定となる50時間の産業医学基礎研修を修了する方法です。これに対し，多くのプロフェッショナル産業医がもつ産業衛生の専門医や労働衛生コンサルタントは取得するまでに6,000時間相当の実務経験を経ています。この100倍以上の時間差は産業医実務でのアウトプットでも反映され，報酬差が2倍3倍程度で済むなら儲けものです。ただし，嘱託産業医を主業とするプロフェッショナル産業医は開業産業医と呼ばれる人たちで全国に数百人しかいません。その半数はPR用のWEBを開設していますので探せるはずです。依頼のコツは経営者が本気で安心・安全・快適な職場環境を作ると労働者と産業医に明言すること，そしてプロフェッショナル産業医の見識・スキルに見合う報酬払いに納得することです。

7．企業領域を目指す企業外キャリアコンサルタントへの提言

(1) 当面の対象企業について

　木村（2015）は，「中小企業の社長が自らキャリアコンサルタント資格をとり毎日社員と対面している事例の報道に接し，社長と従業員の身近さ，目に見える働く場所，管理の柔軟性，職住接近，子育てのしやすさなどを考えると，キャリアコンサルティングの原点は中小企業と地域にこそあるとさえ考える」と述べています。実際，2008年11月2日に國學院大学渋谷キャンパスで開催された，東京では第1回となるキャリア・コンサルタント全国大会の午後の部，第1分科会「企業におけるキャリア・コンサルタントの専門性」のなかで群馬県高崎市の株式会社山岸製作所代表取締役山岸良一氏が「中小企業におけるキャリアコンサルタントの役割」として，社長自らキャリアコンサルタントになり奮闘され，職場改善をされた話には感動しました。

　しかし，「中小企業におけるキャリア・コンサルティング部会」報告書（平成24年度）のキャ

リアコンサルティングの実施意向に関するアンケート調査（n=705）の上位は，「業界団体にキャリア・コンサルタントが派遣され，無料なら活用したい」28.5％，「公共機関にキャリア・コンサルタントが派遣され，無料なら活用したい」28.2％，「経営者や人事担当者責任者がキャリア・コンサルタントの資格を取得し，実施したい」22.0％，「わからない」21.6％でした。

報酬払いを要する外部キャリアコンサルタント活用はわずか12.6％です。

従業員が500人未満は事業所中堅・中小企業だけではなく，大企業の分散型事業所も相当含まれます。ストレスチェック制度では常時労働者50人以上の事業場での実施が義務化され，50人未満は努力義務（やらなくても良い）という扱いなのですが，大企業では小規模事業場まで実施（企業健診は従業員規模にかかわらず対象とするので，ストレスチェックで差を設けると従業員に不平等感が高まる可能性あり）するところが多いです。これに伴い，事業場規模にかかわらず職場環境改善に取り組もうとする動きが起きています（大企業では，職場環境改善による企業の生産性向上を体感しているところが多い）。このため，価値理解とコスト負担力があり，かつ，交渉窓口が本社一カ所で済み，全国の事業所開拓の労が不要となることから，スタートダッシュは大企業の本社とし，その分散型事業所が開拓候補に良いと考えます。

(2) コンサルタント能力と分業体制

先ほどの「中小企業におけるキャリア・コンサルティング部会」報告書にキャリアコンサルタントに必要とされる能力として次のように述べられています。

「基本的なスキルのほか，「社員の現状・立場等の理解」，「社内の制度・風土の理解」，「企業方針・組織の立場の理解」，「職務遂行に必要な能力についての理解」等であることが明らかになっている。言い換えると，従業員の勤務する企業の属する業界情報，業界に固有の職務情報，当該職務に係る標準的キャリアマップ等に精通しているほか，従業員の勤務する企業の情報についても理解していることが求められる。さらに，そのためには，企業組織や企業経営についての基本的な知識を身につけておくことが必要である。

また，今回のヒアリング調査結果でも，企業およびその従業員を支援するキャリア・コンサルタントは，企業での経営，人事労務管理，又は管理職の経験があることが望ましく，人材育成手法（職業能力開発計画の作成，職業能力評価基準，キャリア健診等）に精通していることが期待されている」。

非常勤となる外部コンサルタントは労働者との接触機会が少ないと想定されるため，モチベーション3.0を展開するためには，管理職などのキャリア後期層とスクラムを組むほうが望ましいと考えます。筆者の描くキャリアコンサルタントは若手育成役への支援が主要となるため，技能士1級試験で追加される分野に対処できるほうが良いと考えます。また，大都市部ではクライアント企業を開拓するための営業も必要で，企業とプロフェッショナル・キャリアコンサルタントをつなぐコーディネーター役が望まれます。その営業活動はプロフェッショナル・

キャリアコンサルタントの価値を伝えることがキーポイントであり，そのため，同分野の学習経験があるほうが望ましいです。

(3) 全国をカバーするプラットフォーム作りのためのネットワークを

スタートダッシュの数年間は，全国に多数の分散型事業所をもつ大企業がターゲットになりますので，対応できるキャリアコンサルタントを全国に確保できることが重要な商品性となります。しかし，最初からキャリアコンサルタントが，これで食える（コンサルティングだけで生計が立つ）ほどの十分なクライエント企業を確保できるわけではありません。このため，すでに一定の収入基盤がある，たとえばキャリアコンサルタントとして独立している方，社労士など士族兼務で独立している方，年金収入のある方，働き方改革で兼業・副業ができ平日も活動日を作れる方などが当面の候補でしょうか。当初，企業はお試しで一事業所のみ依頼し，その評価を得て他の事業所へ広がる動きとなりましょう。企業から依頼された最初の事業所をしっかり支援すること，これを各地で皆が行い評価を得れば，一気に広がり，各地でのクライエント事業所数が増えるでしょう。その意味で，このネットワークは同じ釜の飯を食う仲間といえます。

(4) 独立系開業産業医とパイプづくりを

企業向け提言で生産性向上には，産業医とキャリアコンサルタントを連携させ，労働衛生と能力開発を結ぶ提案をしました。そこで，ここでは産業医の現況と連携意図を述べます。

わが国の医師数は31万人強，そのうちの9万人が産業医資格をもっています。実稼働は3万人という説もありますが，以下，日本医師会と産業医科大学の資料（参考文献参照）を元に筆者が推計した内訳を示します。産業医として未稼働3万2千人，大規模事業場の専属産業医（常勤）2,500人，中小規模の嘱託産業医（非常勤）を月1回〜週1日程度（名義のみの未活動含む）5万人，同じく週2日〜フルタイム5,500人。連携候補は事業所規模，産業医スキル，活動の自由度・機動力を考えるとクライエント企業20〜100社をもつような開業産業医（診療所の開業医ではなく，弁護士事務所のイメージ）です。筆者推計では全国で200数十人，毎年10〜数十人増えています。その多くは専属や嘱託産業医の経験を積み，産業医の専門医や労働衛生コンサルタントの資格を得て，独立し個人事業主か法人設立を行ったプロフェッショナルです。半数は独立時にWEBをつくっていますので直ぐに見つかるでしょう。

なお，筆者が考えるプロとは，クライエントに応えようとする意欲があり，実際に応えられるスキルがあるか，応えるために何らか対処のできる人です。この点からフルタイムだけではなく週1日のプロ産業医も存在します。逆に，自分の専門ではないとメンタルヘルス対応を断り一切フォローしない産業医も散見されます。専門外の仕事を引き受けないのは職業倫理に適いますが，産業医業務の拡大に見合うスキル学習をしたり，そのスキルのある人を代わりに紹介したりすることもなく放置したままでは腰掛けバイト感覚と疑われます。

ストレスチェック制度が始まり，名義だけの産業医や腰掛けバイト産業医を本物の産業医と

入れ替えたい，産業医選任義務のない50人未満の事業場にも嘱託産業医と契約したいといった動きが起きています。キャリアコンサルタント単独で現場支援に売り込むのは非常に難儀ですが，プロフェッショナルな産業医とキャリアコンサルタントをセットで導入し，労働衛生と能力開発の両輪を回転させ，生産性向上をめざしましょうというストーリーは説得力をもつと思います。コーディネーターの営業ツールとして一考の価値があるのではないでしょうか。

8. おわりに

　筆者は20数年間，金融業界で法人営業を行い，その後，10数年間，医師専門の人材紹介業に身を置きました。還暦を迎えるまで営業経験しかなく，専門の方々からは筆者の認識不足や解釈違いのご指摘も多々あるかと思います。

　その筆者は，この3年間，業界では後発となる産業医部門立ち上げに関わり，その実情を知るなかで，嘱託産業医部門の市場規模の大きさに目を見張ったものの，腰掛けバイト感覚の横行で低品質感が広がっており，産業医選任義務を負う事業者がそのコストを「あんなもの税金みたいなものだ」と吐き捨てる言葉を何度も聞きました。そのなかで，プロフェッショナル産業医で，しかもキャリア理論家の本を読み漁る監修者とは深い意見交換を重ね，労働衛生が整っていない事業場こそプロフェッショナル産業医を招くべきだと考えるようになりました。

　嘱託産業医の紹介依頼を受け企業を訪問すると，最初に言われるのが産業医の報酬予算です。筆者はこれに対し，3年後の労働衛生をどうしたいのか，と問い返しました。その後，1カ月から半年，企業と休み休み議論を続け，腰掛けバイト産業医に10年，20年と税金みたいな報酬を腹立ちながら支払っていたものの，労働衛生での目標を事業者は何も描いていなかったことに気づいてもらいました。そして，その目標を描くと高コストでもプロフェッショナル産業医を招くしかないという結論に自ずと至りました。

　デシ博士の内発的動機付け研究で，上司は統制ではなく「支援姿勢」に切り替えること，中原の職場学習研究で上司の支援は「精神支援」「内省支援」が奏功することを挙げました。このうち，精神的な安息をもたらすことを意味する「精神支援」は上司のみが奏功するということです。労働衛生が目指す安心・安全な職場環境づくりの能力開発のための環境づくりは一本の道でつながっており，だからこそ，労働衛生と能力開発の車輪を同時に回しましょうと企業の皆さまに提言した次第です。

　また，キャリアコンサルタントの皆さまへの提言では，空想話と感じられたかもしれません。企業へキャリアコンサルティングをいかに勧めるかという観点で，田中春秋氏のBlogを読み返し，同氏推薦本に目を通しました。この紹介本から始まった模索とプロフェッショナル産業医紹介のビジネス成果を融合させ，粗目の中間発表となる提言としました。企業向けプロフェッショナル・キャリアコンサルタントをめざす方々，コーディネーターをめざす方々とともに，ニューフロンティアへ踏み込む幌馬車隊の入り口になれば幸いです。

▼参考文献

ダニエル・ピンク［大前研一 訳］（2015）モチベーション 3.0―持続する「やる気!」をいかに引き出すか．講談社．P.2.
エドガー・H・シャイン［二村敏子，三善勝代 訳］（1991）キャリア・ダイナミクス―キャリアとは，生涯を通しての人間の生き方・表現である．白桃書房，pp. xiii - xiv, p.4, pp.19-22.
エドガー・H・シャイン，尾川丈一，石川大雅［松本美央，小沼勢矢 訳］（2017）シャイン博士が語るキャリア・
エドワード・L・デシ，リチャード・フラスト［桜井茂男 訳］（1999）人を伸ばす力―内発と自律のすすめ．新曜社，pp.11-31, pp.22-24, pp.29-38, pp.39-58, pp.77-99, pp.103-122, pp.197-210, p.217.
エリザベス・ブラックバーン，エリッサ・エペル［森内薫 訳］細胞から若返る！テロメア・エフェクト―健康長寿のための最強プログラム．NHK 出版，pp. 第一部第 3 章～第 10 章
福井直人（2012）パフォーマンス・マネジメント概念に関する理論的考察．北九州市立大学商経論集 47-3・4；61.
福島創太（2017）ゆとり世代はなぜ転職を繰り返すか？ちくま新書，pp.61-106.
古川久敬（2011）人事評価の運用の最適化によるパフォーマンス・マネジメント．日本労働研究雑誌 617；48-53.
一瀬豊日，中村早人，戸倉新樹（2010）本邦に必要とされる専属産業医数―事業所・企業統計調査（総務省統計局経済基本構造統計課）から推計．産業医科大学雑誌 32-1；73-81.
井上智洋（2016）人工知能と経済の未来―2030 年雇用大崩壊．文春新書，pp.32-35, pp.103-116.
石丸昌彦（2015）改訂版今日のメンタルヘルス．放送大学教育振興会，p.13.
岩田弘三（2011）第 2 章 キャンパス文化の変容．In：稲垣恭子 編：教育文化を学ぶ人のために．世界思想社．
岩脇千裕，小杉礼子，岡崎祐大（2017）若年者の離職状況と離職後のキャリア形成―若年者の能力開発と職場への定着に関する調査．JILPT 調査シリーズNo. 164；101-114.
金井壽宏（2010）キャリアの学説と学説のキャリア．日本労働研究雑誌 603；10.
河合隼雄（1993）中年クライシス．朝日新聞社，1993．
木村周（2015）これからのキャリア・コンサルティングに求められるもの．日本労働研究雑誌 658；81-82.
小林徹（2016）新規学卒者の就職先特徴の変化と早期離職の職場要因．日本労働研究雑誌 668；38-58.
楠木新（2017）定年後―50 歳からの生き方，終わり方．中公新書，pp.102-103, pp.107-108.
松丘啓司（2016）人事評価はもういらない．ファーストプレス，p.20, pp.54-101, p.129.
三菱 UFJ リサーチ＆コンサルティング（2013）厚生労働省委託事業「中小企業におけるキャリア・コンサルティング部会」報告書（平成 25 年 3 月）．p.17, p.47.
中原淳（2010）職場学習論―仕事の学びを科学する．東京大学出版会，pp.93-116, p.137.
中村圭介（2007）成果主義と人事改革．日本労働研究雑誌 560；43-47.
日本医師会産業保健委員会（2016）産業保健委員会答申 参考資料（2）産業医活動に対するアンケート調査結果．平成 27 年 9 月．pp.49-69.
岡本英嗣（2009）アメリカ型成果主義の導入とコンピテンシー．目白大学経営学研究 7；58-60.
大里大助（2014）モチベーション．In：日本キャリアデザイン学会 監修：キャリアデザイン支援ハンドブック．ナカニシ出版，pp.80-81.
太田聰一，玄田有史，近藤絢子（2007）溶けない氷河―世代効果の展望．日本労働研究雑誌 569；4-16.
竹内一夫（2004）アメリカの賃金制度．日本労働研究雑誌 529；48-54.
若林満（2006）組織内キャリア発達とその環境．経営行動科学 19-2；78-79, 85-86.
山本紳也（2006）コンサルタントが見た成果主義人事の 15 年．日本労働研究雑誌 554；61-68.
矢田部光一（2015）人材育成のための人事評価制度．政経研究 52-1；8.
秋山弘子（2015）本当の安心を実現するために～第 5 回くまもと未来会議リレー会議資料～．東京大学高齢社会総合研究機構．pp.4-5.（http://www.pref.kumamoto.jp/common/UploadFileOutput.ashx?c_id=3&id=12147&sub_id=1&flid=36941 ［2017 年 10 月 26 日閲覧］）
中央労働災害防止協会安全衛生情報センター．労働安全衛生法の施行について（発基第 91 号昭和 47 年 9 月 18 日）第 2-3 事業場の範囲．（https://www.jaish.gr.jp/anzen/hor/hombun/hor1-27/hor1-27-43-1-0.htm ［2017 年 10 月 26 日閲覧］）
経済産業省経済産業政策局（2016）第 4 次産業革命が各職種に与える影響（仮説）．In：第 4 次産業革命への対応の方向性．pp.11-12.（http://www.meti.go.jp/committee/sankoushin/shin_sangyoukouzou/pdf/005_04_02.pdf ［2017 年 10 月 26 日閲覧］）
厚生労働省職業能力開発局（2014）キャリア・コンサルタント養成計画に係る専門検討会 第 3 回職業能力開発の今後の在り方に関する研究会 資料 2「キャリア・コンサルティング関係資料」．pp.11-13, pp.20-32.（http://

www.mhlw.go.jp/file/05-Shingikai-11801000-Shokugyounouryokukaihatsukyoku-Soumuka/0000051241.pdf ［2017 年 10 月 26 日閲覧］）

厚生労働省．新規学卒就職者の在職期間別離職状況．（http://www.mhlw.go.jp/file/06-Seisakujouhou-11650000-Shokugyouanteikyokuhakenyukiroudoutaisakubu/0000177658.pdf ［2017 年 10 月 26 日閲覧］）

厚生労働省職業安定局雇用政策課（2017）一般職業紹介状況（平成 29 年 7 月分）について．（http://www.mhlw.go.jp/stf/houdou/0000175101.html ［2017 年 10 月 26 日閲覧］）

厚生労働省．代表的職業分類．（http://www.mhlw.go.jp/file/04-Houdouhappyou-11602000-Shokugyouanteikyoku-Koyouseisakuka/G35_65.pdf ［2017 年 10 月 26 日閲覧］）

熊本県．第 5 回くまもと未来会議リレー会議．（http://www.pref.kumamoto.jp/chiji/kiji_12147.html ［2017 年 10 月 26 日閲覧］）

日本マンパワー．CDS 研修で自己理解を深めるためのツールと講師運営「モチベーション・スキル・カード」．（http://www.nipponmanpower.co.jp/cp/core/cds/summary/tool_lecturer.php ［2017 年 10 月 26 日閲覧］）

首相官邸（2013）産業競争力会議「雇用・人材分科会」中間整理〜「世界でトップレベルの雇用環境・働き方」の実現を目指して〜．（http://www.kantei.go.jp/jp/singi/keizaisaisei/bunka/koyou/pdf/tyuukanseiri.pdf［2017 年 10 月 26 日閲覧］）

総務省統計局．統計用語辞典　さ行「事業所」．（http://www.stat.go.jp/naruhodo/c2dic_a.htm ［2017 年 10 月 26 日閲覧］）

田中春秋．キャリア研修センター浦安（キャリア研修センター〈別館〉）．（http://キャリア研修.jp/ ［2017 年 10 月 26 日閲覧］）

「モチベーション・スキル・カード」WEB 版．（http://namonakit.web.fc2.com/wts/wts.html ［2017 年 10 月 26 日閲覧］）zoronoku「ワーク・タスク・スキル」

第6章　ハイパフォーマンスを具現化する企業変革事例

樋口保隆

1. はじめに

　筆者はストレスチェックが法制化される10年前から，「モラルサーベイ」という労働者の現状をアンケート調査し，その結果を基に企業の働く環境を改善していくコンサルティングを実施してきた「株式会社エンプロイーサービス」という，企業を対象とした就労支援会社を経営しています。株式会社エンプロイーサービスは，2015年12月からの「ストレスチェック」導入にあわせ，「モラルサーベイ」でのコンサルティングサービスに，ストレスチェックを融合させた「樋口式ストレスチェック80」を展開しています。
　これは，せっかくのストレスチェック制度を意義あるものに昇華させる試みになるように考え，まずはストレスチェック制度の脆弱性を再確認のうえで，これを補完する形で「エンプロイー・ヘルス・キャリアシステム（以下，EHC）」の導入部分として展開しているものです。本稿では，このストレスチェックを企業変革につなげる仕組みであるEHCという支援方法を紹介します。

2. 樋口式ストレスチェック80

　樋口式ストレスチェック80は，厚生労働省推奨の職業性ストレス簡易調査票57項目版に，㈱エンプロイーサービス考案の**モラルサーベイ**の質問項目を組み合わせた80項目の質問票です。本来，ストレスチェック制度は，労働者のメンタルヘルス不調の未然防止，労働者自身のストレスへの気づきを促し，ストレスの原因となる職場環境の改善などを目的としています。これは，個人レベルの心的・動的ストレスを早期に発見し，その対策を改善できるという点では大変意味がありますが，個人のキャリアデザインという中長期的視点を含めた組織改善につなげていくことまでは射程に入っていません。そこで労働者一人ひとりの心身の問題を医学的側面から把握すると同時に，その労働者個々のキャリアや事業場内の制度の特徴や課題を検出のうえで，その事業場集団に対する総合評価を行う方法がEHCです。
　この総合評価を基にすれば，対象企業に対し，どのような対策を提供したら良いかの判別ができます。つまり，個々人のより良いキャリアデザインを描くことで，人の総和としての推進力が強化され，目標に向かって成長し続ける事業場に導くため，どのような改革や人材育成が必要かを判断できるツールとなっているのです。
　EHCは，以下の内容で構成されています（図1）。

第6章 ハイパフォーマンスを具現化する企業変革事例

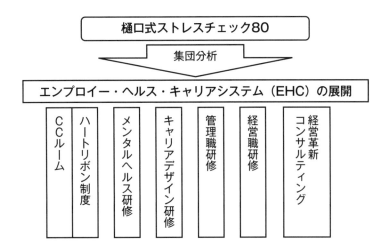

図1 樋口式ストレスチェック80による労働者支援制度のスキーム

　図1をご覧いただくとわかるように，当社の行う**樋口式ストレスチェック80**は，労働者のストレスに対するセルフケアのみを目的としておらず，あくまでも企業における満足度や期待感（モラルサーベイ）の集団分析の結果を企業改革につなげてこそ意味があるという信念のもと，展開しているのです。逆に，その改革なくして，ストレスチェックによるローパフォーマーをハイパフォーマーに向かわせる手段はなく，国の目指す長時間労働の改善や働き方改革なるものの実現は難しいと考えます。

　ここでは，これまで当社が50社以上に実施した**樋口式ストレスチェック80**の前身である**モラルサーベイ**と，その結果を踏まえた企業変革の事例を紹介します。**モラルサーベイ**の方法は，モラルサーベイⅠ（4択）では，以下の4つの分野で40～50項目に関して回答していただいています。

① 企業の業務や仕組み
② 個人の満足感（心身のストレスについても含む）
③ 家族および家庭
④ 自分自身（キャリアデザイン）

　また，モラルサーベイⅡでは，現状の気持ちを，①仕事・企業に対して，②プライベートに関して，③心身に関して，という3つの分野で文章にて思いのままを綴っていただきました。
　その結果を**モラルサーベイⅠとモラルサーベイⅡ**をあわせて集団分析することになります。
　このモラルサーベイの方法は，封書に質問用紙と回答用紙を同封し，ご自宅にてゆっくりと時間を取って書いて，自分で封印して提出していただくことになっています。回収するのは総務部などの人事部門にお願いしますが，人事部や上司や経営者が開封できない仕組みになって

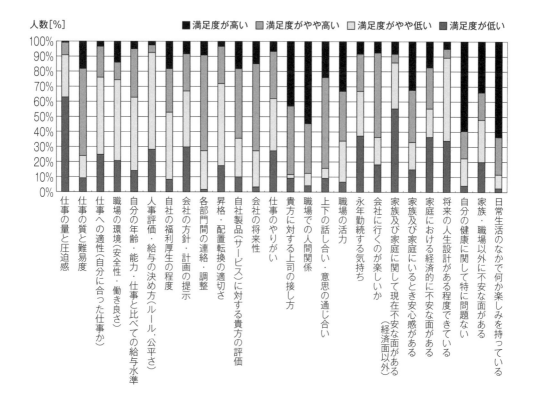

図2　A社のモラルサーベイ結果：回答数123名／社員数130名

いるため，労働者全員が本音で回答してくださっていることが伝わってきます。**モラルサーベイⅠ**でチェックを行った後で，次に**モラルサーベイⅡ**で自分の気持ちを言語化する方法を採ることで，4択の**モラルサーベイⅠ**の回答もいい加減なチェックではなく，真剣に考えたうえでの回答であることがわかります。それは，職場で仕事の合間に行うWEBでのストレスチェックとは違い，自宅でゆっくりと時間をかけて取り組んでもらうことの効用でしょう。

ここから以下では，複数社における具体的な結果と，その結果を基に集団分析した後の企業への支援の取り組みの実際を順に紹介します。

3. 同業種の2社の比較例

A社（製造業：社員数130名）

A社は，50年以上続く製造業です。創業者であるオーナー社長（設立当時26歳，現在77歳）が築き上げた企業ですが，近年では外国企業の廉価な製品が日本にも進出してきたことから，売上・利益とも低下しています。そういうことも影響して職場の雰囲気も良くなく，離職者や休業者が出ている状況でした。

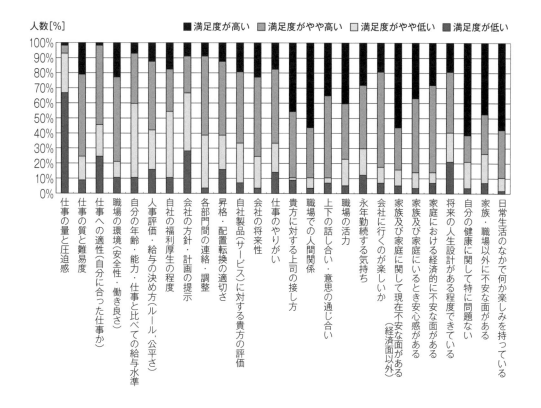

図3　B社のモラルサーベイ結果：回答数58名／社員数60名

B社（製造業：社員数60名）

　B社は，先述したA社とほとんど同じ製品を製造している，いわゆる同業者です。

　創業者は，中堅の企業を退職し，15年前に独立して5名でこの企業を設立しました（設立当時42歳，現在57歳）。15年間で，業績も社員数も増大しています。そして，離職率も低く，外国企業の廉価製品が流入しても，微増ですが，売上も利益も堅調です。

　この2社のモラルサーベイの結果を簡単なグラフにしたものが図2・図3になります。

　A社とB社は，社員数こそ違いますが，同じ中小企業の同業他社です。業界の動向からすると，前述したように海外からの廉価な製品が流入し，なかなか厳しい業界です。ただ，自動車業界が好調なことから，仕事は多く，両社ともに忙しく，残業があり，ときには土曜日出勤もしています。そのため，両社ともに「仕事の量と圧迫感」に関しては，90％以上の社員が「そう思う」と回答しています。つまり，業務量の多さや忙しさに関しては，同業者であることからほとんど変わらないのです。

　そのなかで大きく異なる項目が，A社と比較して「永年勤続する気持ち」「会社に行くのが楽しい」「家族及び家庭に関して現在不安な面がある」「将来の人生設計がある程度できている」の項目に関して，B社のほうが満足度が高いのです。また，全体的に見てもB社のほうが満

足度が高いことがうかがえます。

　なかでも特に当社が着目したのは，A社は「家族内の不安な面」が多く「人生設計がある程度できている」人が少ない点です。要するに，社内における将来像が「見える化」されていないことで，人生すべてにおいて不安を抱えている人が多い状態だったのです。

　そこで，当社がA社に提案したものが，「キャリアデザイン研修」と，「研修後のフォロー」です。

　130名の社員全員にキャリアデザイン研修を実施し，現在の自分の置かれている状況を会社内と家族内で洗い出していただき，5年後までの予想される環境と，自分の描きたいキャリアを文字や表に表現してもらいました。その過程で，自分や自分を取り巻く環境を洗い出し，将来の自分のありたい姿を描いて，それに向けて具体的なアクションプランを立てて実行に移してもらいました。そして，3カ月後，半年後，1年後の3回に分けてフォローアップを行いました。するとじわじわ効果が見え始め，2年目からは離職者が減り，メンタルヘルス不調者も減ってきました。

　A社への支援から，短期的な視野で考えずに，家庭も仕事も中長期的なキャリアを描くことで，目の前の困難を乗り越えやすくなるということが実感できました。

　B社に関しては，この結果を経営者に報告し，現時点では，社内のコミュニケーションが良く取れていることと，経営者と現場が近く，良い状態であることから，このままの働きやすい環境を維持し，このモラルサーベイの結果を採用時などに活用していただくように提案しました。

4．C社の例（自動車関連企業：社員600名）

　C社は，大手自動車会社の関連企業です。モラルサーベイを行った結果，全社員600名の全員がアンケートに回答してくれました。モラルサーベイⅠの4択の質問事項もしっかり記入していただきましたが，着目した点は，モラルサーベイⅡの記述式の項目に，ほとんどの社員から何らかの記述があったことです。さらにこの企業は，大手自動車会社の関連企業ということもあり，他の企業への質問項目では尋ねていない2項目を追加しました。「貴社を選んで入社した動機は何ですか」と「貴社に所属していての現在の気持ち」です。その結果をまとめたものが表1になります。

　「貴社を選んで入社した動機は何ですか」の質問に関しては，約37.2％の方が，前向きなしっかりとした理由で入社したにもかかわらず，「貴社に所属していての現在の気持ち」の質問に対しては，61.7％の方が，不満や不安，転職を考えていました。

　この結果から，社員の3/4近くの人が，入社後のモチベーションが下がっており，会社への求心力もない状態であることがわかりました。そこで，経営陣にこの結果を示し，全社員にキャリアカウンセリングを受けてもらう**CCルーム**を導入することにしました。

　さて，ここでCCルームについて簡単に説明させていただきます。これは，当社が独自で展開している**キャリアカウンセリングルーム**の略語です。通常EAP（従業員支援プログラム）

表1　C社へ尋ねた2つの質問結果：回答数600名／社員数600名

貴社を選んで入社した動機は何ですか	人数	%	
第一志望の企業に入れなかったから	162	27.0	
自分の専門分野を活かせると考えたから	124	20.7	○
大学推薦等で入社が容易だったから	98	16.3	
小規模で若い会社だったから	57	9.5	○
この業界の仕事をしたかったから	42	7.0	○
他の派遣会社からの移籍等	38	6.3	
その他	24	4.0	
特に理由はない	11	1.8	
空白	44	7.3	
合計	600	100.0	

○の合計　37.2%

貴社に所属していての現在の気持ち	人数	%	
将来が不安でたまらない	223	37.2	★
経営（経営陣）に不満	95	5.8	★
現状で特に不満は無い	61	10.2	☆
給与等の待遇に不満	55	9.2	★
今後，改善があればこのまま働きたい	28	4.7	☆
騙されたと感じている	12	2.0	★
同業界の他社に移りたい	12	2.0	★
この会社に入ったことを後悔している	11	1.8	★
意欲が低下している	10	1.7	★
転職も視野に入れている	8	1.3	★
その他	7	1.2	
この企業への所属意識なし	4	0.7	★
やりがいがあると感じている	3	0.5	☆
もっと仕事がしたい	2	0.3	☆
なし	13	2.2	
空白	56	9.3	
合計	600	100.0	

★の合計　61.7%
☆の合計　15.7%

によるカウンセリングは，メンタルヘルス不調者や希望する人のみが，社内および社外にて電話や対面にて相談する場合が多く，実態として多くの人が利用していない場合がほとんどです。なぜなら，それを利用することに他人の目や人事評価を気にするという心理的ハードルが潜むからです。

　しかし，当社が展開しているCCルーム制度は違います。この制度は，経営層からパート社員も含めた全労働者が，必ず一度はCCルームを強制的に訪れ面談する仕組みになっています。いわば，会社で必ず1年に一度受ける健康診断のようなものなのです。人事部門が決めた日時に，業務を1時間抜けて訪れるわけですが，全社員に周知されているため，心理的ハードルを

表2　1年半後にC社に尋ねた質問結果

貴社に所属していての現在の気持ち	人数	%	
将来が不安でたまらない	150	25.4	★
経営（経営陣）に不満	90	15.0	★
現状で特に不満は無い	68	11.3	☆
給与等の待遇に不満	61	10.2	★
今後，改善があればこのまま働きたい	54	9.0	☆
騙されたと感じている	6	1.0	★
同業界の他社に移りたい	6	1.0	★
この会社に入ったことを後悔している	5	0.8	★
意欲が低下している	8	1.3	★
転職も視野に入れている	4	0.7	★
その他	9	1.5	
この企業への所属意識なし	3	0.5	★
やりがいがあると感じている	32	5.3	☆
もっと仕事がしたい	22	3.7	☆
なし	18	3.0	
空白	54	9.0	
合計	590	98.3	

★の合計　55.9%
☆の合計　29.8%

感じることなく面談を受けることができるところに特徴があります。

さて，このC社には，4人のキャリアコンサルタントを配置し，キャリアコンサルタント1人あたり1日6名の社員のカウンセリングを受け持ち，延べ30日かけて，600名の全社員にCCルームに来てもらいました。そのなかでは，現状の不満だけではなく，これから，本人がどのような目標をもち，どのような自己啓発を行い，いかにしてエンプロイアビリティを高めていくかを考えてもらいました。そして，これからのキャリアプランを描くなかに実効性のあるアクションプランを組み入れ，行動に移してもらいました。

CCルームでのコンサルティング後，半年後と1年後のフォローアップを行い，1年半後に再度，「貴社に所属していての現在の気持ち」の項目だけアンケートを取った結果，CCルームの実施前に61.7%あった不満や不安，転職などの項目が，55.9%に減り，CCルーム前にある程度モチベーションが高かった人が15.7%しかいなかったのが，29.8%と2倍近くになりました（表2）。

この結果からも，モラルサーベイの重要性とタイムリーなCCルームの導入およびそのフォローが有効であることがわかりました。

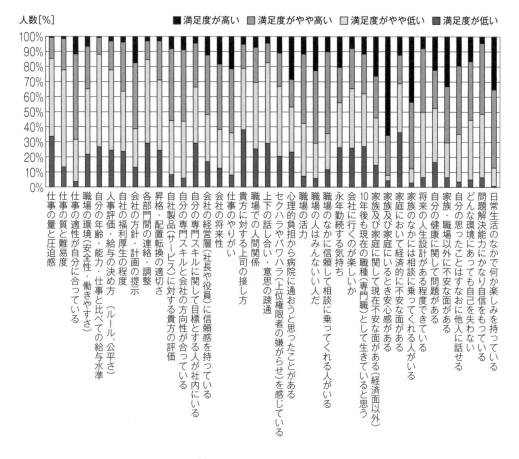

図4　D社の1回目のモラルサーベイ結果

5. D社の例（印刷業：社員250名）

　D社は，カレンダーやポスター，アーティストのイベントなど高質な写真印刷および食品メーカーや化粧品メーカーの商品パッケージの印刷を手がけている企業です。印刷技術には定評があり，有名アーティストや大手菓子メーカーなどの固定の大口顧客を抱えていることから，業績は右肩上がりです。忙しくハードな業務ですが，社員は自分が手がけたポスターが街中に貼ってあったり，自分たちがデザインしたパッケージのお菓子が店頭に並んでいたりすることが多く，それがモチベーションになっています。しかしながら，モラルサーベイを実施した結果，他社に比べて顕著に出ている項目がいくつかありました（図4）。

　それは，「各部門間の連絡，調整」「貴方に対する上司の接し方」「職場での人間関係」「セクハラやパワハラ（上位権限者の嫌がらせ）を感じている」に関しての不満が高く出ていたことです。それに連動するかのように「心理的負担から病院に通おうと思ったことがある」が他社

に比べて多く，「会社に行くのが楽しい」と答えた割合が低いという結果につながっています。

　この結果を基に，経営陣や人事・労務部門には，上限関係のコミュニケーションが悪いこと，女性社員が多いことからのセクハラ・パワハラの基本的な考え方を社員に浸透させる必要があることを理解していただきました。そして，管理職研修とメンタルヘルス研修を導入することになりました。

　管理職研修では，「聴く」ことの基本を理解していただき，事例を基に，本当の積極的傾聴を学んでもらいました。また，社員のモチベーションを上げる「一言」についても学んでいただき，実践に移してもらいました。一方，メンタルヘルス研修では，逆に，こんな一言が知らないうちに他人を傷つけることがあること，また，知らず知らずに使っていることばや態度が他人を不快にしていることを学んでいただきました。さらに，メンタルヘルス不調になりつつある人を早期に発見し，仲間外れにしないで，チームに参加させて，その方の存在が役に立っていることを伝えていくことの重要性を認識してもらうために，ロールプレイングを通して実体験していただきました。

　その結果，1年半後に実施した2回目の**モラルサーベイ**では，全社にセクハラ，パワハラに対する意識が広まり，「貴方に対する上司の接し方」「職場での人間関係」「セクハラやパワハラ（上位権限者の嫌がらせ）を感じている」「会社に行くのが楽しい」の項目の改善が見られました。

　しかしながら，この風潮を根付かせるために，常に全社の状況をウォッチしていないと，また元の状態に戻る可能性があります。そこで，「セクハラ，パワハラ管理委員会」を設置して，定期的なフォローが必要であることを経営陣に提案しました。

6．E社の例（モバイルゲームソフト開発：社員41名）

　E社は，携帯電話向けゲームソフトを開発している企業です。大手の通信会社やゲームソフト開発企業の下請け的な存在です。また，忙しいなか，人の出入りが激しい業界でもあります。人材定着を図る取り組みの一環で**モラルサーベイ**を実施し，41名の社員のうち経営陣を除く36名が**モラルサーベイ**のアンケート調査に応じてくれました。

　この業界は，一匹オオカミ的存在でソフトウエアを開発する社員が多く，自分の開発能力を高く買ってくれる企業があれば，いつでも転職したいと考えている人が多いことも特徴です。そういう環境で，人事部門としては，求心力がある会社となって，組織力を上げていくことを目標にしていました。

　図5が，**モラルサーベイ**の結果です。予想はしていたものの，「会社の方針，計画の提示」「永年勤続する気持ち」「将来の人生設計がある程度できている」に関しての3項目に関しては，90％の方が不満足な状態であるという結果が出ていました。つまり，会社と社員のベクトルが合っていないことと，社員一人ひとりも今後の人生計画やキャリアデザインが描けていないことが，この結果で改めて確認できたわけです。

　そこで当社が提案したものは，**キャリアデザイン研修**と**CCルーム**です。キャリアデザイン

第6章　ハイパフォーマンスを具現化する企業変革事例

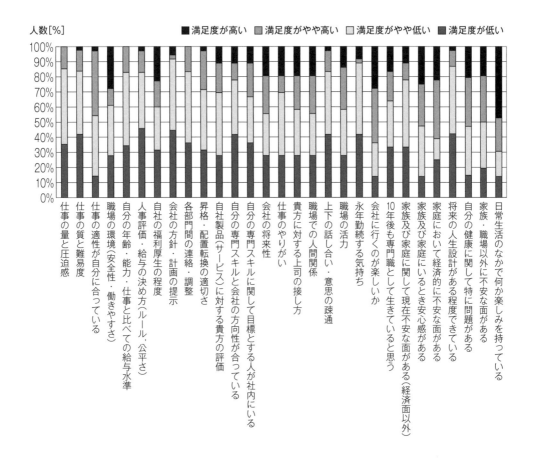

図5　E社のモラルサーベイ結果：回答数36名／社員数41名

を描くための研修を行い，キャリアデザインシートができた時点で，一人ひとりが，CCルームへ行き，コンサルティングを受けるという，研修とCCルームの合体版の形を取ったのです。具体的には，まず，研修で本人がもっているソフトウエア開発に関する「強み」「弱み」そして，今後のゲームソフト業界の変化を予測しつつ，自分にとっての「機会」「脅威」を洗い出してもらいました。次に，コンサルタントと一緒に自分のポテンシャルを上げる方法や，どこでそれが身につくかなどを考えてもらいました。その結果，現企業にいながら，ある程度のスキルアップとネットワークを作ることが重要であることに気づき，求心力を高める動きにつながりました。このようにキャリアデザイン研修を実施しながら，まだ，その頭や意欲の熱が冷めない間にCCルームを実施することで，より効果を発揮することができたのです。

さて，このE社は，1～2年内に転職する社員が減りました。そして，お互いに切磋琢磨してソフト開発をしている光景が増えたと人事部門は喜んでいました。

7．F社の例（通信機器開発製造企業：社員609名）

　F社は，いわゆる携帯電話のハードウエアを開発・製造している企業です。この企業では，経営職以外の600名全員に**モラルサーベイ**を実施した結果，モラルサーベイⅠの結果に関しては，特に顕著な傾向は出ていませんでした。しかしながら，モラルサーベイⅡの記述式において，「これからの自分の人生や仕事に関して，何か相談したいことがありますか」との項目に，約半数の281名の方が，「相談あり」にチェックされていました。また，そのなかで，相談相手として，社内，社外コンサルタント，家族，友人，その他のなかから選ぶような問いかけに対して，約半数の103名の方が「社内」の方を相談相手に選んでいたことに当社は目を付けました。

　そこで，当社が企業側に提案したものが，**ハートリボン制度**です。この制度は，社内に相談相手となるキャリアカウンセラーを育成し，その方々に，時間と場所を決めて，相談者が直接コンタクトを取り，相談できるシステムです。社内キャリアカウンセラーは，専任ではなく，通常業務をこなしながら，時間外や土日に個別に1時間ほど時間を取って相談に乗るような仕組みです。時間外労働1時間分の費用と交通費と御茶代は会社に請求できることにし，カウンセリングそのものの時間や，カウンセラー養成講座（社内で土曜日に6日間の講座を受講）への出席の時間は，全くのボランティアで，技量を身につけていただきました。

　ここでは，約600名の社員に対して，最終的に8名の方を社内カウンセラーとして任命し，1年ごとにメンバーを見直すようにしました。相談したい社員は，発表され公知されている8名のカウンセラーのなかから，相談する人を自分で選び，自ら連絡を取って相談に行きます。社内カウンセラーには，当然ながら相談内容についての守秘義務があり，会社側にも，来談人数以外は，報告義務はありません。ただ，カウンセラー1人では対応できない内容や，専門家にリファーしなければならないような内容に限って，当社に報告していただき，個人特定ができない範囲で，人事部と当社でその対応策を講じることになっています。

　この制度は，現在まで6年間続いていて，相談者数もほぼ一定の割合で推移しています。また，その結果，個人の問題のみならず，社内の仕組みや業務内容に関しての問題点なども，相談内容を通じて浮き彫りとなり，人事労務などの総務部門に社内改善項目として提出されているとのことです。

　そして，ここでひとつ重要なポイントは，カウンセラーへの配慮です。ボランティア精神，人への配慮に長けている方がカウンセラーになりますが，それでも長くやっているとマンネリ化したり，なかには，状況が厳しい社員のカウンセリングが続くことにより，カウンセラー自身が心的ストレスを抱えたりするケースもあります。それを回避するためには，カウンセラーに対しての定期的なスーパーバイジングが必要になります。また，定期的にカウンセラーメンバーを入れ替えることも必要です。**ハートリボン制度**は，社内の各部署がそれぞれ協力しあったり，それぞれの仕事に関心をもったりできる「和」を作る意味がありますが，このような細やかな配慮を織り込んでおくことが必要となります。

8．G社の例（製造業：社員98名）

　この企業は，自動車や航空機向けの部品の製造メーカです。企業自体の業績は良く，顧客業界も右肩上がりではありましたが，それゆえ長時間労働が常態化しつつある企業でした。社員の不満も増大していたため，まずは，CCルームを導入しました。

　実施したCCルームにおいて，社員がカウンセラーに話す言葉のなかからキーワードをまとめてみると，下記のような言葉が表出してきました。

仕事面，職場環境
・業務の負荷が体調の負荷につながる
・顧客からのクレームが負担
・派遣社員の定着率が悪いことからのしわ寄せ
・職場の風通しが悪い
・やりがいは捨てた
・業務がパンパンの状態
・休日出勤が多い
・休暇が取れない
・単身赴任による不安
・過去の大病からいじめに遭っている

体調面
・体調が悪い，健康面に不安
・体重増加
・ストレスを発散できていない
・不規則な生活
・メンタルヘルス不調による休職経験
・睡眠不足
・熟睡できない
・ぎりぎり状態
・イライラ感

家庭の問題
・家族と家の問題
・家族をほったらかし
・家族の病気の看病疲れ

- 父親の看病
- 相続問題による家族との関係悪化
- 趣味がない，孤独

　これらはすべて，社員であるクライエントの口から出た負荷やストレスを表す言葉です。かなり個人的な問題は別として，ぎりぎりの状態で日々を何とか乗り切っている社員に対して，まず休息をとること，睡眠時間を確保することをアドバイスしていきました。

　一方，長時間労働を生んでいる組織的な問題を解決するために，経営陣に対し職場の環境改善，労働時間の制限等を強く進言するとともに，社員へのメンタルヘルス研修，特にセルフケアの研修を実施しました。

　さらに，次の大型ロットの生産が済む時点において，工場の機械をいったんすべて止めて全社員の休息日を取ることを確約してもらいました。

　社員のセルフケア研修のなかでは，まずは，休日出勤を完全に止めて，毎日の睡眠時間をしっかり取る工夫を具体的に例に挙げて示唆しました。そして，同僚で辛そうな方がいたら，お互いに声をかけ，休ませること，そして，一人が倒れたら本人も辛いし，同僚にも会社にも，さらに，家族にも負担を掛けてしまうことを十分に理解してもらいました。そのうえで，次の休日を本人に定めていただき，人事部にその日を各自提出してもらうという具体策も実施しました。

　コンサルティングの最後には，経営陣にも社員にも，だらだらと仕事をするよりも，休むときは休んで，労働時間とそれ以外のメリハリをつけることが生産性向上，安全性向上につながることを理解してもらい，それを必ず業務体制に反映させることを確約していただきました。

9．過去の事例にみる集団分析後の支援の重要性

　これまで記載した実例からわかることとしては，当社が実施する**モラルサーベイ**（現在は，**樋口式ストレスチェック80**）は，全社員が自宅で落ち着いて自分の仕事とプライベートを振り返り本音を語れるという大きな効果があることです。その結果を集団分析して，個人を特定できない形で経営者に報告すると，ほとんどの経営者がその事実に驚きます。それは，まるでその実態に気づいていなかった場合もあれば，見て見ぬふりをしていた結果を突き付けられた場合もあります。10年後にも成長し続けたいという意志のある経営者であれば必ず，当社にその後の改善プログラムを依頼してくることとなり，当社はそこに全力を注いで，社員のための環境づくりを伴走しながら行っていくわけです。最近，多くの企業で実施されているWEBによるストレスチェックは，業務の合間に質問項目のチェックボックスにチェックを入れていく方法です。瞬時にその結果が出るものの，簡単にチェックを入れていくので，果たして，本人の本意が反映された結果になっているのかはなはだ疑問です。WEB方式のストレスチェックを受検している多くの社員の方々からの感想がそれを物語っています。

写真1 実事例を使っての集団討議

写真2 グループ別のケーススタディにおけるディスカッション

　本当に社員のために行うのであれば，まずは本人たちの気持ちを十分に反映した結果を得ることが第一で，かつ，その集団分析結果を経営者が知り，本気で会社が社員のための職場環境の改善を行う意思を形にしていくことが最も重要だと考えます。改善とは，一朝一夕に結果が生まれるものではありません。そして型にはまった教科書通りのものがすべての企業に通用するわけではありません。

　当社が実施しているEHCは，ストレスチェック後の改善策を1～2年かけてフォローすることで，メンタルヘルス不調者や離職者の減少，働く人々のモチベーションアップにつながる結果を残しています。それは，あくまでも現場主義を貫き，働く人々のための環境づくりを手掛けている当社の強みであると自負しております。

10. 実践的なキャリアコンサルタントの養成

　さて，最後に，なぜ当社の取り組みがハイパフォーマーを生む企業変革の実現に至っているのでしょうか。それは，現場を深く理解したコンサルタントの養成に力を注いでいるからに他なりません。教科書に書いてあるような型通りの研修やカウンセリングテクニックだけでは，あらゆる業界や規模の企業内支援に応用することはできません。また，同じ業界を扱うコンサルタントでは，他業界との比較ができず新しいやり方や考え方を知ることができません。そこで，当社では，10年以上にわたって，東京，大阪を中心に実例を使ったワークショップを開催しており，研修講師やコンサルタントの方々にさまざまな企業実態に則し，臨機応変に対応できる訓練を続けています。

　具体的には，2カ月に1回，奇数月に10:00～16:00の5時間の研修を行っており，午前中は，実事例を使ったケーススタディや1つのテーマに関しての全体討議，午後は，カウンセリング場面のロールプレイングを実施しています。午前・午後を通して，1つのテーマに沿って行い，全員参加型で自由に発言できるため，テーマによっては時間が足りないくらい議論が白熱することもしばしばあります。また，年齢層も20～60代と幅広いため，企業内の課題としてよく

取り上げられる"世代間ギャップ"を埋めるいい機会にもなっています。そして，コンサルタントはこうあらねばならない，この発言は間違っている，というような否定的な考えは捨てて，こんなアプローチもあるのか，あの方法を私も使ってみよう，というポジティブアクションをルールとしていることも特徴のひとつです。このルールは，カウンセリングの場面で，クライエントの言葉や気持ちをそのまま受け止める「受容・共感」のスキルにもつながります。ワークショップのテーマのみならずさまざまな業界の人たちが，課題をもちより，それを全員で共有し，解決への糸口を探ることで，ここに学ぶコンサルタントは，おのずと多数のケースを解決していけるわけです。キャリアコンサルタントの有資格者としての基本・スキルはもちろんのこと，こうして定期的にそのスキルを研鑽し続けているコンサルタントを配置できる当社だからこそ，上記事例に挙げた通りの企業変革の一役を担うことができるわけです。

　前ページの2枚の写真（写真1・2）は，そのワークショップの一コマです。このような実践的な勉強をし，訓練を積み，世の中の働く人たちの力になりたいと思う方は，ぜひ，我々の勉強会にご参加ください。心よりお待ちしております。

　連絡先 email：yasutaka-higuchi@employee-s.co.jp

第7章　働きやすい職場環境改善・構築事例

第1節　シミズオクト社の場合

株式会社シミズオクト　総務部・社長室広報課

1. シミズオクトについて

　当社は，創業者清水芳一が掲げた「裏方ひとすじ」の理念のもとに，イベントの企画から設営・運営管理までをトータルにサポートする会社です。具体的には，コンサート，テレビ番組，各種スポーツ競技，大型多目的スタジアム・アリーナや体育施設，展示会博覧会コンベンションにおいて，ステージや会場作りの美術プラン，企画デザイン，設計製作施工，システム装飾や大型テントおよびイベント備品を提供しております。またその会場運営管理業務として，警備，案内誘導，受付，清掃，さらに映像の収録中継制作と業務内容は実に多岐にわたっています（創業昭和7年，グループ合計従業員数1,250名）。

　産業医である本書の監修者によると，「"裏方ひとすじ"よろしく，奉仕の精神を基に裏方に立って，社員がいきいきと，その本領を発揮してもらいやすくなるよう，労働環境を提供する姿勢が感じられます」とのことです。そこで，働きやすい職場雰囲気づくりに関して参考になる部分があれば幸いと考え，以下に紹介いたします。

2. 安全衛生委員会・健康診断

　定例的に産業医同席のもと，「衛生専門部会」という名称で衛生委員会を開催しております。季節に合わせた「熱中症対策」「食中毒対策」「インフルエンザその他感染症対策」からストレスチェック制度，長時間労働対策，職場環境改善などをテーマとして議論しています。社内でも徐々に衛生に関する認識も高まってきています。

　業務で有機溶剤を取り扱う部署においては，年に2回，作業環境測定を行い，対象社員に対して有機溶剤等健康診断を実施しています。その結果に基づき，本人の体調管理に問題があるのか，作業環境に問題があるのかを検証することにしています。

　社員の体調管理として毎年，定期健康診断も実施しております。今や社員にとっては年中行事のようなもので，受診率は98〜99％です。その健康診断の数値結果をもとに，健診機関の保健師の力をお借りして，リスク別グループ分けを行い，それぞれ必要な指導を行っています（図1参照）。当社の受診率が比較的高い背景には，当社の会長の健康に対する意識が高く，また，健康保険組合の理事長を務めていた時期があり，社員の健康管理に強い関心をもっている

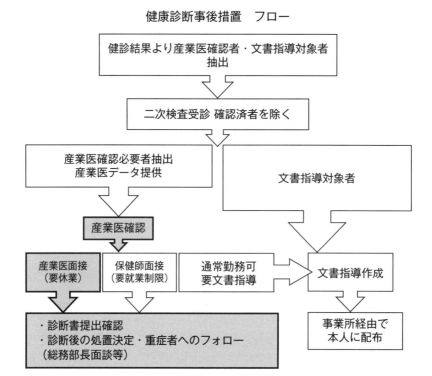

図1 定期健康診断 事後フォロー手順

ということがあると思います。また2005年頃より保健指導を継続しており（2008年より特定保健指導に変更されました），こちらも受診率は90％以上となります。こうした一連の事後フォローにより健康状態が改善された社員も出てきております。取り組みとその効果について検証し，これからも社員の健康改善に向けて取り組んでいきたいと思います。

3．千葉スタジオでの労働安全衛生の取り組みについて

当社「千葉スタジオ」（製作工場）での取り組みを紹介します。

（1）欠かさない朝礼

千葉スタジオでは毎日，部署ごとに朝礼を実施しています。アルバイトや協力会社の方も一緒になって，その日の作業内容の確認と注意事項の徹底を行います。今日も安全に仕事することを職場全員で確認し合った後，ラジオ体操をして，怪我なく仕事ができるよう体をほぐしてから一日が始まります（写真1参照）。

写真 1　朝のラジオ体操の様子

(2) 高負荷解消に産業医面談

　近年，舞台装置の大型化や機械的機構と高精細映像の普及により，製品やサービスに対して，高度な技術や複雑な対応が求められるようになりました。千葉スタジオでも高品質な製品，ハイレベルなサービスを追求することになり，経験の浅い若者が，いきなり難度の高い仕事に向き合わなければならないということも起きてきました。これら難度の高い職務遂行に伴う高ストレスや心的負担感がメンタルヘルス不調につながることのないよう，上手に組織として対応し，個人の負担を解消するようなサポートが必要になってきます。そこで千葉スタジオでは毎月，産業医面談を実施しています。繁忙期で残業が長時間に及ぶ人や，上司から見て元気がない人などに産業医の面接を受けさせ，気分や体調の確認，対処方法のアドバイスをしてもらっています。

(3) 同伴通院

　本社ではメンタルヘルス不調による休職者に対しては，人事部部員が，産業医と協議のうえ，主治医の元に同伴通院することも行っています。千葉スタジオでも，折しもスタジオ長が元人事部次長だったことから，同伴通院を行うこともあります。

(4) 今後の取り組み

　今後，さらなるメンタルヘルス対策の強化に向けて，メンタルヘルスのための「ラインケア」と「セルフケア」研修を計画しています。このように，職場での日常的な取り組みにより，そもそものメンタルヘルス不調者の発生防止や早期発見，休職者への休職中からの対応と復職支援を確実にしていきたいと思います。

4.『健康かわら版』について

　当社では，社員の健康に対する意識を高めるため，その推進活動の一環として 2005 年 9 月

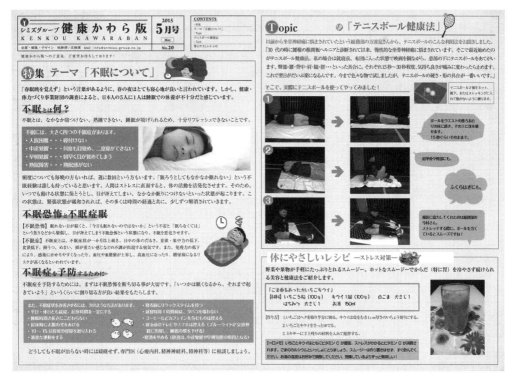

図2 社内報『健康かわら版』

より『健康かわら版』と題した社内報を発行し，社員への発信および各事業所に掲示しております（図2）。企画・編集は総務部と社長室広報課で，毎号季節にちなんだ身近なテーマや社員を取り上げています。一例として，健康レシピのコーナーでは，当社社長自ら料理の腕を振るい，遅い帰宅後でも簡単に作れるヘルシーメニューを紹介しています。ほかには，花粉症，食中毒，メタボ解消，ダイエットなど季節に応じた話題を取り扱っています。

5. 熱中症対策について

当社での熱中症対策は，各事業所だけでなくイベント会場の警備員といった従業員に対しても重要です。また従業員のみならず，いわゆる「屋外フェス」「夏フェス」といわれる屋外コンサートへの来場者に対する対策もとても重要な位置づけとなっています。これらは夏場に行われるからというだけではなく，集客は大規模で，会場は極めて広大かつ広範囲に及ぶ点，さらには十分な医療資源や「ひさし」「覆い」があるわけではない屋外で数日間開催されるという状況があるからです。作業状況および主催者側手配により変動するものの具体的な対策内容は以下の3点になります。当然ですが，熱中症に対応する応急キットなどを準備・用意するとともに，予防法や熱中症の症状について控室に掲示し，会場で対応できるよう周知徹底しています。

第7章　働きやすい職場環境改善・構築事例

写真2　ポシェットタイプの
熱中症応急キット

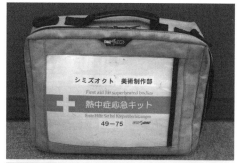
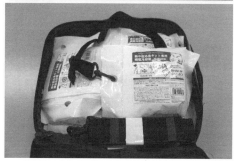

写真3　バッグタイプの熱中症応急キット
中には冷却材を用意

①ポシェットタイプ

　現場主任が，携行できる熱中症応急キットを携行したまま作業に従事しています（写真2参照）。

②バッグタイプ

　車載型の熱中症応急キットです。瞬間冷却材，クールタオル，チタン三角巾，扇子，飲料水などで構成されています（写真3参照）。

③従業員対策

　クールタオルを配布するとともに，屋内外にかかわらず，作業時は水分補給用のスポーツドリンク，熱中塩飴を手配し，こまめに補給するよう指導しています。

6．福利厚生について

　当社は，福利厚生のなかでも社員旅行や社内イベントについては，社員のなかから幹事を立てて，自律的に何を実施するか決めています。

（1）社員旅行

　社員旅行は社員間の親睦と慰安が目的で，2～3年に1度開催しています。旅行内容や旅程は，全社員に行先や開催時期の希望アンケートを取り，その結果希望の多い行先やアクティビティ

写真4　2017年の社員旅行（軍艦島）の様子

を反映したプランを，年間で約20ツアーを企画し実施しています。全国の支店，グループ会社の社員も合同で，日頃顔を合わせる機会のない社員同士が，たまたまその企画に参加したという偶然の要素も合わさった交流ができるうえ，どの旅行に参加するかを選考できるため，社員の満足度は高いです（2017年実施：軍艦島上陸（写真4），伊勢神宮参拝，スキー，キャンプ，東京浅草で人力車に乗るなど）。

(2) レクリエーション

社員間の親睦，リフレッシュ，メタボ解消のため，さまざまな社内イベントを開催しています。ゴルフコンペ，ボーリング大会，スポーツクラブ利用券配布などです。

また，スポーツや健康面以外では，ミュージカル観劇や屋形船，バスツアーなど社員の家族も参加できるイベントも実施して英気を養っています。

第7章 働きやすい職場環境改善・構築事例

第2節　メンタルヘルスの実践方法——事例と課題解決方法

A社　総務課　課長

1．会社紹介

　当社の業種は出版，印刷製本業です。主たる業務の内容は，法令集，判例集ならびに地方自治，法曹，税・経営，教育など各分野の専門法規書，各種単行本，雑誌および自治体の例規集などの編集，組版，校正から印刷製本までを一貫して行っています（図1・2）。また，それら電子データの作成，更新作業も行っています。

　事業所は，①正社員240名,非正規40名,計約280名,②正社員50名,非正規20名,計約70名,の2カ所で，男女比は，ほぼ50：50で，平均年齢は43.5歳となっています。

2．産業医契約の経緯

　2012年に前任の産業医の先生が諸般の事情により契約更新しないことになりました。そして，当時，大幅な組織変更などもあり，さらにきめ細かい社員へのケアを考え，労働安全衛生やメンタルヘルスが専門の先生にお願いしたいと思い，親会社契約の社会保険労務士に相談した末，監修者の櫻澤医師を紹介してもらえたため，2012年5月から契約しています。

図1　独自の請負出版物

図2　一貫した制作体制

3. メンタルヘルス不調者への支援

メンタルヘルス不調者への支援については、次のような点に留意して取り組んでいます。

(1) 症状の理解、不調のサインのキャッチと早期治療

メンタルヘルス不調によって現れる行動や症状についての基礎的な知識を人事担当者のみならず、管理職にも理解してもらい早期治療につなげるようにしています。

また、体重増加やメタボ、糖尿病などはメンタルヘルス面にも悪影響があると聞いていますので、健康診断結果を精査することによって危険信号をキャッチするようにしているほか、健康保険組合で実施している特定保健指導についても受診率向上に力を入れています。

不調サインの例として以下のサインが見られた社員がいたときは、その状況を記録しておくことも重要です。

- ・表情が暗い ・身だしなみ、整理整頓、勤怠状況の乱れ ・仕事が遅い、ミスが多い
- ・マイナス思考 ・食欲の変化など

また、明らかに以下のような症状が見られた場合には、面談などを通して判断し、通院を指示します。

- ・幻聴、幻覚 ・うつ状態 ・そう状態 ・動悸 ・原因不明の不安感など

さらに、必要な場合には、上司または人事担当者が予約をしたり通院に付き添うこともあります。一方、判断に迷う場合（通院の必要性の有無、何科がよいのかなど）には、産業医に相談したり、または面談していただき指示を仰ぎます。

(2) 診断書と休職

通院を指示した場合には、診察の結果を本人に確認し、主治医から休職が必要と言われた場合には、まず診断書の提出を求めます。その際、具体的な労務不能期間も記載してもらうように伝えます。

診断書が提出されたら、社内規程（有給休暇や休職期間など）、健康保険給付（傷病手当金）による手続の説明のほか、症状の程度によって次のことを伝えます。

- ・家族（親や配偶者）へ話をして理解を得、支援してもらうことの重要性
- ・まずは、ゆっくり休み、治療に専念し、仕事のことは考えない（心配しないでよい）
- ・生活リズムを整える（起床時間など。励ますのではなく、階段を上がるように徐々に整える）
- ・食事の重要性（1日3食、栄養バランスなど）
- ・軽い運動の勧め など

また、通院の報告など、メールなどで人事担当者が窓口となって連絡を取り合い、必要に応

じて人事担当者が面談をすることもあります。

(3) 復職可の診断書が出されてから復職まで

　主治医からそろそろ復職可能と言われたら，復職可の診断書の提出を求めますが，この場合，必ず就業制限（例えば，当初2週間は半日勤務など）についても書いてもらうようにしています。

　そして，下記の模擬通勤訓練を実施し（復職可の診断書発行前から実施する場合もあります。ただし，すでに十分なリワークが実施されている場合はしないこともあります），同時に体調管理表により毎日の過ごし方や体調を日記のように本人に記録してもらいます。

　　模擬通勤訓練例①　電車に乗る（短距離で空いている時間から少しずつ）
　　模擬通勤訓練例②　図書館に通う（会社近隣の図書館，はじめは短時間から）

　その結果，順調に模擬通勤訓練をクリアし，問題がなければ「職場復帰プラン」を実施します。
　職場に研修担当者を決め，「職場復帰プラン」の実施状況を「日付」「勤務時間」「実施内容」「本人の状況」「課題達成状況」といった項目ごとに毎日記録してもらいます。
　職場復帰プラン期間終了後，産業医との面談になります。産業医の意見を踏まえ，復職に支障がないと認められた場合は復職となります。

4．長時間労働への対応と対策

(1) 時間外労働が1カ月当たり80時間を超えた場合

　時間外労働が1カ月当たり80時間を超えた場合は，個人単位で書面により80時間を超えたことを通知し，産業医との面談希望の有無を書面で提出してもらい，希望者には，体調や既往歴，業務歴などについてのチェックシートを配付し，記入してもらいます。
　産業医との面談後，産業医の意見をもとに事後措置を実施します。必要に応じて，労働時間短縮，担当業務の変更，就業場所の変更などを実施することがあります。

(2) 業務効率化対策（残業削減対策）
①カイゼン提案活動

　残業削減だけではなく，業務効率化，作業時間短縮，品質向上，コスト削減などを目的とした，「全員参加で，自分たちの業務の課題を自分たちの手で解決する」「1人が1日1分短縮すれば，350人で1日350分短縮できる」という理念をもつカイゼン提案活動を，社長指示により2013年から開始しています。
　カイゼン提案数は2017年7月末現在，累計で1,183件に達しています。
　また，提案されたものは，内容を否定せず原則として却下はしないことをルールにしています。なぜなら，提案することに対して消極的にならないようにという理由からです。

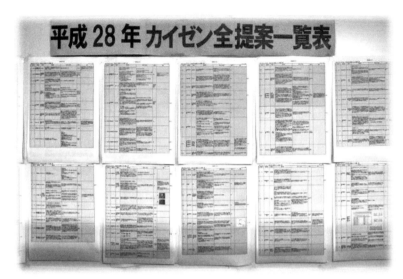

図3　業務効率化対策

　毎月，提案されたもののなかから社長賞，優秀賞，努力賞，あるいは提案内容によっては，アイデア賞やユーモア賞などを選んで表彰し，賞品も授与しています。また，年1回，個人および部署単位でも提案件数などで総合順位を決定して表彰しています（図3）。

　提案の例としては，棚の向きを変える，席替えをするといった単純なものから，マクロやツールを作成して，作業そのものを自動化するといった高度なものまで多々あります。

　このカイゼン提案活動により，その効果を数値化することまではできていませんが，確実に効果は表れており，時間外労働の短縮に大きく貢献していると考えています。

②補完体制

　社内の各部署間において，他部署の状況にも気を配り，業務を相互に補完し合うことを強化することにより，各工程が滞ることのないように心がけています。

③ノー残業デー

　月2回のノー残業デーを課単位で実施しています。

5．職場環境改善と安全衛生関係

（1）安全衛生委員会

　安全衛生委員会は，毎月1回実施しています。

①議案または報告事項の例

　熱中症予防と対策，食中毒3原則，時間外労働実施状況報告，健康診断関係，特定保健指導，健保スポーツ関係行事，営繕修繕関係，などです。

②職場環境改善施策の例（一部抜粋）
- インフルエンザ対策として，加湿兼空気清浄機 20 台設置
- ビル階段手摺り設置（事業所の入っているビルの階段は，若干角度が急ですが手摺りがなく，過去に転倒事故があったため，当社からビル管理会社に依頼したもの）

（2）健康管理指導

年1回の健康診断は，育児休業などで長期に休んでいる職員以外は，全員受診を徹底しています。

健診結果は，産業医にすべて確認していただき，下記の所見がある社員には，個別に指導を実施しています。

要精検，要診察，残業禁止または制限，就労禁止，資料提供による生活習慣指導（食事や運動など），要産業医面談，など

（3）その他の健康診断

通常の健康診断のほか，自宅で受けられるがん予防検診（立川商工会議所が実施）を，年1回希望者に対して実施しています。

これは，血液などを自己採取して郵送することで受けられるため，検査機関に行かず，自宅でできることから，特に忙しい人にお薦めできるものです。検査項目としましては，以下の5項目があります。

① 大腸がん検診，② 子宮頸がん検診，③ ペプシノゲン検査，④ ピロリ菌抗体検査，⑤ 前立腺がん検診

（4）ストレスチェック

2016 年 11 月に，第 1 回のストレスチェックを実施し，対象者 321 名中 287 名（89.4％）が受検しました。

チェック項目数については，新職業性ストレス簡易調査票により 80 項目のチェックリストを使用して実施しました。57 項目と比べて，より広い職場の心理社会的要因，特に部署や事業場レベルでの仕事の資源および労働者の仕事へのポジティブな関わりを把握することが可能とのことで，以下のメリットが期待できるということです。

- 所要時間はそれほど変わらない
- 組織の課題が把握できる
- 組織の強みが把握できる
- ワーク・エンゲイジメントを測ることができる

（5）有機溶剤使用量削減

当社では，印刷，洗浄などの作業に有機溶剤を使用してきましたが，これは正しく使用しな

ミニ図書館コーナー「gd-books」
- コンセプト「少しでも多くの人に本を読んでほしい」
- 社員が読み終わった本を寄付、その本を貸し出し
- 2013年7月開始 年間200冊前後の寄付 現在約800冊

図4　職場環境改善の一環である図書館コーナー

いと人の健康を害することで知られています。当社は、2000年にISO14001を認証取得しており、その当時から有機溶剤の使用量削減について取り組んできました。当初は、第3種有機溶剤のみ使用（第1種、第2種は使用禁止）とし、その後第3種についても徐々に代替製品に切り替えることとしていました。

その結果、ようやく2016年にすべて代替製品に切り換えることができ、有機溶剤使用量ゼロを達成しています。

(6) ミニ図書館コーナー「gd-books」

社内の一角に、ミニ図書館コーナー、名付けて「gd-books」を設けています（図4）。「gd」は、社名の頭文字からとったもので、「少しでも多くの人に本を読んでほしい」をコンセプトに始めました。社員から読み終わった本を寄付してもらい、その本を貸し出しするというもので、社内のイントラネットにより管理しています。

2013年7月に開始し、5年目に入りました。年間約200冊前後が寄付され、現在約800冊まで増えています。昨年の利用者数は74人で、延べ1,100冊の本が読まれました。また、年1回、最多読書賞（上位10名）として最も多く利用した社員を表彰しています。ちなみに今年は1年で90冊借りた人が第1位でした。

以上、当社のメンタルヘルス実践方法、事例と課題解決方法について紹介させていただきましたが、メンタルヘルス不調者の復職後のパフォーマンス向上、時間外労働の削減、ストレスチェック実施後対策、働きやすい職場づくりなど、まだまだ課題はありますので、引き続き積極的に取り組んでいきたいと考えています。

※当内容は，日本ヘルスサポート学会第 12 回学術シンポジウム「メンタルヘルスの実践：事例と課題解決方法―事例報告と事例に基づく実践的課題解決の討議」のなかの「1：プロフェッショナル産業医サービスとネットワークによる実践的課題解決」にて，「メンタルヘルスの実践方法　事例と課題解決方法」として発表したものを，書籍に向けて改訂したものです。

第8章　働きやすさ支援に向けた新サービス

第1節　ライフプラン研修支援例

櫻澤博文

監修者から――社会保険労務士小嶋さんの背景

　小嶋かつらさん（KS人事労務）は大学卒業後，通信業界にて社員の人材育成や職場の業務効率化により業績向上に貢献されている充実した日々を過ごされていました。そんななか，やる気や意欲を失った同僚の相談に乗る機会がありました。その人は仕事とその人自身との方向性が一致していないことが体調悪化にまで露呈していました。小嶋さん自身，同じ職場に，楽しく充実した職業生活を送ることがかなわない人がいたことに驚きました。なぜなら，相談を受けるまで同僚が苦悩していた現実を把握できなかったことを情けなく感じたからです。同僚の苦悩に目を向けられなかった原因として，「仕事と自身の希望とがたまたま一致していただけで，周囲への思いやりが足りなかったのだ」と内省されたそうです。それとともにキャリアコンサルタントの有用性を直感したそうです。その後の社員研修や人材管理で経験を深めるとともに，「企業と社員を一緒にイキイキさせたい！」との思いから「人と職場のスペシャリスト」を目指し，社会保険労務士と産業カウンセラー資格を取得され，東京都千代田区で開業するに至っています。開業後はファイナンシャルプランナー資格を取得するとともに「中小企業ための介護支援活動の介護プランナー」（厚生労働省委託事業）としても活動し，企業を対象にした育児支援や介護と仕事との両立支援制度の普及支援やダイバーシティへの取り組み支援に邁進されるなど，世代を超えた就労支援の第一人者としてご活躍中です。産業医制度，定期健康診断やストレスチェックをはじめとして，厚生労働省が企業に課した就労支援制度の多くは，"単に実施しておけばよい"といったように，いわば「税金」と認識する「ザンネンな企業」が多い実際がありましょう。そのような単に受身的な対応をとるだけでは「管理のための管理」に成り下がり，期待できる効果は得られません。心身双方が健康であるだけではなく，明るくイキイキと働いてもらうという能動的な取り組みとしての「＋α」として，「攻めのメンタルヘルス対策」に取り組んだ良好事例を紹介してもらいました。

事例1――介護事業所A（労働者数：正社員25名，パート社員50名）

事業所背景

　従業員の9割が女性。人間関係は悪くないものの，新人がなかなか定着しない状況でした。把握されていた問題点としては次の2点がありました。①古参社員からのプレッシャーを離職

の原因で挙げる新人がいたこと。②事業主は介護の現場における経験は乏しい経営者で，仕事で実績を上げている古参社員への指導は遠慮している状況。

ストレスチェックでの集団分析の解析結果

一定数の人間が，仕事の裁量や人間関係に対して不満をもっていることが導き出されました。この結果を受けて事業所Aは，新人の定着率を上げるために，以下の取り組みを実施しました。

取り組み1——パート社員，正社員，管理職と各階層別の研修会を実施

研修内容は「交流分析（TA）」を使いました（参考1）。

参考1

交流分析（Transactional Analysis：TA）
60問の質問に答え，自身の考え方の癖や性格タイプ分析ができる。

TAの特徴

1. エゴグラムと図表による分析（図1）で，その人の性格がよくわかり，採用の可否や，適正な配置の決定に役立てることができる。
2. 臨床心理学の基本である交流分析を用いているため，信用性も高く，潜在的なメンタルヘルス不調の発見にも役立つ。
3. 良い悪いではなく，そのひと個人の考え方，価値観が深くわかるため，採用時だけではなく，新入社員の研修，コミュニケーションやモチベーションの研修にも使うことができる。
4. 自分自身の思考タイプの理解と，自分ではない同僚という他人の思考タイプを理解することにより，違う志向タイプの人間に対する理解不足のために起こる怒りや憤りは無駄であり，他者へ変化を求めるのでなく，自身が対処方法を身につけることで，苦手意識がある同僚と円滑なコミュニケーションが可能になる。

取り組み1の効果

① 同僚の共通の上司に対する応対に違いを認識した労働者が，その同僚に，「この前の研修会で学んだ内容を早速使っていたね」と話題にするなど，研修内容そのものが従事者間での共通認識として拡がっていきました。
② 業務上のストレスの減少やコミュニケーション活性化といった効果が労働者において得られました。
③ パート社員からは職業訓練を受ける機会が少ないため，研修会は新鮮で，勉強になったと喜ばれました。

取り組み2——キャリアコンサルティングの導入

事業者負担で，入社初年度，5年目，10年目，15年目と5年ごとに，外部からキャリアコ

分析結果のサンプル

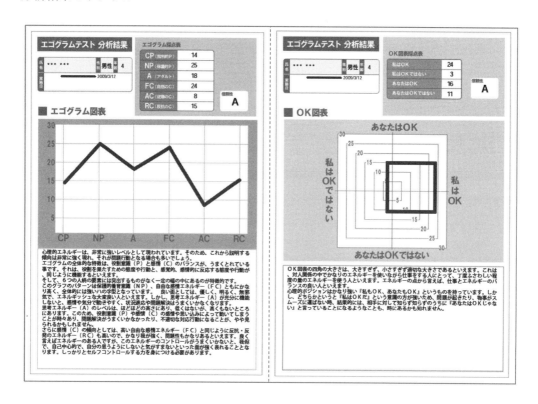

※ TA PACK SYSTEM（R）はヒューマンスキル開発センターの登録商標です

図1　エゴグラムテスト分析結果

ンサルタントを招へいし，キャリアコンサルティングを定期的に受けられる制度を導入してもらいました。キャリアコンサルタントとの話題は，労働者自身のキャリアプランが中心ではありましたが，家庭（育児，介護）と仕事の両立，自身の健康不安など，内容に制限はもたせず，つまりは"よろず相談"よろしく，遠慮なく話すことができる状況設定を行ってもらいました。キャリアコンサルタントはあらかじめ，事業所の理念，事業者が従業員へ期待する役割などを把握したうえで，目標設定時には個人と事業者との共通目標を擦り合わせるような支援を提供しました。

取り組み2の効果

① 事業所から求められている役割や自身の目標を，外部からのキャリアコンサルタントと話しながら，社員が自ら認識し，設定することで，自発的に動ける姿勢が涵養されました。

② キャリアコンサルタントを外部から招へいしたことで，より客観的な自社の評価を聞く機会にもなったことから，労働者自身が，ある意味，恵まれた環境にいることに気づい

たという良い意味での副産物も得られました。
③ キャリアコンサルタントより,「あなたは事業所にとって必要な存在です」と積極的に言語報酬を伝えてもらっていたことからも,そして労働者自身のキャリアプランをもつことで,日々の仕事において,より積極的・能動的な自分軸をもった働き方ができるようになっただけではなく,社員の帰属意識が高まる効果も得られました。
④ 会社では話しづらいプライベートな悩みなども話せることで,社員の気持ちが軽くなる効果も得られました。

事例2──広告代理店B社
　　　　（労働者数：正社員60名,嘱託・パート社員4名）

事業所背景

　ストレスチェックで医師の面談が必要な「高ストレス」と区分された社員が2名,しかも地方にある同支店内から発生しました。その支店では,過去,メンタルヘルス不調にて休職した中間管理職がいた背景がありました。その中間管理職のメンタルヘルス不調の原因が業務に起因するものなのか,それとも私的要因なのかが把握されていなかったことから,今回,当時の状況も含めた対応策を検討かつ実施するよう依頼がありました。そこで特に業務に限定しない対策を実施することになったという背景があります。

取り組み1──産業カウンセラーによる全社員（含：高ストレス者2名）との面談

分析結果

　管理職による「パワハラ」が過去の中間管理職のメンタルヘルス不調と今回の高ストレス者発生の共通因子と把握されました。そしてストレスチェックが契機とならない限り,本社から離れた支店での管理部門に対する業務監査の目が届きづらく,ハラスメントが起きても声をあげづらい職場環境があることが認識できました。

対策

　事業者は,担当役員の判断によってその管理職の配置転換を行う対応をとりました。そして以後,産業カウンセラーに対して,上司を経由することなく相談できる体制を構築しました。産業カウンセラーも,地方の支店へも"出前面談"を行うことで,人事部だけでは把握し難い労働者の"声なき声"を把握する対策にて,労務管理を補完することになりました。

取り組み2──ライフプラン研修（28歳以上対象）

　心理学者クール・ユングが「中年の危機」と銘打ったように,中年にさしかかった人間は,身体的・機能的な衰えを感じるようになり,仕事上の可能性と限界もわかってきます。この時期には,今まで歩んできた,いわば"生き様"や半生を振り返らざるを得なくなる状況が訪れます。どんな生活状況にあっても,この時期には自身の限界を認め,自身ができる／できない

とを選別し，人生で次にどんな道を踏み出すか考え，よりよい適応ができるよう，選択と集中という，良い意味での諦念という選択をしていく特別な時期を迎えるといえましょう。この状況をうまく乗り越えられないと，メンタルヘルス不調をきたすことになりかねません。これを防止する一助として，キャリアカウンセリングが一般的でしょうが，ここでは「ライフプラン研修」を提供しています。生活資金面における不安を曖昧なまま放置させず，今後の人生をどのように過ごしていくか確認するための研修です。ライフプラン研修は，主にライフプランシートを記載することを学びます（参考2）。40代を対象に研修を実施すると，なかには金額を埋められない男性社員が多く出現するという傾向が確認されます（妻が管理しているから，水道代金や，子供の教育費がわからないなど）。そのような場合に研修では，書き方をのみ教え「残りはご自宅で家族に聞きながら仕上げてください」と伝えることで，家族との協議の場へ，いわば送り出します。自身でこのライフプランシートを，家族の協力を得ながら書き上げるなかで，これから自身に起こる変化と，変化に対する準備が必要だとの気づきを促す効果を受容してもらう流れになっています。

このライフプラン研修は退職前の社員に向けて行われることが多いようですが，この事業所では28歳の若年層から参加してもらいました。自身のライフイベントにおいて必要となるお金や，退職後の生活において必要となる金額の実際というものを，若い社員含め実際に試算してもらうことで，正しい金銭感覚を把握・理解してもらうことを主眼としたからです。

取り組み2の効果

期待通り，貯蓄しておくべき金額だけでなく，身につけるべき技能や資格なども明確になっていく効果がありました。現実を正確に把握し，未来に対する推認の精度を高め，将来に対する不要な懸念を抱かせずに済むことは，長期にわたる良好なメンタルヘルスを維持することにもなると期待できます。

参考2

ライフプラン
自身の人生のライフイベント等にかかる費用を試算して，お金の流れをイメージするためキャッシュフロー欄へ金額を入力する（図2）。

以上，メンタルヘルス不調者を出さないための「攻めの対策」として，キャリアカウンセリングやライフプラン研修という対策事例を紹介しました。企業はその業種，人員構成，社歴，社格といった差異から，ストレスチェック実施後に取り組むべき適切な対策とは何なのか，一概にはいえない限界は当然にあることでしょう。そんななか，紹介した取り組み事例は，採用時研修や，産業カウンセラーの面談を通じて提供されている，いわば普遍的な手法を活用しています。すなわち取り入れやすい一般的な対策です。これらの取り組みを活用することでより働きやすい職場環境を形成するという効果も期待できます。

第8章 働きやすさ支援に向けた新サービス

10年で1,000万貯める（35歳）

Cさん：35歳、子ども有、手取年収500万円のキャッシュフロー表　（単位：万円）

年次		今年	1年後	2年後	3年後	4年後	5年後	6年後	7年後	8年後	9年後	10年後
西暦		20XX	20XX	20XX	20XX	20XX	20XX	20XX	20XX	20XX	20XX	20XX
家族構成・年齢	本人	35	36	37	38	39	40	41	42	43	44	45
	配偶者	33	34	35	36	37	38	39	40	41	42	43
	第1子	2	3	4	5	6	7	8	9	10	11	12
	第2子	0	1	2	3	4	5	6	7	8	9	10
	第3子											
家族のライフイベント		住宅ローン	長男幼稚園	車の買い替え	長女幼稚園	長男小学校		長女小学校				長男中学校
収入	①ご本人の手取り収入	500	510	520	530	541	552	563	574	585	597	609
	②配偶者の手取り収入				50	50	50	50	50	50	50	50
	③その他収入（不労収入など）											
	④ご本人の公的年金											
	⑤配偶者の年金											
	⑥退職金（本人＆配偶者）											
	⑦企業年金，個人年金など											
	⑧その他											
	⑨その他											
	A　収入合計	500	510	520	580	591	602	613	624	635	647	659
支出	⑩基本生活費（食費，光熱費，衣料費など）	240	240	240	240	240	240	240	240	240	240	240
	⑪住居費（家賃や住宅ローン，固定資産税など）	120	120	120	120	120	120	120	120	120	120	120
	⑫教育費（学費，塾代，教育関係費）		36	36	72	66	66	60	60	60	60	100
	⑬イベント費（車の買い替え，旅行など）			150					150			
	⑭交際費，趣味・娯楽費など	24	24	24	24	24	24	24	24	24	24	24
	⑮保険料（生命保険料や損害保険料）	30	30	30	30	30	30	30	30	30	30	30
	⑯その他支出	12	12	12	12	12	12	12	12	12	12	12
	⑰その他支出											
	B 支出合計	426	462	612	498	492	492	486	486	636	486	526
	C 年間収支（A－B）	74	48	－92	82	99	110	127	138	－1	161	133
	D 貯蓄残高（前年のD＋今年のC）（現在残高　　万円）	274	322	230	312	411	521	648	786	785	946	1,079
	現在残高　⇒	200										

人生の「見積」と「お金の流れ」

キャッシュフロー表で分析し，定期的な「見直し」が必要

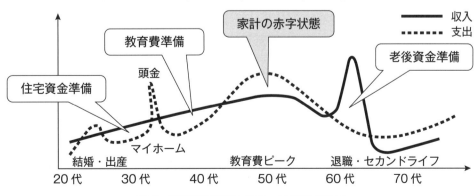

図2　実際の記載例と収入・支出のグラフ

▼参考文献

小嶋かつら,さくらざわ博文(2017)これで安心! ストレスチェックの実施実務16―職場活性に向けた応用編その②. 先見労務管理 2017年3月25日号;38-44.

第2節　オンラインカウンセリングによる支援の実践

櫻本真理

1．外部相談窓口の必要性

　ストレスチェック制度の導入が一巡し，ストレスチェックの検査実施のみでは労働者の心理的ストレス低減は期待しづらいことが導入担当者・経営者によって実感されつつあります。それに伴い，ストレスチェックと併せて実施すべき労働者の心理的ストレス改善のための施策が模索され始めています。ストレスチェック後の制度上の施策である高ストレス者向けの医師面接の実施率は，厚生労働省が2017年7月26日に公表した初年度結果ではわずか0.6％でした。会社への申告を前提とした医師面談は従業員にとって心理的障壁が高く，会社側の費用負担も大きいため，積極的には活用されづらい実態があるのではないでしょうか。

　このような実態が明らかになるとともに，今改めてストレスチェック後に，従業員の適応度を高め精神的健康問題を予防するための有効な施策のひとつとして，医師面談以外の相談窓口へのニーズが高まっています。特に職場への適応度に関する問題は医師面談によって解決しうる課題と捉えにくく，医師への相談が見送られがちです。適応度の低下が生産性の低下につながり，中長期的に精神的健康度の低下につながるリスクを考慮すれば，予防の観点から従業員の適応度を高めるための施策が必要とされていると言えます。

(1) ストレスチェック後のオンラインカウンセリング

　筆者が代表を務める（株）Cotree（コトリー）では，インターネットを介して臨床心理士や産業カウンセラーなどの心理専門家とマッチングを行い，オンライン上でカウンセリングを受けられるサービスを提供しています（図1）。ビデオ通話・チャット・電話など本人に合った方法でスマホやPCから相談できるほか，e-learningの受講やセルフモニタリングも可能です。ストレスチェック実施後に，労働者の特性に合わせたサポートを従業員向けに包括的に提供できるサービスとして企業に導入されています。

　本サービスは医師面談を申し込まなかった高ストレス者や，ストレスは低水準でも葛藤や不安がある従業員などが，ストレスチェック受検後に気軽に利用可能です。制度上の医師面談とは異なり，個人が特定されるかたちで会社に報告が行われないため，医師面談と比較すると予防的な内容の相談が行われる傾向があると言えます。

　相談実績についての会社側への報告は，個人が特定されない範囲でデータを定量的に処理したうえで行います。どんな相談内容が多いのか，どんな社員層がストレスを抱えているのか，組織面・採用面でどんな課題が想定されうるかについての分析結果を提供することで，組織課

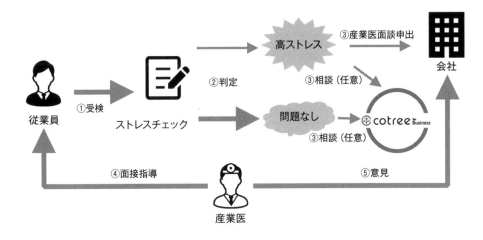

図1 「会社には相談しづらい」ことを外部の専門家に相談可能

題の特定や改善に貢献しています。

(2) オンラインカウンセリングのメリット
当社が提供するオンラインカウンセリングサービスの主なメリットは，以下の通りです。

① 時間・場所を選ばないこと
② オンラインでのストレスチェック完了からスムーズにインターネット上で相談が開始できること
③ 個人単位での記録が時系列で蓄積するため事後的なデータ解析が可能であること
④ 話すほうが得意，書くほうが得意など本人の特性に合った相談手法を選択できること

また，臨床心理士や産業カウンセラーなど，多様な得意分野をもったカウンセラーが登録しており，希望のカウンセラーを選択することも可能です。相談内容によっては性別が重要になったり，特殊な領域における知識が必要になったりするほか，本人の性格特性や状態とカウンセラーの性格・得意分野とのマッチングも重要です。相談内容を聞いたうえで，インテイク担当カウンセラーが，相談者に最適なカウンセラーとマッチングを行うこともあります。このように，誰が担当するかわからない，あるいは会社ごとに担当者が限定されている相談窓口と比較すると，本人の相談内容や状態に最適化した対応が可能であることが強みとなっています。

(3) 性格行動特性を把握したうえで相談を開始
当社では，登録時に利用者の性格行動特性に関するデータをアンケートにより取得し，性格特性に合わせた e-learning を配信したり，特性に合わせたカウンセラーのアドバイスを個別に送信したりといった，きめ細やかな個別支援を提供しています。弊社が実施した，カウンセリ

ングを利用しなかったユーザーに対するアンケートでは，そもそも「どんなことから話せばいいのかわからない」などの理由が挙げられることも多く，結果として，想定したほどに利用されないまま，窓口が形骸化していることも少なくないようです。そこで当社では，登録時にアンケートをとり，その結果を踏まえたカウンセラーからの個別，かつ具体的なアドバイスを，電子メールを通じて提供しています。「**わかってもらえている・つながっている**」という感覚を覚えてもらうことによって，通常の相談窓口サービスと比較して，相談が始めやすく，「**何かあったらここで相談できる**」という，安心感・信頼感が醸成されやすくなっています。

　このように，登録時に取得する相談者のデータを元に，特定の組織においてどんな性格行動特性をもった従業員がどのようなストレスを抱えて相談に来るのかという点につき包括的に把握することは，情報処理に長けたオンラインサービスの長所のひとつではないでしょうか。

(4) 利用時間・場所

　オンラインカウンセリングサービスの利用者が最も多い時間帯は21～22時台です。多忙な労働者にとって，通常の相談室が空いている時間帯に足を運ぶことは難しいため，帰宅後の時間帯あるいは週末に，自宅からアクセスされることが多くなっているようです。

　家族がいる労働者にとっては自宅からのビデオ・通話によるカウンセリングを行うことが難しいこともあります。その場合にはスマホによるチャット相談が活用されることも多く，利用者の8割がスマホからのアクセスとなっています。

(5) チャットによるサポートの良さ・難しさ

　チャットカウンセリングの良さは，スマホからいつでも投稿できる気軽さにあります。利用者は契約期間中無制限に相談することができますが，依存的な利用を避けるため，カウンセラーからの返信は1営業日以内を目安としています。チャットでのカウンセリングというと特に心理の臨床家の立場からはイメージが湧きづらいかもしれませんが，カウンセラーという他者に向けて自分の内面や葛藤を言語化すること自体が，自らの考えや問題を整理することにつながります。さらに，自分が投稿した内容を後から振り返ることができるため，自分自身の変化を実感しやすくなっています。何かあったらいつでもスマホで相談できる相手がいるという安心感も，チャットカウンセリングの価値であると言えます。

　なお，チャットカウンセリングは非言語情報が得られないため，心理臨床家側では通常のカウンセリングよりも，より少ない情報量のなかで対応を行うことの難しさを感じることが多いという限界があります。一方，当事者である利用者にとっても，伝えたいことが伝わっていないと感じることがあるため，事前に相談の枠組みと限界を共有したうえで，適切な方法で運営することが重要です。例えば，オンラインカウンセリングサービス利用者の半数以上は，自分の考えをまとめるのに「話す」より「書く」ほうが表現しやすいとの回答を寄せています。このように，個人の認知特性によって，効果を感じやすい相談方法は異なることは見落とされやすい点ではないでしょうか。臨床家側の立場からみたら，チャットカウンセリングならではの

難しさがあるものの，当事者である利用者側からみたら，多様な特性に合わせた相談チャネルを設けることが，より効果的なサポートにつながっているという実態があります。

2. 相談内容分析

(1) 労働者の相談カテゴリ

オンラインカウンセリングを利用する際，労働者のなかで相談したいテーマとして「仕事」を挙げる割合は45％，職場の人間関係は25％程度となっています。これは複数回答のアンケートであるため，回答の重複を考慮すれば6割弱は仕事に関連する内容を主訴としていることになります。

これは逆に言えば4割以上の労働者は，仕事以外の主訴で相談を行っているということを示しています。自身の性格，子育て，家庭での人間関係，生活習慣に関わることなど，職場の文脈にもち込みづらい内容でストレスを抱えていることが多くなっています。

(2) 仕事に関連する相談内容の分類

なお，オンラインカウンセリングの実践において，仕事に関連する主訴として頻繁に登場する主な相談内容は以下の通りです。

① 能力不足（失敗を繰り返す・ついていけない・仕事がうまくいかない）
② 漠然とした不安（慢性的不安感・将来への不安）
③ 人間関係
④ 仕事が合わない
⑤ 自信がない
⑥ 感情のコントロール
⑦ キャリアプラン
⑧ やる気が出ない
⑨ 企業文化・環境への違和感
⑩ 家庭との両立
⑪ やりたいことがわからない・やりがいがない
⑫ 集中できない
⑬ 身体愁訴・睡眠

このように，寄せられる相談の多くは，具体的な解決課題というよりもむしろ，相談者の主観的な課題が占めていることが特徴です。相談者の自己肯定感やモチベーションの低下を窺わせる内容や，環境への適応の難しさ・具体的な人間関係に関することが多く存在しています。これらの内容は，確かに身近な上司や同僚には，実のところ，相談をもちかけづらい内容でしょ

う。実際に，同僚や上司には相談しづらいと実感している労働者が多いのかもしれません。このような悩みを抱えたまま，誰にも相談できず，かといってストレスチェックでも把握されずに，つまりは顕在化しないままの状況が続くと，いずれメンタルヘルス不調から休職，さらには離職するに至るケースも，現実には多く存在していることが想定されます。何しろ，これらの機微な相談内容に対しては，集合研修などの施策でもフォローしづらい内容です。だからこそ，カウンセリングという場においてケアされるべきと言えるでしょう。

(3)「○○してしまう」という葛藤とカウンセリング

労働者の主訴を単語単位で分析すると，「仕事」「不安」「人間関係」といった単語が頻出します。そのなかで高い頻度で登場する特徴的な単語のひとつは「○○してしまう」という述語です。例えば**「自分はこうしたいのに，周りに合わせてしまう」**といった環境からの圧力を感じさせる葛藤と，**「イライラして家族に当たってしまう」**といったコントロール不能な自分に関する文脈が立ち現れます。

利用者層を解析したときに，母集団との割合で最も相談にたどりつく比率が高いのは，30〜40代の女性です。この世代の女性は，母親，妻，娘，女性，会社員など複数の「顔」を使い分けており，役割葛藤が生じやすいことが影響していると考えられます。例えば「母としてはこうしたいけれども会社員としてはこうしたい」という葛藤を言語化し，折り合いをつけていくために，カウンセリングが役立つことも多いようです。

(4) 年代別の課題

弊社のチャット相談の利用者の相談テキストを年代別に分析すると，20代の最頻出単語は男女ともに「自分」です。自信のなさや起こっていることのわからなさ，仕事できなさといった自己の不全感や今後のキャリアに関する不安に伴う相談内容が多く現れています。

30代女性は引き続き「自分」が最頻出ですが，40代女性では「人間関係」「子ども」の頻度が高まります。一方で30代・40代男性の最頻出単語は「仕事」であり，その後は男女ともに夫婦や子ども，介護といった家庭の関係性に関わる単語が増加します。また，中年期以降は「仕事に意味を感じられない」といったやりがい感喪失や人生の先行きへの不安に関連する相談も多くなっていきます。

当然に性別や年代によっても抱えやすいストレス要因や適切な対処方法は異なり，それぞれの状況に合わせた情報提供やサポートが必要です。ライフステージを先取りした研修の実施やサポートの提供が，メンタルヘルス問題の予防につながると言えます。また，ストレスチェックの結果に基づいて，自社でストレスを抱えている傾向のある年代・性別を把握することによって，効果的な施策が可能になることが期待されます。

(5) カウンセリングに期待すること

オンラインカウンセリング利用者に対して「どんなことを期待するか」というアンケートを

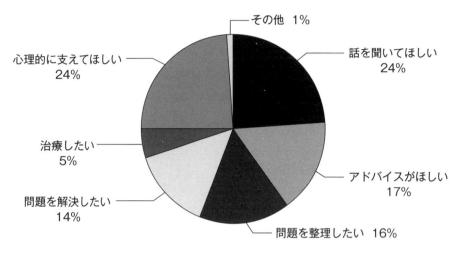

図2 カウンセリングにどんなことを期待していますか？

実施した結果，図2のような結果になっています。約半数が「話を聞いてほしい」「心理的に支えてほしい」という「安全感・受容感」に伴うものであり，残り半数が「アドバイスが欲しい」「問題を整理/解決したい」といった「具体的解決」に関することでした。

不安感が高まっている利用者や職場において安全感が感じられない利用者にとっては，安全に自己開示ができる受容的な場としてカウンセリングの場が機能しやすいことがわかります。残り半数は自分だけでは相談しづらい課題解決へのコンサルテーション的な関わりを求めてカウンセリングを利用しているようです。

(6) カウンセリングを通じて得られる価値

一方で，カウンセリングを実施した結果として得られた価値として，実際の利用者に実感された内容(カウンセリングに対する評価コメントとして取得・集計)を整理したものが図3です。

大きくは，カウンセラーから提供されたと実感されたもの，利用者自身の変化として実感されたもの，システムの価値として実感されたものに分類されます。

(7) カウンセラーから提供されたと感じられた価値

カウンセラーから提供されたと感じられた価値は「受容・支持」「教育的な関わり」「人間的な関わり」「心理支援・技法的関わり」「リファー（専門医の紹介といった高次医療機関への紹介・その斡旋）」に分類されます。なかでも特に受容・支持的関わりは，高ストレス・葛藤状態にある利用者にとって前向きなものとして認知されやすいようです。利用者に変化が起こる前提として必要になることにも価値があると言えます。

また，教育的な関わりや技法的な関わりによって，利用者の「できることが増えていく」ということも重要です。例えば「マインドフルネス」（禅から宗教的要素を除外した，調息を手

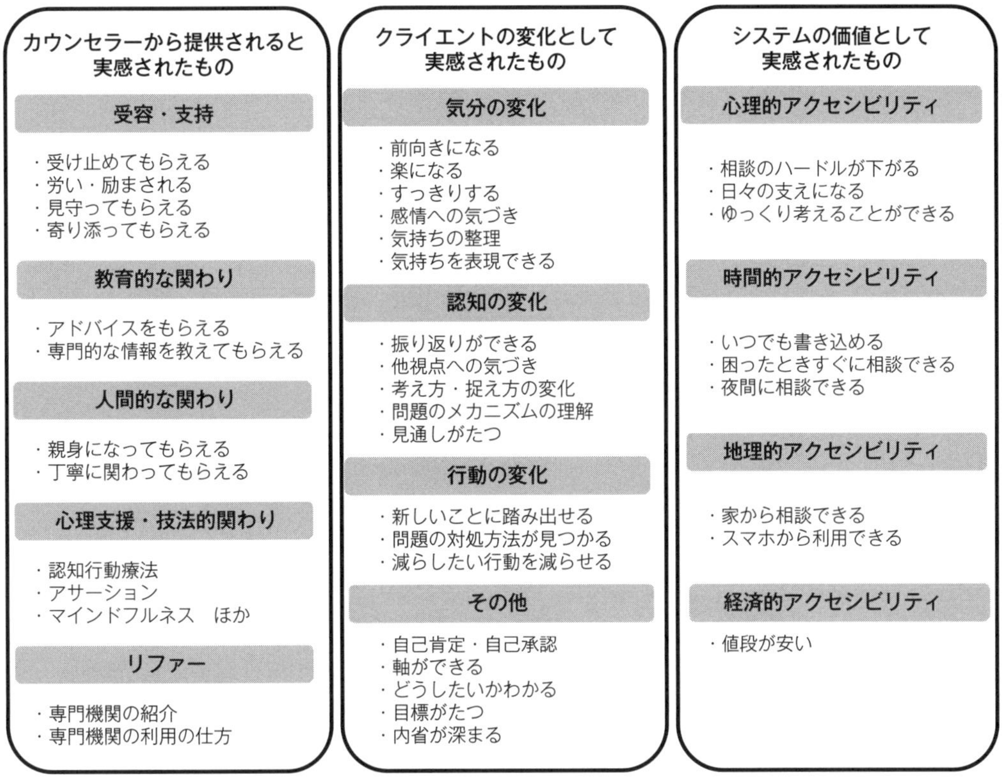

第8章 働きやすさ支援に向けた新サービス

カウンセラーから提供されると実感されたもの

受容・支持
・受け止めてもらえる
・労い・励まされる
・見守ってもらえる
・寄り添ってもらえる

教育的な関わり
・アドバイスをもらえる
・専門的な情報を教えてもらえる

人間的な関わり
・親身になってもらえる
・丁寧に関わってもらえる

心理支援・技法的関わり
・認知行動療法
・アサーション
・マインドフルネス　ほか

リファー
・専門機関の紹介
・専門機関の利用の仕方

クライエントの変化として実感されたもの

気分の変化
・前向きになる
・楽になる
・すっきりする
・感情への気づき
・気持ちの整理
・気持ちを表現できる

認知の変化
・振り返りができる
・他視点への気づき
・考え方・捉え方の変化
・問題のメカニズムの理解
・見通しがたつ

行動の変化
・新しいことに踏み出せる
・問題の対処方法が見つかる
・減らしたい行動を減らせる

その他
・自己肯定・自己承認
・軸ができる
・どうしたいかわかる
・目標がたつ
・内省が深まる

システムの価値として実感されたもの

心理的アクセシビリティ
・相談のハードルが下がる
・日々の支えになる
・ゆっくり考えることができる

時間的アクセシビリティ
・いつでも書き込める
・困ったときすぐに相談できる
・夜間に相談できる

地理的アクセシビリティ
・家から相談できる
・スマホから利用できる

経済的アクセシビリティ
・値段が安い

図3　カウンセリング利用者の声から抽出したオンラインカウンセリングの価値

段のひとつとした瞑想／リラックス手段）によって感情のコントロールができるようになる，認知再構成法によってネガティブな考えを合理的な考えに構成し直すことができるようになる，感情と思考のつながりを理解できるようになる，他人に対する主張ができるようになる，といった心理教育的な関わりも，カウンセリングにおいて提供されうる価値のひとつです。

　確かに集団研修などによって「コーピング」という，ストレスへの対応力を向上させたり，「アサーション」という，円滑なコミュニケーションを学んでもらうことも可能です。しかしながら，カウンセラーとの対話によって利用者自身の課題意識を整理し，高めたうえで，その相談者個人の特性に応じた，個別的な教育的関わりを提供することで，より認知の変化や行動変容につながりやすくなるものと筆者は考えています。

（8）利用者の変化として感じられた価値

　利用者の変化として実感された価値は，「気分の変化」「認知の変化」「行動の変化」「その他」に分類されました。特に「気分の変化」については，利用者の9割以上がオンラインカウンセリングの利用によって「気分に良い変化があった(75%)」「気分に少し良い変化があった(18%)」と回答しています。閉塞的な環境や反芻思考に陥っていた利用者にとっては，視点が外に向き，

新たな行動・変化の可能性に開かれることだけでも大きな意義があります。

(9) システムとして感じられた価値

システムの価値として実感されたものとしては，「心理的アクセシビリティ」「時間的アクセシビリティ」「地理的アクセシビリティ」「経済的アクセシビリティ」が挙げられます。なかでも心理的アクセシビリティは「**会社にバレたらどうしよう**」「**カウンセリングを受けるなんて病気と思われるのではないか**」などといった，スティグマ（偏見）に根差した不安感を解消し，それほど深刻でない段階，つまりは未病の段階から，主体的に相談を始めてもらうというインセンティブを提供するものです。予防的な関わりを含む労働者向けの相談という場面においては，重要な価値であると言えます。

(10) カウンセリングの効果測定

このように，カウンセリングが提供する価値は多面的です。その意味で，効果測定は困難ではありますが，当社サービスにおいて「今のご自身の心の状態は最高に良い状態を10点とすると何点ですか？」という質問をビデオ／通話カウンセリングの前後で取ったデータを分析すると，図4に示すように明らかな改善が見られています。

また，「カウンセリングの内容に満足していますか？」という質問に対しては「非常に満足している」が69%，「まぁ満足している」が23%と，大半が「利用してよかった」と回答しており，一定の効果と満足度が得られていることが示唆されます。

3. より良い相談対応に向けて

(1) ストレス〈状態〉と性格〈特性〉

ストレスチェックが担う重要な役割のひとつは，自身の特定時点での「状態」を客観視し振り返る機会を提供することです。あわせて，我々は，自分がどんなことにストレスを抱えやすい性格か，どんなことが得意かといった「特性」を振り返る機会をあわせて提供しています。これらが相まって，その相談者自身の状態と特性が結びつき，具体的な対処方法に結びつきやすい改善策の提供が可能になります。そこで当社では，ストレスチェック後の相談希望者に対して性格行動特性の把握のためのアンケートを行い，ストレス状態と関連づけて担当カウンセラーから個別のアドバイスを行っています。例えば「ストレスがかかると生活習慣が乱れやすいタイプ」などといったストレス対処の傾向や，「新しいことにどんどんチャレンジしたい傾向」「周囲に協調しすぎる傾向」などの性格特性の傾向を把握することで，「現在ストレスが高い状態にあるのは，成長を感じられないことによる閉塞感を，暴飲暴食で紛わらせていることが影響しているのではないか。まずは食事のバランスに意識を向けつつ，今の仕事のなかでできる範囲の新しい学びの視点を模索してみてはどうか」など，本人の自己理解を促しながら責任の範囲内で取り組める提案を提供しています。

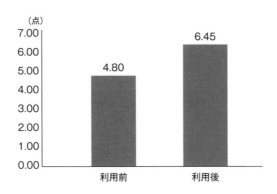

図4　今のご自身の心の状態は最高に良い状態を10点とすると何点ですか？

担当カウンセラーからアンケート結果に基づいたフィードバックを行うことで，自分を理解してもらえたと感じられることが重要です。そしてフィードバック後は，自身の特性に関するフィードバックに沿った本当の困り事に関する開示も進みやすく，「どんなことでもご相談ください」とオープンクエスチョンで始まるケースよりも相談がスムーズになっていきます。

(2) 自己理解と他者への受容性

自分自身のストレス状態と性格行動特性に関する自己理解を深めることは，結果として他者理解を促し，他者に対して受容的にふるまえることにもつながります。「どうしてあの人はこんなに理不尽なのか？」と他責的／他罰的になっていたところから，「自分が人よりもこだわりが強い傾向があるからかもしれない」という内省が起こることは，行動の変化につながる重要な視点です。

4. おわりに

組織がカウンセリングサービスを導入する際，「組織に対する効果が可視化されづらい」という課題が導入にあたっての障壁となることがあります。一方，ストレスチェック制度が具有する対面式の補足的面談，高ストレス者への医師による面接，さらには「集団分析」に基づいた「アクションプラン」といった環境調整では拾い上げられない課題もあります。当社のサービスは，そのような課題の受け皿となり，かつ対処を通じて，相談者に対するストレス耐性を向上させたり，「レジリエンス」という，ストレス要因に対する柔軟な対応力を増強したりすることを目指しています。

そして，カウンセリングの場で表出される相談者からの個別具体的な課題を，集約して分析することで，その相談者が従事する組織自体の本質的な課題をも浮かび上がらせ，抽出することが可能です。性格特性や属性といったデータと組み合わせて蓄積することで，さらに多面的な現状理解も可能になります。「ストレスチェック制度」と組み合わせてこのような施策を実

施することが，ストレスチェックを効果的に活用することにつながると言えるのではないでしょうか。

　課題としては，相談窓口が利用されないままに形骸化しないよう，従業員が利用しやすい体制づくりや広報，積極的なアウトリーチを行う必要がある点が挙げられます。若者のコミュニケーションチャネルとして主流であるSNSやインターネットを入口にすることは，利用率を高めるうえで大切な視点です。相談への心理的抵抗感が高い従業員にとってもアクセスしやすいよう，例えば相談の選択肢を増やしたり，ITを活用してサービスの利便性を高めたり，個々に最適化したサービスを提供したりするなどの工夫を併せて実施することで，より有効な施策として機能することが期待されます。

▼参考文献

主任研究者：川上憲人（2017）厚生労働省厚生労働科学研究費補助金労働安全衛生総合研究事業ストレスチェック制度による労働者のメンタルヘルス不調の予防と職場環境改善効果に関する研究 平成28年度総括・分担研究報告書．

第3節　EMOLOGによるソフト/ハードウェアサービス利用のストレス改善事例

古澤辰徳

1．はじめに

　今日，われわれの仕事は，パソコンやスマートフォン，タブレットといった電子デバイスなしでは進めることが困難です。電子画面は，インターフェース（キーボードやマウスなど，装置と人間の接点）を介する間接的な操作が必要になり，時としてそれが大きなストレスを生み出します。ウェブサイトやスマートフォンアプリを操作していて，イライラした経験は誰しもあるのではないでしょうか？　人間工学的な作業環境に関する研究は，これまでも多く行われてきました。しかしながら，人間が操作するソフトウェアおよびハードウェアが出力する画面そのものを，人間の感覚的な観点から評価し，改善案を抽出するサービスは人事労務担当者向け雑誌以外の労働安全衛生や産業保健に関する専門誌に登場したことはありません。

　そこで，本稿ではWEBサイトやスマートフォンアプリにおけるユーザー行動と感情を可視化し，改善点を抽出する評価サービスを紹介します。それは「EMOLOG（エモログ-emotion log-）（URL：https://emolog.com/）」という，株式会社ヒューマンクレスト（代表取締役：渡辺義孝）が提供するサービスです（図1）。名称が示す通り，これは人間の「感情」データを扱ったサービスであり，J. A. Russell（1980）による「感情の円環モデル」を論拠としています。およそ人が使うソフトウェア，ハードウェアのいずれであっても評価が可能です。したがってスマホアプリやウェブサイトなどの一般消費者向けのサービスはもちろん，業務用システムや専門職の求人サイト，飲食店主をターゲットとするレジスターなど，これまでの対象実績は多岐にわたっています。実際に評価を行う想定顧客（モニター）の確保も株式会社ヒューマンクレストが担っています。

2．EMOLOGの特徴

① 評価方法は，以下になります。対象としたい画面やソフト，サービスを評価するために，まず質問項目や評価点，確認事項といった「タスク」を設定します。
② 想定顧客（モニター）に，そのタスクを実行してもらいます。
③ 実行過程は操作動画として記録し，システム上でモニター自身が評価を行うことができます。
④ 4つの感情を論拠とした回顧法（利用者による操作終了後に，自身の行動を振り返り，前

図1　EMOLOGの仕組み

提条件や詳細を深く掘り下げていく手法）による評価を行うことが可能です。

また回顧法で抽出不可能な課題は、行動観察法（第三者がタスクの達成状況を判定）により補完することができます。これが「EMOLOG」の最大の特徴です。

※4つの感情の論拠はJ. A. Russellによる「感情の円環モデル」をベースとしています。

⑤ 想定顧客（モニター）が選択する4つの感情の種類は、画面や画面を構成する部品に対する評価の理由として紐づけており「なぜその感情を抱いたのか」という心理状態まで把握可能です。

⑥ ⑤の理由から、クリック（タップ）やスクロール（フリック）、注視点などの行動データを基調とする、従来のアクセスログツール（Google Analyticsなど）やヒートマップツールとは、根本的にアプローチが異なっています。

⑦ 評価の入力には、評価者の負担を軽減するために、独自に開発した「EMOLOGシステム」を利用しています。

⑧ EMOLOGシステムは、5名程度の定性調査にも、そして100名以上の定量調査の双方にも対応しています。結果の集計は評価データの入力と同時に、即時的に行われます。

⑨ EMOLOGシステムはクラウド環境で動作するため、利用者による評価実行と分析結果の確認は、インターネットにつながったデバイス（パソコンやスマートフォン）であれば、いつでもどこでも可能であることも、重要な特徴です。

⑩ サービスの提供会社は、EMOLOGの評価結果を用いて、チーム内での課題共有および具体的な改善まで容易に着手できます。

EMOLOGを活用することで、主に電子デバイス上での利用者による作業効率の改善と、生産性の向上を実現することができます。今日我々は、毎日職場での多くの時間において、電子画面と向き合うことを強いられています。例えば、社内SNSや勤怠管理、経費精算などの社内情報システム、自社サービスの営業活動や顧客を管理する業務支援ツールやデータ分析ツール、取引先企業との入出金を取り扱う会計システムや銀行などの金融システム、または社用の

物品購入に要する一般のショッピングサイトなど，枚挙にいとまがありません。そうした電子画面を通した作業中の要所で発生する「面倒だ」や「見づらい」「わかりにくい」「使いにくい」といったストレス要因は，今なお多くの電子サービスが問題として抱えています。日々業務のなかで利用する電子サービスにおける操作効率の向上は，業務時間の短縮やストレスの軽減を導き，働きやすい情報処理環境の実現に直結すると言っても過言ではありません。政府が進めている「働き方改革」の流れにも沿い，長時間労働を是正することにもつながりましょう。

3. 改善できる課題

これまで，「EMOLOG」を使って抽出かつ解決された課題例を紹介します。

(1) 使い勝手の点から
- とあるWEBサイトのボタンの色が背景色と被っていて，識別し辛く，見落とされていました。
- スマートフォンサイトで隣り合う2つのボタンサイズがともに小さく，誤タップで目的外のボタンを押してしまうことがありました。
- 資料請求フォームでの入力内容の不備が，エラー指示文から理解できないこともありました。

これらは，誰しも一度は経験したことがあるような，利用者に不便を強いる典型的な課題です。利用者にとってはストレスを感じる原因になります。さらに，当事者にとっての緊急度，もしくは重要度が高い場合には，対象サービスの利用を中止するといった，深刻な問題になり得ます。例えば，身銭を切って購入した商品の購入完了ページで，システムエラーが表示されたら，どう思うでしょうか？ 発売直後から時間勝負のチケット購入サイトで操作に戸惑った挙句，売り切れで買えなかったら，どれだけイライラすることでしょうか？ これらの例に当てはまらなくても「お金を払ったのに…」や「急ぎなのに…」という心理的に抑圧された状況が，利用時のストレスを最大化させることがあるのです。

(2) コンテンツ（表示情報の内容）の質から
- ショッピングサイトの商品詳細ページで，商品写真が魅力的に感じない。
- 商品の詳細説明文が無駄に長文で，読む気がしない。
- ユーザーレビュー（☆などの評価）の内容が信憑性に欠ける。

以上の課題があれば，いくら使いやすい設計がなされていても，商品の魅力が正確に利用者に伝わらずに終わってしまいましょう。その点，この「EMOLOG」による評価データは，そうしたコンテンツの改善にも有効に働きます。利用者は，そのサービスの価値を，個別のページや部品単位ではなく，一連の体験として総合的に判断するからです。

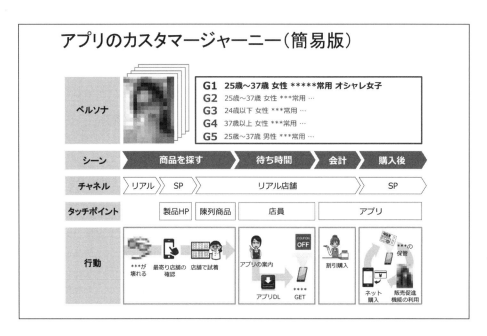

図2 実店舗連携型のスマートフォンアプリにおけるカスタマージャーニー

4．事例紹介

「EMOLOG」を使って，どのような評価がなされ，どんな感情データが集計され，どう改善案へと導かれていったのか，事例を元に具体的な評価の手順と分析方法について紹介します。

事例1　アイウェアメーカー／小売業：実店舗連携型の販売促進スマートフォンアプリ

某アイウェアメーカー用のスマートフォンアプリの事例です。日本全国に実店舗を多く構えている小売業でもあり，時代に沿った販売促進を目的として，スマートフォンアプリの開発を検討していました。私どもにお声がけいただいたのは，企画段階と，本番リリース前の2回でした。店舗でのリアルな行動と，スマホ上でのアプリ操作の連動が主機能で，具体的にはオンラインクーポンの発行（WEB⇒リアル），製品の疑似試着（リアル⇒WEB），製品の保証書保管（リアル⇒WEB）など，利用者の購入前〜アフターサービスまでをカバーする，幅広い機能群が企画されていました。評価においては，ターゲットとなる利用者が，これらの機能を利用シーンに応じて実際に体験し，受け入れられるかどうかに主眼が置かれました。

企画段階の1回目では，ターゲットユーザーを3名×5グループに分け，それぞれグループインタビューを実施しました。企画を説明するための材料として，仮の画面を制作し，紙芝居形式で視覚的な確認を進めながら，機能の受容性を検証しました。

1回目の調査結果を開発にフィードバックさせ，約1年が過ぎました。リリース前の段階になり，アプリの運営企業内で，社員による最終チェックが行われましたが，実ユーザーの視点

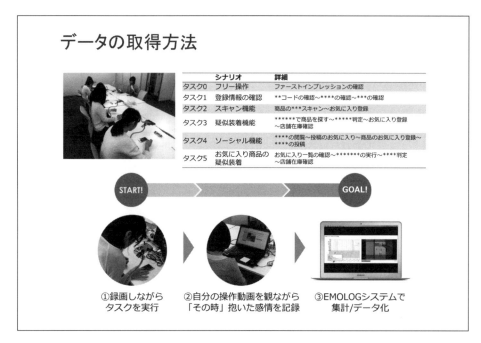

図3　タスクの設定とデータの取得方法

がほしいとのことで，再度依頼がありました。

　スマートフォンアプリの操作と言っても，ユーザーの体験はスマホ画面のなかで完結するわけではありません。例えば，リアル（実際の場）でアイウェアが壊れ，その人はすぐにアイウェアを購入する必要性に迫られたとします。学校や仕事終わりの時間に合わせて，最寄りの店舗を手持ちのスマホなどで検索することでしょう。その後は店舗へ足を運び，アイウェアを物色し，試着し，場合によっては視力測定をし，購入手続きを進めることになります。こういったユーザーの一連の購買体験を，「カスタマージャーニー」と呼びます。当アプリにまつわるカスタマージャーニーは，図2のように整理されました。当アプリの認知は購入手続き前後の，アイウェアの調整が終わるまでの待ち時間をターゲットにしており，その時間でのアプリダウンロードとオンラインクーポンの取得から，アプリの利用体験がスタートします。ダウンロード特典のクーポンは，そのアイウェアの精算時にすぐ使うことが可能で，紙で嵩張る保証書は，電子データとしてアプリ内に保存することができます。もし次にアイウェアを購入する必要がある場合は，そのアプリ内の保証書情報を基に，アプリと連動したWEBのショッピングサイトで簡単に購入することができます。以上が，当アプリのカスタマージャーニーの概要です。今回の目的は，その一連の利用体験を疑似的に再現させるようなテストを課し，問題点（ユーザーがストレスを感じる部分）の評価と改善策を抽出することです。

　テストは，当アプリのターゲットユーザー単位で行います。このアプリのターゲットは5つのグループに大別され，それぞれ5名の計25名でテストを行いました。

　これらの利用体験を評価するため，テストでは「タスク」という作業単位を設定します。例

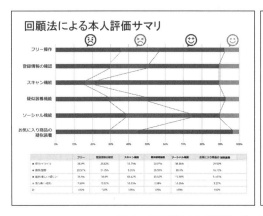 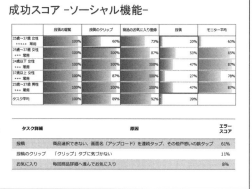

図4　回顧法による評価（左）と行動観察による評価（右）

えば，タスク1ではダウンロードしたばかりのアプリを開き，マイページにアクセスして会員情報を確認させます。タスク3では，このアプリにあるアイウェアの疑似装着機能を自身の顔へ当て，人工知能による似合い度の判定～商品のお気に入り登録～店舗へ在庫確認をさせるといった内容になります（図3）。これらのタスクを通じて，ストレスを感じた操作，画面，部品に対してその理由を明らかにし，要因分析と改善策の抽出を行います。

　これらのタスクは，一つひとつのタスクの実行と同時に，操作動画を撮影します。次にその動画をEMOLOGシステムへアップロードし，自身の操作動画を見て振り返り，感じたことの評価を入力します。このとき，評価の根拠には，先ほどご紹介した「感情の円環モデル」を論拠とした，典型的な感情項目群を位置づけます。項目は第一象限から順に「驚き／嬉しい／楽しい」「怒り，イライラ」「退屈／憂鬱」「落ち着く／和む」となっており，まず自分が事象に対してどういう感情を抱いたのかを整理し，そこから具体的な理由へブレイクダウンさせます。そうすることで，一時的な気まぐれを排除した，体系的な評価が可能になります。評価データは，モニターによる入力の完了と同時に，リアルタイムに集計されます。また，今回は行動観察という手法も用いました。これは，第三者が各モニターの実行タスクの成否を客観的に採点するもので，本人の感覚とは切り離した操作の評価を行うことで，客観性を補完するものです。

　では各評価の結果について，いくつかご紹介します。図4の左図は，モニター25名分の回顧法による評価（モニター本人が自身の操作動画を観ながら振り返る）の結果です。それぞれのタスクにおける「驚き／嬉しい／楽しい」「怒り，イライラ」「退屈／憂鬱」「落ち着く／和む」の割合を示しています。見方としては「驚き／嬉しい／楽しい」と「落ち着く／和む」のポジティブ系項目と「怒り，イライラ」と「退屈／憂鬱」のネガティブ系項目の占める割合を比較します。当アプリでは，アイウェア商品の「スキャン機能」が最もポジティブな評価が多く，逆に「ソーシャル機能」が最も悪い結果になりました。続いて，図4の右図は第三者による行動観察データになります。こちらは，先ほどの本人評価で最も悪い評価となった「ソーシャル機能」に関して，達成状態を成功スコアの数値として示しています。やや落ち込んだのが「投稿のクリップ」という機能で，25～37歳女性のコンタクトレンズ常用者5名では，60％の成功率に留ま

第8章 働きやすさ支援に向けた新サービス

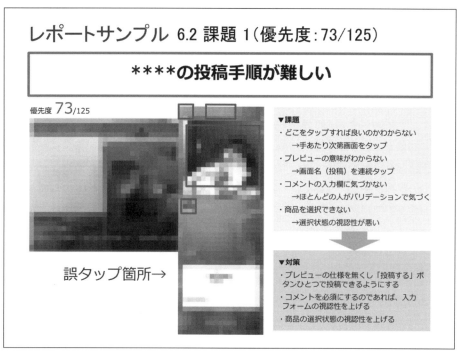

図5　改善提案（例）

りました。さらに酷い結果になったものは「投稿」機能で，各ターゲットユーザーの成功率は20〜53％で推移し，結果として全体平均で39％の成功率になりました。

　これらの結果を分析して，具体的な改善策として抽出されたのが，図5です。アプリの「ソーシャル機能」の「投稿」に関して手順が難しく，スムーズにできた人が全体でたったの40％程度に留まった理由と，その改善案になります。

　「画面のなかで，どこをタップすれば良いのかわからない」「プレビューの意味がわからない」「コメントの入力欄に気づかない」「商品を選択して投稿できない」などの不満点が理由として挙がりました。主要因は，既存のソーシャルメディア（FacebookやInstagramなど）と操作感がまったく異なることでした。そのため，改善提案としては前述のソーシャルメディア同様の操作感とするべく，プレビューの仕様をなくし「投稿する」ボタンひとつで投稿できるようにすることでした。その他には，コメントの入力フォームや該当商品選択の視認性を上げるなどの細かな指摘を含みます。つくり手（事業者）側からすると「これだけ？」という印象をもたれるようですが，ユーザー（使う側）からすると，こういう些細な認識のズレで自身の操作が滞ることは，本当にストレスが溜まるものなのです。

　当アプリは，これらのユーザーによる指摘を受けて改善され，アプリストアでリリースされました。

事例2　小売業：ギフトショッピングサイト

　次に，全国各地に店舗を展開されている，小売店が運営するショッピングサイトの事例です。店舗では，お中元やお歳暮など定期的にギフト品の取り扱いが発生します。これをインターネットの販路に乗せて，売上の拡大を目的としていました。検討の結果，新サイトを立ち上げることになり，そのリリース間際に調査の依頼が入りました。

　通常のショッピングサイトと異なる点は，ギフト品の取り扱いであるがゆえ，複数の依頼主と複数のお届け先を紐づける作業が発生することでした。通常のオンラインショッピング（リアルでの買物もそうですが）では，自分に対して商品を購入するシーンが多くなります。しかし当サイトの利用シーンにおいては，例えば旦那さんの職場や得意先企業へのお歳暮，自身の親戚へのお歳暮を同時に購入するケースが多く発生します。この依頼主とお届け先を関連付ける作業が，当サイトで一番のストレスポイントになりました。

　ターゲットは通信機器を普通に使いこなす50〜60代のデジタルシニアです。同小売店が運営する，別のショッピングサイトからの流入ユーザーも想定されており，今回はそれに近いユーザー5名でテストを行いました。掲載商品も本番さながらで，リアルな購入体験を再現しました。

　当サイトのカスタマージャーニーは次のようになります（図6）。まず，同社運営の別サイトのユーザーが，買物中に紹介記事などの告知を発見し，新サイトの存在を知ります。あるいは，メールマガジンなどからのアクセスもあるでしょう。その場ではアクセスしたり買わなくても，店頭でお中元やお歳暮の商品を検討しているときに，思い出すことがあるかもしれません。もちろん，店頭のカタログもあります。そういう意味では，当サイトに関しても，リアルとWEBの相互干渉というか，買い回りが発生します。加えて，お中元やお歳暮向けに日持ちのするパッケージ商品を多く揃えていることもあり，インターネットでの比較・検討，購入シーンでは，相性の良い商材であると言えます。

　調査要項として「取引先への贈答品を想定したビジネス用途（パソコン利用）」と「親戚など身近な人へのお中元を想定したプライベート用途（スマホ利用）」という風に，2つのシナリオを実施しました。本件は競合サイトでも同じタスクを課す，ベンチマーク法（競合との比較で優劣を基準に評価する方法）を採用しました（図7）。

　評価結果は図8のようになりました。ビジネスシナリオ（パソコン利用）ではポジティブ評価が53％と渋い結果になりましたが，競合と比較すると，2倍程度良い評価になりました。プライベートシナリオ（スマホ利用）でも競合に対して上回りましたが，24％のポジティブ評価となり，パソコンでの操作と比べて，半分以下の（悪い）評価となってしまいました。パソコンのポジティブ評価53％に関しても，我々が関わってきたこれまでのサービスと比較して，非常に悪い結果になりました。理由としては，デジタルシニアとはいえ50〜60代の人物がまったく知らないサイトを触るうえでの戸惑いが，如実に表れたことが挙げられます。人間が評価するものですので，スコアは当然その人々に委ねられるのですが，WEBリテラシーや年齢は，大きく影響する要素になり得ます。例えば，10代の若者が初めてのスマホアプリに触れるシー

第8章 働きやすさ支援に向けた新サービス

図6 ギフトサイトにおけるカスタマージャーニー

図7 ギフトサイトの調査要項

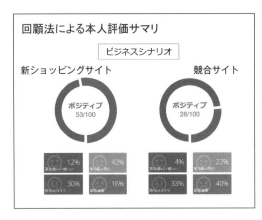
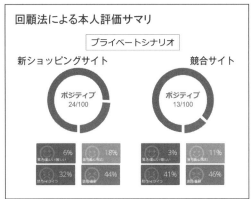

図8　ギフトサイトの評価

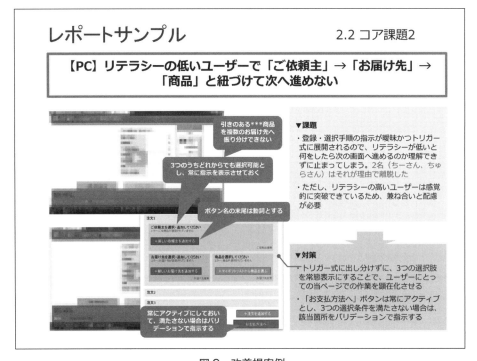

図9　改善提案例

ンと，60代のシニアが初めてのサイトに触れるシーンを想像すれば，ほぼ確実に，前者のほうが良い結果になります。一連の操作における学習効率で，大きな違いが出るからです。

　課題と改善提案の一例です（図9）。当初の懸念通り，複数の依頼主と複数のお届け先の紐づけ操作において，全員が苦戦を強いられました。選択手順は「依頼主」⇒「お届け先」⇒「商品」という風に，必ずこの順番で選択しなければならず，これが低評価に強く影響しました。なぜなら，通常のショッピングサイトで依頼主にあたるものは，自身であることが多く，あえて「依頼主」から選択しようとは思えないからです。当サイトの仕様ではまず「依頼主」を選択しな

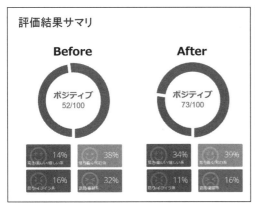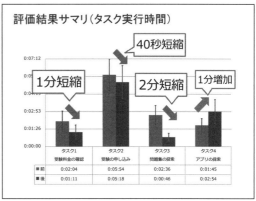

図 10 語学検定試験申し込みサイトの評価

ければ，その先のアクション（お届け先と商品，決済方法の選択）へ進めないため，ユーザーは何をしたら良いのかわからず，手が止まってしまったのです。

これらいくつかの課題を解消させ，当サイトは無事リリースされました。現在（2017 年 9 月時点）まで約 2 年が経過し，今なお堅調に運営されています。

事例 3　資格運営団体：語学検定試験の申込サイト

次に，語学検定試験の申込サイトの事例です。サイトの機能としては，受験の申し込みに関連する，コース別の料金や会場，支払方法の決定など，重要な機能が含まれます。我々に依頼を頂いた目的としては，サイト改修前後の効果測定でした。

当サイトはこれまでご紹介してきた少人数での調査とは異なり，パソコンとスマホそれぞれに関して，学生 50 人と社会人 50 人の計 100 名で実施しました。手法としては，EMO アンケート（動画は取得せず，操作の指示と評価がオンラインで完結する定量評価用システム）を採用し「受験料金の確認」「受験の申し込み」「公式問題集の探索」「公式スマホアプリの探索」という 4 つのタスクを，改修前後に同条件で 2 回実施しました。

評価結果は，図 10 のようになりました。当サイトでの調査では，これまでの事例同様の本人評価に加えて，操作時間を計測しました。「受験料金の確認」「受験の申し込み」「公式問題集の探索」「公式スマホアプリの探索」の 4 つのタスクにおいて，改修前後で操作時間が短縮されれば，よりスムーズでストレスフリーなユーザー体験へ改良されたと言えるからです。

結果としては，全体でポジティブ評価が 21% 向上し，操作時間では平均して「受験料金の確認」が約 1 分短縮，「受験の申し込み」が約 40 秒短縮，「公式問題集の探索」が約 2 分短縮，「公式スマホアプリの探索」が約 1 分増加となりました。「公式スマホアプリの探索」での操作時間の増加は予期していたことで，他の情報や機能を優先した結果になりました。ユーザーストレスの改善が数字で表れ，改修効果として見える化した事例になります。

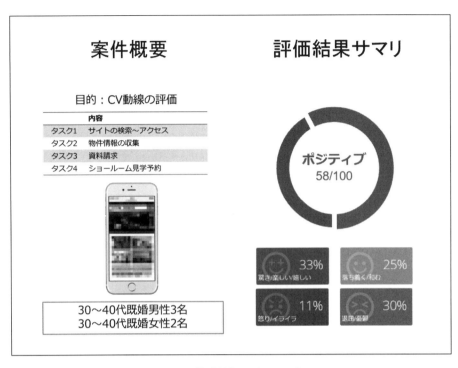

図11　物件情報サイトの評価

事例4　不動産業：物件情報サイト

次にご紹介する事例は，不動産物件の情報サイトです。物件情報の閲覧はもちろん，各種情報収集や資料請求，ショールームの見学予約などができるサイトです。目的としては，資料請求やショールームの見学予約に至る経路の改善で，その課題特定のために調査依頼をいただきました。

今回の対象はスマホサイトのみで，30～40代の既婚男性3名と，同条件の女性2名の計5名で調査を実施しました。内容は，GoogleやYahoo!などの検索サイトを使っての「サイト検索～アクセス」「物件情報の収集」「資料請求」「ショールームの見学予約」の4つとしました。

結果としては，図11のようになりました。全体ではポジティブ評価が58％となり，「退屈／憂鬱」の30％が足を引っ張りました。次にその具体的な理由を見ていきます。

これは一人ひとりの体験を感情のアップダウンで記したもので，通称「UXマップ」といいます（図12）。いくつかピックアップして，具体的な理由を紐解きます。

まずこのユーザーは，対象サイトを検索して，サイトのトップページへアクセスしました。そこで急に資料請求に関するポップアップが表示され「怒り／イライラ」の感情を抱きました。その後は順調に物件情報を閲覧し，一時的にポジティブな状態へ回復しますが，すぐに急落することになります。その理由が「物件の事例で金額の表記がなく，比較しずらい」ということで「退屈／憂鬱」の感情となり，しばらくその悪い状態をキープします。後半に差し掛かる「ショールームの見学予約」では，その前に行った「資料請求」の入力情報が引き継がれず，

第 8 章 働きやすさ支援に向けた新サービス

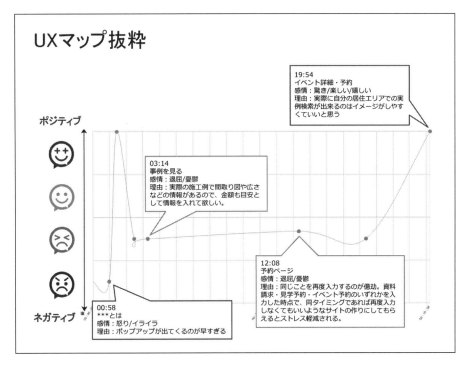

図 12　UX マップ

再度同じような個人情報の入力を強いられた不満が「退屈／憂鬱」といった感情に現れました。最後には「自身の居住エリアでの事例検索機能がうれしい」といった「驚き／楽しい／嬉しい」というポジティブ感情で締めくくられました。

　これらの意見は，運営会社によって段階的な改修要件として取り入れられ，利用時のストレス軽減に寄与しました。

事例 5　電気メーカー：レジスター

　最後の事例です。これまでは店舗連携のスマホアプリやショッピングサイト，語学検定試験の申込サイト，不動産情報サイトなど，一般消費者向けの商材を扱うサイトやアプリの事例でしたが，当事例はビジネス用途の製品です。しかもウェブサービスではなく，物理的な機材（商店の会計で使うレジ）の評価でした。

　当製品の特徴は，狭い店内でも設置できるスマートな本体と操作感です。旧機種のバージョンアップ版として，リリースされる直前に最終確認を行う目的で，評価の依頼をいただきました。

　ターゲットは 30 〜 40 代の，個人経営飲食店の店長が設定されており，調査にあたっても同条件の人物 5 名を選定しました。タスクとしては至ってシンプルな内容で「レジの設置」「初期設定」「売上登録」の 3 つとしました。このうち「初期設定」と「売上登録」に関しては，ベンチマーク比較法を採用し，競合製品でも同様にタスクを実行しました。

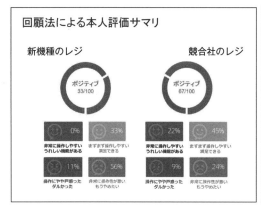
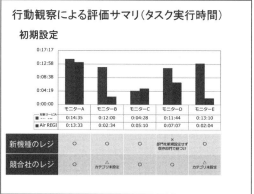

図 13　製品の評価

　図 13 に評価結果を記します。ポジティブ評価が 33％となり，競合製品の 67％に対して大きく評価を落としてしまいました。図 13 の右側には，一例として「初期設定」の実行時間と達成状況を記しています。モニター C を除き，全体的に競合製品のほうで操作時間が短くなっており，且つモニター D は失敗してしまいました。

　次に，一人分の「初期設定」と「売上登録」に係る UX マップをご紹介します（図 14）。途中区間を除いて，全体的に競合製品の曲線に対して下回っていることがわかります。まず，冒頭の「部門の設定」でどうすれば良いのかわからず戸惑い，それに続く「商品設定」「レシートのセット」では，不慣れな連続作業に困惑し，低評価が続きます。「売上登録」においては，トップ画面のメニュー表現（マネージャーとトレーニング）に迷って先へ進めなくなるなど，結果的に最初から最後まで，ストレスだらけの利用体験になってしまいました。

　最後に，本調査で上がった課題の一部をご紹介します（図 15）。当製品の初期設定では「部門⇒商品」のように，まず大きなカテゴリを設定してから，そのなかで具体的な商品を登録して紐づける必要があり，それが大きな混乱につながりました。例えば，ドリンクという部門をまず設定しなければ，ビールという商品を登録できない，といった具合です。競合製品では逆の手順も可能で，具体的な商品をまず設定し，その後に部門と紐づけることができました。対して，一方通行でのみ可能となる設定方法の戸惑いが，同製品における操作のストレスに直結した結果になりました。次の課題は，設定した商品が保存（登録）されていることが認識できないというものでした。これはよくあるボタン名のわかりずらさの例で，自分の意図する行動にそぐわない動詞表記が原因になりました。

　これらの指摘を受けて，同製品は無事発売に漕ぎつけました。最近では，ふと立ち寄った飲食店で，同レジを見かけることが多くなりました。

第 8 章　働きやすさ支援に向けた新サービス

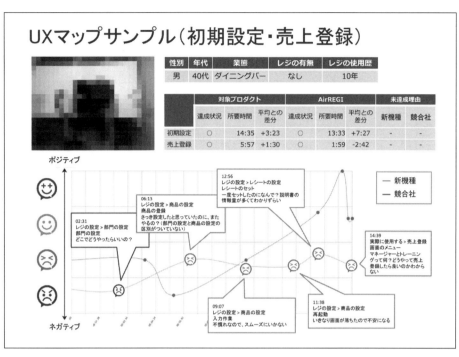

図 14　UX マップ

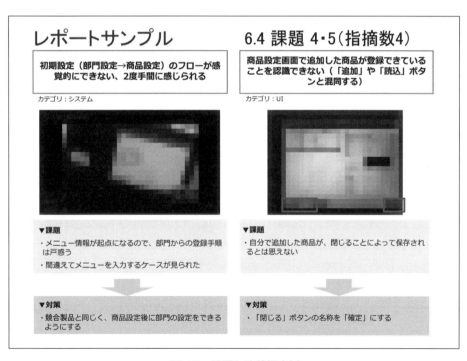

図 15　課題と改善提案例

5. おわりに

　当節では,「EMOLOG」の概要を,5つの事例に基づいて説明しました。世の中にはまだまだ,利用者にとってストレスとなるWEBサイトやアプリなどのソフトウェアや,ハードウェア製品がたくさんありましょう。対して我々は,日々,利用者や消費者といったユーザー側の,操作に伴って生じるストレス度の低減をお客様に提供することを生業としています。そして社会にある"使いずらい""魅力的に感じない"といったサービスの実現を,1つでも多く減らすことで,よりストレスの少ない,いきいきと活力ある社会の実現に貢献することをミッションにしています。

　仔細は下記までお問い合わせください。

株式会社ヒューマンクレスト

〒220-8126

神奈川県横浜市西区みなとみらい2-2-1

横浜ランドマークタワー26F

TEL：045-226-0714

FAX：045-225-6257

E-Mail：info@humancrest.co.jp

▼参考文献

小嶋かつら,さくらざわ博文（2017）これで安心！　ストレスチェックの実施実務16―職場活性に向けた応用編その②後半：「エモログ」紹介. 先見労務管理 2017年3月25日号；43-44.

Russell JA（1980）A Circumplex Model of Affect. Journal of Personality and Social Psychology 39-6；1161-1178.

第4節　企業が独自で展開可能な研修内容

櫻澤博文

　本節では，労働者と事業者とが，良好なコミュニケーションを確保することの大切さを認識できるのみならず，容易に開催が可能であることを示すため，具体的な研修例を紹介します。

1．"伝える"と"伝わる"の違いを理解する研修——基礎編

(1) 研修の主眼
・他者との関係性・他者への効果的な対応方法を学ぶ。
・良好なコミュニケーションを行う背景概念にある「伝える」と「伝わる」の違いを学ぶ。

　まず，口論している場面を思い浮かべてみましょう。

田中さん：「私は『○○』とあなたに言った（伝えた）」
浅葉香さん：「いや，聞いていない」もしくは「言われたような気はするが詳しく覚えていない」

　このようなやりとりが今も日本のどこかで繰り広げられていることは，容易に想像できることでしょう。
　図1に示すように，自分が相手に音声を「伝える」ことと，相手に言語や内容，意味が「伝わる」ことはまったく異なります。この違いを意識できるようになると，他人との諍いは減らせます。

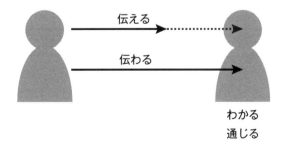

図1　「伝える」と「伝わる」の違い

(2) 得られる効果
- 良好なコミュニケーションが実践できる。
- 相手を通じて，相手が自己を投影している鏡のように，自身を振り返ることができる。

(3) 具体的方法
① 以下のような複雑な文章を，前の席から後ろの席に向けて，順に通知してもらいます。ポイントは，条件や制約はまったく伝えずに開始してもらうことです。

例文
- 14時30分までに，薩摩銀行丸の内支店の口座から315,965円をおろす。うち158,000円をマイナスイオン商事の田増銀行萱野外支店の当座預金に振り込む。残りを当座資金として会社の金庫に保管。
- 全国安全週間は，昭和3年に初めて実施されて以来，「人命尊重」という崇高な基本理念の下，「産業界での自主的な労働災害防止活動を推進し，広く一般の安全意識の高揚と安全活動の定着を図ること」を目的に，一度も中断することなく続けられている。

② 予想される結末
- 誰ひとりメモを取ることなく，文字通り"伝言ゲーム"が進む。
- 早さを競っているわけでもないのに，途中で伝言の内容を確認する人は皆無。

③ すべての最終列に情報が伝わった後，当初の内容と照合させるだけではなく，以下の確認をしてください。
- メモを取らなかった理由。
- 途中で，内容を確認しなかった理由。

2.「伝える」と「伝わる」の違いを理解する研修——管理職編

方法

「伝える」と「伝わる」の違いを管理職研修で使う場合には，情報を伝達する際に，「見える化」しながら情報を伝達させる工夫を加えると良いでしょう。

「見える化」例
- 箇条書きの要約メモを残させる
- スケジュールを時系列に沿って記させる

得られる効果

- 今まで，なぜ部下が指示通りに動いてくれかったか，理解できます。
- 「1時間後に進捗を報告してほしい」「途中の進捗状況はいつ報告してもらえる？」など，事前に5W3H（When, Where, Who, What, Why, How long, How much, How many）に沿って，互いの了承をとっておくことでストレス感が軽減され，気持ちよく仕事ができるようになります。

「ある木こりの話」（『イソップ物語』より）

ある日の朝，あなたが森のなかを歩いていると，大汗を流しながら，一所懸命に錆びついた斧を振り下ろしている木こりを見かけました。
「何をしているのですか？」
「見ればわかるだろう。この木を倒そうとしているのだ」

あなたは夕方にまた同じ場所を通りかかりました。すると，まだ木こりが朝と同じ場所で同じ木を伐り続けています。
「大変ですね。あまり作業が進んでいないようですが，少し休憩して，その後に斧の刃を研いでみたら，いかがですか？」
「なんだと！　休憩なんてとれるわけがないじゃないか！　忙しいのだ。仕事の邪魔をしないでくれ」

そういうと，木こりはまた錆びついた斧を振り下ろしたのでした。

"斧を研ぐ行為をした"（研修を受けた）翌日から研いだ斧で木を切ることができるようになることは，仕事に対する原動力を醸成し，仕事をより効率よく進めることができるようになります。教育や研修を受けさせることの利点を説く内容とも通じます。

▼**参考文献**

小山貴子，さくらざわ博文（2017）これで安心！　ストレスチェックの実施事務―職場活性に向けた応用編その①．先見労務管理 2017年02月25日号；46-55．

第9章　働きやすい職場づくりに向けた障碍者支援

第1節　発達障碍者支援と最新研究成果
　　　　——WHO-HPQ 日本語版の活用事例

宮木幸一
児玉裕子

1. 発達障碍者支援と最新研究成果

　発達障碍の中核のひとつをなす自閉症・自閉スペクトラム症については，近年，米国精神医学会の診断基準 DSM-5（『精神障害の診断と統計マニュアル第5版』）に改訂された際に大きく診断基準が変わりました。発達障碍をもつかもたないかという白か黒ではなく，障碍の程度は連続的に分布する特性をもち，健常者のなかにも発達障碍傾向の高い人が多いことが，国際的な定説となっています。我が国では，日本人を対象とした大規模疫学調査の結果，日本人でも自閉症傾向が連続分布し，イギリスの児童精神科医ローナ・ウイングの提唱したスペクトラム仮説が成り立つことを，筆者である宮木らが初めて証明しました（2017年5月に発達障碍・自閉症領域でのトップジャーナルのひとつである国際誌"Autism"に受理されています）。詳細はこの論文を読んでもらうとして，概略を記載してみます。国際的な定説よろしく，誰もが多かれ少なかれ，発達障碍傾向をもっていると考える他ない結果でした。すなわち，我が国でも，"健常人"を自負している方こそ，ある意味，周りも見えない，自分もわからないという自閉的傾向を持ち合わせることに他ならないことがわかりました。このように，発達障碍は決して"他人事"で済ますことはできません。

　発達障碍者の支援を当事者の成長に沿って考えてみましょう。乳幼児は母子保健法によって地域の保健師が担当しています。学生になると学校安全保健法に基づいて学生相談室が，労働するようになると労働安全衛生法に沿って産業医・産業保健スタッフなどがフォローする制度ができています。ところが就労支援は，発達障害者支援法においても条文は25条しかないように，法律面からの支援から見ても，位置づけは乏しいと言わざるをえません。このように発達障碍者支援は，制度的な「狭間」に位置しているといえます。発達障碍者の就労支援が必要であると全国の当事者団体の85％が考えていることが，最近の調査で報告されました。この問題を考えることは，健常者の働き方を再考するきっかけにもなる重要な視点です。障碍の特性を正しく理解し，能力を発揮しやすい環境を作ることは，本人のメンタルヘルス不調を予防するだけではありません。「働く」という社会参加を通して本人が幸福になり，企業も生産性を高めることにつながりえます。家族や職場の上司・同僚らの苦労を回避することを含め，「一

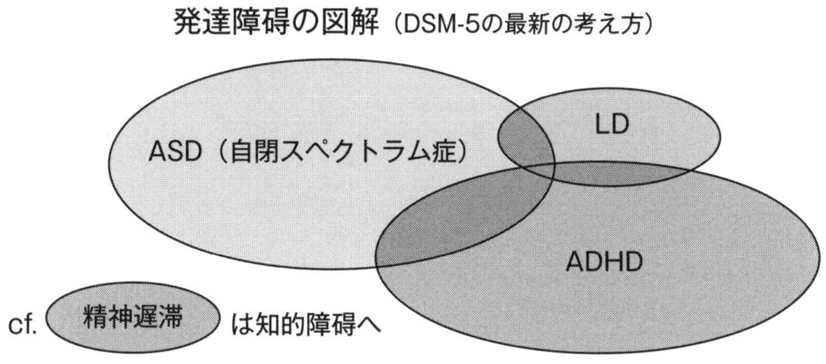

発達障碍の図解（DSM-5の最新の考え方）

ASD（自閉スペクトラム症）
LD
ADHD

cf. 精神遅滞 は知的障碍へ

図1　発達障碍のさまざまな特性

石四鳥」ともいえる取り組みになるのです。筆者らは当事者団体や家族，就労支援団体をサポートしつつ，学生に対する調査と支援を学生相談室の心理士や精神科医とともに行い，学生が社会に羽ばたく際の「つまずき」を少なくするような試みを模索しています。何しろ制度の「狭間」を解消するには，程度の差はあっても発達障碍の傾向をもつ学生に対して，社会に出る前に各自が特性を理解し，社会に適応して仕事をしていくソーシャルスキルのトレーニングやサポートを行うことが有用と考えられるからです。

　このように当事者支援は重要であるものの，確立された方法があるわけではありません。有用なツールとしては，筆者らが翻訳・開発した国際的な質問紙群を利用し，ADHD傾向とASD傾向の2軸評価を定量的・視覚的に把握することを可能にしたものがあります。これは注意欠如・多動症（ADHD）のスクリーニング検査DMS-5版ASRS，自閉症スペクトラム障害（ASD）のスクリーニング検査AQ-shortの原著者である，米国ハーバード大学のロン・ケスラー教授および英国ケンブリッジ大学のシモン・バロン＝コーエン教授の許可を得て，「産業精神保健研究機構RIOMH（リオム）」代表理事という立場で筆者の宮木が翻訳・妥当性検証を行った日本語版を用い，それぞれの傾向を併せもつ度合いを2次元で視覚化したものです。診断を目的としたものではないとはいえ，国際的に広く用いられている検査を踏まえた質問で構成されています。発達障碍に関する傾向をスクリーニングした結果を受診時に伝えることは，診断に役立つだけではなく，いわゆる"生きづらさ"で悩む利用者からしたら，ご自身の特性を，視覚的に把握できるメリットは実に大きいと，実際に使う場面では感じるばかりです。そこで以下，発達障碍に関する概説と最新研究の一部を紹介しながら，発達障碍者の支援をより容易にするだけではなく，健常者の働き方を考えるうえでも役に立つような事例（「仕事の生産性」を定量化する国際的な指標WHO-HPQ日本語版の活用事例）を紹介していきます。

（1）発達障碍とは

　発達障碍という言葉は一般的になってきているのは事実でしょう。生まれつき脳の一部の機能に障碍があるという点は共通項ではありますが，しかしながらその実態は非常に多様であり，個人差がとても大きい特徴をもちます。イメージしやすいよう，発達障碍のさまざ

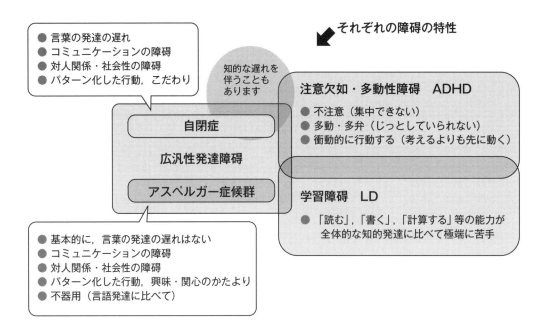

※このほかトゥレット症候群や吃音（症）なども発達障碍に含まれます。

図2　発達障碍の図解

な特性を政府広報オンラインによる図（図1）で示しました。米国の診断基準のDSM-5では，自閉症やアスペルガー症候群という言葉は使わず，連続性をもったASD（Autism Spectrum Disorder），日本語では自閉スペクトラム症と呼ぶようになっています。発達障碍の臨床的定義については，臨床家や研究者によりばらつきはありますが，標準的な考え方としては診断基準DSMに基づいた以下の3つが発達障碍の主な構成要素です。

① ASD（自閉スペクトラム症）
② ADHD（注意欠如・多動症）
③ LD（学習障害）

特に自閉スペクトラム症（ASD）（旧診断名であるアスペルガー症候群を含む）と，注意欠如・多動症（ADHD）の特性は大きく異なり，以前の診断基準のDSM-IVではASDとADHDは合併しないとされ，診断時にはもう一方を否定する必要がありました。しかし，DSM-5では，合併もありうることが明確になっています（図2）。

この自閉スペクトラム症（ASD）と，注意欠如・多動症（ADHD）の特性は大きく異なり，両者の程度に応じた対応が望まれるものの，現状は精神科医や心療内科医の医療従事者側でも正しい理解が十分でない現状があります。

① **ASD：自閉スペクトラム症**

自閉スペクトラム症の有病率は日本人の成人で 1.0%（男女比は男 1.8%，女 0.2%：日本社会精神医学会誌 2012）で，ローナ・ウイングの提唱した三つ組み症状（Wing's triplet，三徴ともいう）という次の3つの障碍がみられるのが特徴です。

(1) 社会性の障碍
・他者との社会的相互関係の構築・維持が困難
・自分のルールと社会のルールのずれ（暗黙のルールがわからない）

(2) コミュニケーションの障碍
・話し言葉の異常（過度に丁寧，繰り返しが多い，一方的な会話）
・口調と音量調節の異常
・言葉の理解の問題（文字通り受け止める，冗談への理解のずれ）
・非言語コミュニケーションの問題（仕草や表情の適切な表出や理解が困難）

(3) 想像力の障碍／反復した常動的動作
・柔軟で創造的な思考の困難（ごっこ遊びができない）
・応用が苦手
・行動の前に結果を予想するのが苦手
・変化への抵抗（日常の決まり事がしっかりしすぎている，特定の対象への興味集中）

自閉スペクトラム症の診断は，ウィングの自閉症スペクトラム（連続）仮説が採用された DSM-5 に改訂された際，カテゴリー的診断から，その程度が連続的に分布する量的診断へと変化しました。正常か自閉症かの明確な診断基準も，自閉症という診断名もなくなり，スペクトラム（連続的なもの）として診断されるようになりました。このウィングのスペクトラム仮説の裏付けとなる「連続して分布」は一般的に働く日本人でも同様の傾向を示すことが，宮木らの研究で疫学的に示されています（Suzuki et al., 2017）（図 3）。

日常生活に支障を来たさなければ自閉症傾向が強くても普通に生活ができますが，本人を取り巻く環境によっては，自閉症傾向が強くなくても学校や職場で衝突を繰り返しがちです。職場不適応や二次性障碍のうつ病を併発し，診断・治療が必要になることがあります。一般的に人は不調を自覚すると，その不調の原因や要因を考え，少しでも体調が良好になるようにと，休養したり，医療機関に受診したりといった危険回避行動をとるように，自ら働きかけます。しかしながら，発達障碍者は，「自分自身の体調がわからない・自覚できない」，不調を自覚できないことから「医療従事者に相談すべきかのタイミングがわからない」など，無理を重ね憔悴し，受診時期を逸した状態になってようやく病院にかかる実際が確認されています。自閉的・回避的な特性が受療行動に遅延を生じさせ，結果として，抑うつ性障碍という，うつ病にまで

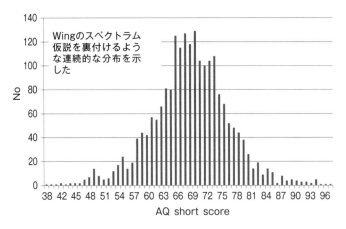

図3 宮木らの職域コホート研究におけるAQ-short値の分布（Suzuki et al., 2017）

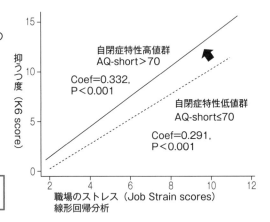

我々のグループで妥当と検討したAQ-shortが70を超える時（自閉症特性高値群）と70以下のストレスに対する抑うつ度の比較

◆両群共に，職場のストレスが大きいほどうつ症状が有意に高値
◆自閉症特性が高い（AQ>70）と仕事のストレスに対する抑うつ度が有意に高値
◆自閉症特性が高い（AQ>70）とストレスが強くなった時，有意ではないが（P=0.137），うつ症状が約1.5割増加（ストレスへの感受性が増した）

自閉症特性が高いとストレスに対する感受性が増し抑うつ度が増す

図4 ストレスに対する抑うつ度の比較

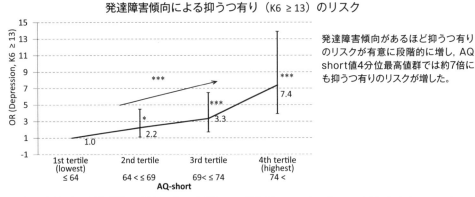

OR: odds ratio; *: $P < 0.05$; ***: $P < 0.001$; adjusted ORs and 95% CIs were based on multiple logistic regression analysis adjusted for age and gender, Trend associations across tertilecategories of each AQ-short were assessed by applying multiple linear regression analysis.

図5 自閉症特性による抑うつ度の比較

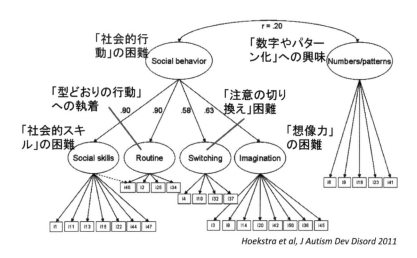

図6　AQ-short 因子分析による下位尺度評価（宮木　訳）

至ってしまうだけではなく，そのうつ病も重篤な段階にまで悪化してしまっている例も少なからず精神科外来において確認されています。図4は，二次性に"うつ"のなりやすさの感覚を傾きの差として視覚化し，その差異を統計的に明らかにした図です。自閉症特性が高いとストレスに対する感受性が増し抑うつ度が増すことがわかります。図5は，実際に自閉症特性が高いと抑うつ度が高くなることを示しています。

　自閉スペクトラム症に対して，有効な薬物療法は見つかっていません。しかしながら，本人が苦手なことを客観的に自覚し，それを補う練習（例：ソーシャルスキルトレーニング（SST））をすることで，標準以上の能力を発揮して社会生活を送ることが可能であることが証明されています。この「SST」のように，適切な介入や周囲のサポート体制を整えることにより，社会適応が高められる可能性があるからです。興味深いことに，自閉症特性の因子分析による下位尺度評価（図6）からは，むしろ生産性を高める尺度（数字やパターンの興味）があることが示唆され，その特性が高い労働者ほど社会経済状況が高く，仕事の生産性も高いことが示されています。

② ADHD：注意欠如・多動症（注意欠如・多動性障碍）

　ADHD は Attention Deficit/Hyperactivity Disorder の略で，注意欠如・多動症，注意欠如・多動性障碍とも言い，不注意や多動性，衝動性によって生活に支障を来たしている状態を指します。

　ADHD の特性は，人の話を集中して聞けない，忘れっぽい，体の一部を常に動かしてしまう，しゃべりすぎてしまう，思ったことをすぐに口に出してしまうなどがありますが，この特徴があるからといって，即，この診断がなされるわけではありません。むしろ生活に大きな支障がなければ診断・治療は必須ではありません。自分の特性を把握し，自覚して学校や職場で支障

が出ない術を身につけることで問題化を防ぐことが可能になるからです。しかし，そのような工夫ではなかなか抑えられず悩む方も多い現実があります。ADHDの特性は脳の機能障害（神経伝達物質ノルアドレナリン機能不全）が主たる原因で，本人の努力不足や育て方の問題というものではないからです。

　ADHDに関しては，薬物治療が有力な治療の選択肢であるとの認識が我が国でも広がってきています。治療の選択肢が広がることは好ましいものの，基本としては，自分の特性を把握してもらい，自覚して学校や職場で支障がない術を身につけてもらうことで，問題が生じることを事前に防ぎ，特性があっても問題が生じにくい環境を整えることになります。有用な心理療法や社会的なサポートを可能な限り利用し，薬はあくまで補助的に考えていきたいものです。

③LD：学習障害

　ASDとADHDが発達障碍の大部分を占めているなか，LD（学習障碍）が，各種感覚過敏も併存しやすいことから問題となることが多い実際があります。ADHD傾向とASD傾向の2軸評価のフィードバック表に感覚過敏特性を視覚化し，その対処例も付記しました（図7）。

（2）発達障碍者支援——産業精神保健研究機構「RIOMH（リオム）」の取り組み

　「RIOMH（リオム）」は，さまざまな国際的な調査票の日本語版の開発，活用だけではなく，発達障碍者の特性の視覚化を通じて，当事者である発達障碍者にとって，苦手なことを意識化するツールの開発にも取り組んでいます。この項では，「RIOMH（リオム）」の活動仔細を説明します。

①国際的調査票の開発

　正常知能成人を対象にした，発達障碍傾向の評価および自閉スペクトラム症のスクリーニングが可能な自記式調査票 Autism-Spectrum Quotient（AQ）をバロン＝コーエン教授らが開発しております。これは50項目の質問票からなり，日本語訳もあることから，広く我が国でも用いられていました。さらに使いやすくするために2011年に筆者らは，判別力を維持したまま，かつ項目を絞り込んだ短縮版「AQ-short（28項目版）」開発に成功しました。さらにバロン＝コーエン教授から「お墨付き」を得たことから，つまりは正式な自記式調査票「AQ-short」の日本語版です。このように精度は維持したまま，項目を絞り込んだことにより，対象者への負担は軽減されました。したがって我が国での調査研究や産業現場での活用が格段に進むことが期待されます。

②国際的調査票の活用の取り組み

　病気を抱えた方の就労支援は，政府が2017年3月にまとめた「働き方改革実行計画」でも重要な柱として位置づけられました。うち，休業を生じる事態を「アブセンティーズム」と呼び，欠勤や早退・遅刻を通じての把握は容易です。一方，「プレゼンティーズム」と呼ばれる

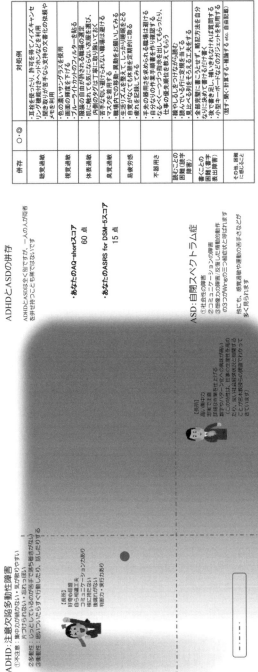

図7 ADHD傾向とASD傾向の2軸評価フィードバック表

概念については，客観的な把握が容易ではありません。なぜなら，管理者や同僚からすると，"果たして仕事を頼んだものか"，"頼んだ以上，見守る他ない""やり直しが多い"といった戸惑いが生じえます。このように「プレゼンティーズム」とは，欠勤にはいたっておらず勤怠管理上は表に出てこないものの，精神面を含め健康上の理由で仕事のパフォーマンスが低下している状態です。出勤してはいるものの，その労働者の労働遂行能力低下に伴う仕事量というアウトプット評価や，労働損失の客観的把握にはさまざまな困難が伴います。結果として，「プレゼンティーズム」に伴う損失を，管理職や同僚への負担まで含めて考えると，休業してもらっていたときよりもむしろ，大きい場合もあります。したがって生産性の観点から問題視されることもあります。対して「RIOMH（リオム）」ではこの「プレゼンティーズム」をWHO-HPQで定量化してフィードバックし，自分の能力をより発揮して仕事への満足度や幸福度が向上するような取り組みを進めています。働く人々の精神的健康は，職場や企業単位でのパフォーマンスにも影響し，労働損失としてのインパクトが大きいことが知られているからです。

ハーバード大学のロナルド・ケスラー教授らが開発した健康と労働パフォーマンスに関する質問紙WHO-HPQの日本語版の作成（翻訳）と逆翻訳による妥当性検証を，2013年に筆者らが行いました。その観点からの職場の健康管理が可能となったことで調査研究や産業現場での活用が進むことが大きく期待されています。海外では「プレゼンティーズム」を指標として，その改善を目的とした介入研究が進んでいます。我が国でも，筆者らが参画している経済産業省のワーキンググループにおいて，取り組みが始まっています。

③就労支援団体との連携

自覚することが苦手な特性をもつ発達障碍者に対し，自分の体調や気分（抑うつ度）がどのような状態かを国際的にエビデンスが確立された質問紙で数値化することは，発達障碍の方が社会生活するうえで「生きづらさ」を減らし，社会適応力を高めることが期待できます。これらを通じて，本人のもつ能力をいかんなく発揮できるという，「本領発揮社会」が実現する機会が広がると考えています。そこで「RIOMH（リオム）」では，発達障碍者の就労支援団体に質問紙のフィードバックを取り入れる試みを始めています。その試みは，就労希望者のみならず，障碍者を雇用しようとしている採用担当者，就労中の当事者にも範囲を広げていることに大きな特徴があります。そのために，「就労支援」「マッチング支援」「定着支援」という，3段階に対する支援フェーズをもっています。客観的評価は，就労支援者側にとっても有用な指標です。なぜなら，当事者と共有する情報量が増え，就職活動時のミスマッチを減らすことにつながるからです。結果として当事者が，職場適応力を発揮できるきっかけにつながり，早期離職を防ぐことに役立つことが期待されるでしょう。

人は一生を通じ地域や学校，職域で法律に基づいた支援を受けることができるものです。労働者は労働安全衛生法により5分野3管理（総括管理・労働衛生教育，健康管理・作業管理・作業環境管理）で守られ，必要時には産業医や産業看護職の支援を受ける機会があります。就労支援通所者は未就労であることから，支援の機会は乏しいものの，「RIOMH（リオム）」と

の連携が，この欠落した部分を補う役目を担うことが可能です。発達障碍者を支援していくなかに，働く現場を知る産業保健の経験がある医療従事者が関わるメリットは当事者にとっても，また支援者にとっても有用でしょう。

2．WHO-HPQ 日本語版の活用事例

(1) WHO-HPQ 日本語版

「WHO-HPQ」は，過去4週間の労働時間，休業時間，過去1～2年と過去4週間について本人の仕事パフォーマンスなどの7項目で構成されています。「アブセンティーズム」は当然のこと「プレゼンティーズム」までもの測定が可能です。この「WHO-HPQ」には，以下の大きな5つの特徴があります。

- ・1点目：身体的な健康上の問題だけに限らず，本人自身の主観的なパフォーマンス，同じ仕事をする他者と自身を相対比較したパフォーマンスを尋ねていることにあります。
- ・2点目：「RIOMH（リオム）」に登録を申請し，登録への承認が得られると，登録料を支払う限り，この「WHO-HPQ」を無償で利用できることになります。登録には，版権者であるハーバード大学のケスラー教授への報告も含まれます。現場で汗をかいている健康支援団体や組織，専門者集団はあまねく，「RIOMH（リオム）」のホームページを通じて，この「WHO-HPQ」をダウンロード使用が可能になります。
- ・3点目：得られた結果は，大規模コホートの標準値データと突合することで，その組織・集団全体や，利用者個人の結果と比較ができる点にあります。いわば"世界標準"と比較検証が可能です。
- ・4点目：「プレゼンティーズム」の損失を，金銭に換算して把握できます。金額は，もちろん日本円で換算されています。経営層を筆頭とした関係者へ，生産性への影響を容易に提示できます。
- ・5点目：「プレゼンティーズム」の要因を，単に健康問題に限っていないことで，職場環境改善の視点の幅が広がる有用性も備えています。

以上のように，「WHO-HPQ」は簡便，低コスト，かつ信頼性・妥当性に優れた調査票です。確かに版権はありますが，その利用に対する義務や制約は少なく，「RIOMH（リオム）」への登録さえ履行したら，誰もが自由に利用できます。中小企業にも受け入れられやすいのではないでしょうか。そして経年利用にて，その事業場の取り組みの成果を確認することで，PDCAサイクルを回すことも可能です。現場の産業保健スタッフからも，"実に使い勝手が良い調査票"と好評をもらっています。

(2) 日本での大規模事業場による WHO-HPQ の活用事例

　国内の 2,000 人を超す企業を対象に，WHO-HPQ 日本語版を用いた経時的な観察研究から得られた結果を紹介します。仕事の生産性が低下していると，メンタルヘルス不調に伴って病欠にまで至る可能性が増大することが判明しました（Suzuki et al., 2015）。

　この企業は，「絶対的プレゼンティーズム」でいうならば，スコアが 50 の対象者が最も多い集団でした。スコアの平均値 57，「相対的プレゼンティーズム」の平均値は 1.0 でした。

①プレゼンティーズムのカットオフ値

　自身による評価で「絶対的プレゼンティーズム」ではスコアが 40 以下，他人と比較した「相対的プレゼンティーズム」ではスコアが 0.8 以下の時に，将来，メンタルヘルス不調を理由とする病欠発生リスクが約 5 倍と，かつ統計学的に有意に増加することがわかりました。そのため，「絶対的プレゼンティーズム」スコアが 40 以下，「相対的プレゼンティーズム」スコアは 0.8 以下をカットオフ値と定めることができました（Suzuki et al., 2014）。

②プレゼンティーズム不良者とうつ病リスク

　「K6 調査票」という，6 つの質問で心の健康状態が調べられる質問票にて 13 点以上あった者を，いよいよ「うつ病」にまで至っている状態だと定義したうえで，「プレゼンティーズム」の状態と，この「うつ病」の状態とを比較してみました。多変量調節という統計処理を加えても，「プレゼンティーズム」が不良な社員は，そうでない社員より「絶対的プレゼンティーズム」では約 3.7 倍，「相対的プレゼンティーズム」では約 3.0 倍，「うつ病」状態にまで至っているという，重症化リスクが増大する結果でした。以上の結果から，「うつ病」という状態にまで至らせないためには，「プレゼンティーズム」に関する指標が，よろしくない結果を示した時点で対策を講じることで，メンタルヘルス不調による病欠にまで悪化させることを未然に予防することが可能になります（Suzuki et al., 2014）。

③経済的損失

　精神的な健康度は，職場や企業単位でのパフォーマンスに影響し，労働損失を考えるうえでも影響度の大きい要因です。健康上の理由で，仕事のパフォーマンスが低下している状態での損失は，仮に，一人あたりの年収を 1 千万円と仮定して「プレゼンティーズム」の経済的損失を算定してみました。その企業全体での「プレゼンティーズム」の損失は約 87.5 億円，病欠による損失は約 1.9 億円との試算結果となりました。つまりは，経済損失でみるならば，「プレゼンティーズム」のほうが病欠による損失よりはるかに大きい結果でした。同じことは米国でも確認されています。

　労働時間においては，長時間になるほど抑うつ症状が大きいという報告が多く，我々の調査でも同様な結果が得られています。他方，ある程度の労務管理がなされている企業においては，長時間労働であっても，仕事での生産性低下は確認されない結果も示されてもいます。本書で

のキャリアコンサルタントによる支援が，労働時間と仕事の生産性との関連性を希釈させているという検証が必要なのかもしれません。

(3) 中小規模事業場における WHO-HPQ の活用事例
①中小規模事業場での活用事例
　従業員 350 人程で，専属の産業保健スタッフがいない製造業を対象に，WHO-HPQ 日本語版と職業性ストレス調査票を用い，「プレゼンティーズム」と職業性ストレスとの関連について，定期健康診断という機会を活用して検討した研究結果があります。この定期健診の全対象者を，さらに業務別に，営業・事務・制作・製造の 4 部門に分類したうえで検討してみました。そして 2014 年度,国税庁「民間給与実態統計調査結果」を参考に個人年収を一律 400 万円と仮定し，経済的損失の算出も試みました。この製造業全体での「絶対的プレゼンティーズムスコア」は 50 の対象者が最も多い集団でした。このスコアの平均値は 60.4，「相対的プレゼンティーズム」の平均値は 1.0 でした。以下の調査の結果から，この対象事業場は，個人の健康づくりをさらに充実させる必要があるとの提案が導かれました。結果として専門職による従業員全員を対象とした面接が実施されました。

②プレゼンティーズムと職業性ストレス調査——キャリアの観点も肝要
　「プレゼンティーズム」と職業性ストレス調査との関連があることが認められ，ストレス反応が低下するほど「プレゼンティーズム」は良好となり，ストレス反応が上昇するほど「プレゼンティーズム」は不良となりました。職業性ストレス調査票の項目「仕事の質的負担」「働きがい」「活気」「上司支援」「満足度」が高いほど，「プレゼンティーズム」は良好であり，「抑うつ感」など心身のストレス反応が高いほど，「プレゼンティーズム」は不良な結果でした。また業務と「プレゼンティーズム」との関連を検討したところ，その業務の特色が反映される結果であったため，今後，業務の特徴を生かした，すなわちキャリアを見据えた対策が効果的である結果でした。「キャリア・アンカー」よろしく，人は潜在的に力が発揮できる場や，自身の役割や存在価値を仕事に求めています。単なる労働時間の長短ではなく，業務内容次第も，自身の能力発揮を大きく左右しうる要因になっているという結果でした。職業性ストレス調査票のストレス反応尺度の様相の結果から「抑うつ感」は最も高い閾値を示していることを，小田切（2015）が示していました。それは，低いストレスレベルでみられることは稀で，より高いレベルで発現する症状であることを示しており，深刻なストレス状況を確認する際に注目すべき点であるとの指摘でした。本結果からも,他の大規模研究と同様に,「プレゼンティーズム」の悪化を招く「抑うつ」のサインを，早期に発見するとともに見逃さない対策が重要である結果となりました。

③ WHO-HPQ でのプレゼンティーズム不良者と職業性ストレス調査票での高ストレス者
　WHO-HPQ と職業性ストレス調査の 2 種類の結果から，「プレゼンティーズム」不良者と高

表1 WHO-HPQ プレゼンティーズム不良者と職業性ストレス調査高ストレス者

	プレゼンティーズム良好	プレゼンティーズム不良
職業性ストレス調査　低ストレス	188人 (83.6%)	17人 (7.6%)
職業性ストレス調査　高ストレス	14人 (6.2%)	6人 (2.7%)

ストレス者とを抽出してみました。「プレゼンティーズム」不良者は，自身のパフォーマンスや他人と比較した自己評価が低いことを自覚している者でした。「プレゼンティーズム」不良者は17人（7.6％），「絶対的プレゼンティーズムスコア」は30.4，カットオフ値に入る者は14人いました。職業性ストレス調査での高ストレス者とは，「心身のストレス反応」が高い者で，かつ，その人自身が，ストレスをどの程度自覚しているかと理解できる方々です。職業性ストレス調査票で高ストレス者は14人（6.2％），「絶対的プレゼンティーズムスコア」は50でした。WHO-HPQで「プレゼンティーズム」不良かつ職業性ストレス調査で高ストレスのものは，6人（2.7％）でした。「絶対的プレゼンティーズム」は33.3と低値を示し，かつ全員が睡眠不良を訴えていました。なお，どちらにも該当しない従業員は188人（83.6％）いました（表1）。

　以上の結果を考察するならば，「プレゼンティーズム」の状態が良好であったとしても，心身のストレス度が高い者がいることと，その一方で「プレゼンティーズム」が不良であっても，ストレス度の低い者が存在していることを示しています（表1）。

　なおWHO-HPQ調査での「プレゼンティーズム」不良者17人は，「プレゼンティーズム」不良の自覚はあるものの，心身のストレス反応を自覚していない結果でした。単に調査した季節や繁閑といった時期的な要因に起因するものなのか，それとも申告していない隠れた病気によるものなのか，はたまた不規則な生活習慣によるものなのか，さまざまな可能性が理由として考えられました。ともあれ，いずれ身体症状として露呈する可能性が考えられる結果でした。

　職業性ストレス調査で高ストレス状態を示した14人は，「プレゼンティーズム」不良を自覚していないか，高ストレスに対抗して鼓舞しているか，仕事中毒か，我慢してしまうという表出抑制などが考えられました。心身のストレスが強い状態に従事していながら，職場でその辛さや困難感を表出していないという状況は，周囲は，その本人の「プレゼンティーズム」の変化に気がつきにくい状況です。突然に精神的不調に陥る可能性があります。一方，高ストレス者で「周囲のサポート」が良好と回答した者は，「プレゼンティーズム」のスコアは平均値以上の回答でした。

　両調査票の結果がともに悪かった従業員の6人は，自身の仕事のパフォーマンスが低いことを自覚し，また相対的に自己評価が低く，心身のストレス反応も高い者です。かつ6人全員が不眠を訴えていました。うつ病と不眠の重症度は相関し，初発症状として現れることや，不眠は抑うつを促進する可能性があるといわれています。またこの6人の「上司の支援および同僚の支援」は最低値であり，「上司の支援および同僚の支援」の低さとうつ病の関連が報告され

表2 プレゼンティーズムに有意な影響を与えることが報告されている7疾患と，それぞれの中小企業における推定年間損失額

疾患名	Output Odds Ratio	推定損失額
アレルギー	1.040	¥172,829
胸やけ	1.109	¥184,296
糖尿病	1.158	¥192,439
関節痛	1.312	¥218,031
腰痛	1.370	¥227,669
過敏性腸症候群	1.401	¥232,821
うつ病	2.238	¥371,915

米国 Burton et al.（2004）の報告に基づき，宮木・児玉が試算

ていることから，周囲や管理監督者が早期に気づき，産業保健スタッフや健康支援担当者と情報を共有した対応が望まれる方々でした。

④**経済的損失**

年収を400万円と仮定した場合の「プレゼンティーズム」の損失は約3億6千万円となりました。一方，病欠による損失は約7千万円と試算されました。ここでも，経済損失は病欠より「プレゼンティーズム」のほうがはるかに大きい結果でした。中小企業1社での例とはいえ，コリンズらの経済や経営に与える影響は欠勤を上回るという報告や，筆者らの日本の大規模研究，菅（2014）の日本国内の研究と同様の結果を示したことは，興味深いところです。

年収が約400万円の事業場での「プレゼンティーズム」実測値平均が約60であったことから，「プレゼンティーズム」による損失総和は年収の4割の160万円と推定できます。プレゼンティーズムに影響を与えるとされる疾患の内訳をここでみてみましょう。アレルギー，胸やけ，糖尿病，関節痛，腰痛，過敏性腸症候群，うつ病の7つが統計学的に有意な疾患として挙げられています（Burton et al., 2004）。そこで，これらの疾患を抱えながら働くことで1年間に失われている社員一人当たりの金額を試算してみました（表2）。

企業は，科学的根拠に基づいた「プレゼンティーズム」の損失に目を向け，影響度の大きい疾患を優先的に健康教育や予防対策の盛り込む目安にすると良いことが示されたといえましょう。ここで，疾患をもちながらの治療と仕事との両立支援や高齢者の就業促進等，「働き方改革実行計画」の実現可能性を考えてみましょう。表2の7疾患は，日常生活において一般的な疾患です。したがって「プレゼンティーズム」に影響を与えていることに気がつきにくいのではないでしょうか。

また疾患とは別に，「プレゼンティーズム」に影響を与える下記の因子が先行研究で明らかになっています（Cancelliere C et al., 2011；Hansen CD & Andersen JH, 2008）。

- 過体重（肥満）
- 内容的に貧しい食事
- 運動不足
- 高度のストレス
- 同僚や上司との乏しい関係
- 病気による欠勤の考え方

　最近の論文からは，「プレゼンティーズム」と病欠による賃金損失は首や背中の疾患や精神的疾患で高いという結果が出ています。この研究は40代の男性労働者の結果ですが，他の世代や女性労働者でも同様な傾向が得られています（Wada K et al., 2013）。

　算出したように，350人規模の企業でも，「プレゼンティーズム」に伴う推定損失額は3億6千万円でした。この大きさを鑑みて，社員全体で7疾患対策に取り組むことを議論してもらったり，健康診断を実施した後，産業医や保健師といった専門職による健康相談を通じた継続支援を提供してもらったりといった，前向きな投資を推進することが，損失軽減につながる取り組みではないでしょうか。

(4) これからの中小企業でのWHO-HPQの展開

　およそ経営層は，従業員が本来の力を十分に発揮し，いきいきと働くことを通じて，その企業の生産性拡大に貢献してほしいと願っている立場だと考えます。それと同時に，出勤し仕事に従事しているにもかかわらず，本来の力を十分に発揮できず，生産性を低下させている状態は，客観的な数値化が困難で把握が難しいことから，もどかしさを感じている立場でしょう。また管理監督者側からも，「従業員の職務満足度を上げて，働きやすい職場にしていきたい」「離職を防止する策を講じたい」などの声がインタビューすると聞かれます。このようにメンタルヘルス対策というものは，単に不調者に対する対策だけに留まることなく，会社全体を通じた活気ある職場づくりへと，経営層からも管理監督者側からも，それらの視野の広がりを感じています。

　生産性の上がる活気ある職場づくりを目指して，現場が「プレゼンティーズム」の程度をきちんと認識し，対してどのような支援を提供しながら改善に導いていくかは，労働の現場では実に重要なテーマです。そうした状況にWHO-HPQの日本語版は，「プレゼンティーズム」の定量化（金銭的換算も含む）に際して，信頼性・妥当性に優れていることは記載したとおりです。産業保健に対する費用対効果を評価する方法のひとつにもなりえます。「プレゼンティーズム」の経年変化を比較する際には，「プレゼンティーズムスコア」の変化と金銭換算の変動とで見比べることが可能だからです。健康問題を金銭的価値で表現することは，労働者の勤労環境，労働状況，そしてその組織に与える影響の大きさを把握するのに有用です。何しろ，投じる産業保健活動の費用を算出する根拠を導出することができます。実際に，産業保健活動の費用対効果を示す際に，この「プレゼンティーズム」を含めた労働損失の減少を示すことは，十分な説明責任を果たせることが示唆されています（山下・荒木田，2006）。

第9章　働きやすい職場づくりに向けた障碍者支援

お名前　　横浜 太郎　　　　　　実施日　　2017年6月6日

仕事の生産性（プレゼンティーズム）、幸福度、抑うつ度の定量化・意識化のための質問紙の結果をお知らせします。発達障害の方には比較的よく見られ、普通の方でも見られるパターンとして、**自分自身の体調が悪化していることに気が付かず、限界を超えて頑張り続けてしまって二次性の精神疾患を来してしまう**ことがあります。評価者の力量や当事者との相性に依存せず、有用性が確立された国際的な質問紙を利用して生産性・幸福度・抑うつ度をスコア化してありますので、ご自身の好・不調を数値として把握できます。**支援者や医療従事者へサポートを求める定量的な目安としていただき、早めの相談により二次障害の予防にお役立てください。**特に問題がない場合でも、普段の自分の点数を知っておき、こうしたことに意識を向けること自体にも意味があることが知られています（ホーソン効果Hawthorne effectと呼ばれます）。

1. 生産性（プレゼンティーズム）

プレゼンティーズムPresenteeismとは、欠勤することなく出勤はしているものの、身体的・精神的な不調により、職務遂行能力（パフォーマンス）が落ち込んでいる状態を表す、米国で提唱された生産性の概念です。何点以上が良いといった絶対的基準はありませんが、宮木教授らの大規模コホート調査で得られた一般的な働く人々のスコア分布（下のグラフ）上で自分がどのくらいのスコアなのか把握ください。悪いと思われる場合は何か原因があるかもしれませんので、支援者や医療従事者に相談ください。

1）絶対的プレゼンティーズム：　過去28日間のあなた自身の仕事上のパフォーマンスを表します。スコアが高い程、パフォーマンスが良好な状態を表します。

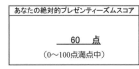

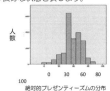

【参考】
国内の某大手企業で働いている方々の値の分布は左図で、

2）相対的プレゼンティーズム：
あなたが想定している一般的な同僚と比較して、あなたの仕事上のパフォーマンスがどのくらいかを示します。スコアが1に近い場合、あなたは同僚と同程度の仕事上のパフォーマンスです。スコアが高い程、あなたは同僚に比べて仕事上のパフォーマンスが良好な状態と推測されます。

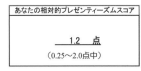

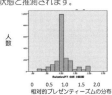

【参考】
国内の某大手企業で働いている方々の値の分布は左図で、平均点は1.1点です。

3）幸福度と絶対的プレゼンティーズム：　プレゼンティーズムスコアが良好だと幸福度も高くなる傾向が海外で報告されており、宮木教授らの日本人職域コホートでも同様の結果が得られています。スコアの範囲は0〜10点です。

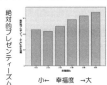

【参考】
国内の某大手企業で働いている方々の値の分布は左図で、平均点は7.0点です。

2. 抑うつ度

抑うつの程度をスコア化したものです。抑うつとは、憂うつな気持ちや、いつもに比べて気持ちの落ち込みが続く、思考力の低下や不眠、食欲低下、全身の倦怠感等を指します。得点が高いほど抑うつ度が高い状態を示唆します。

あなたの抑うつ度スコア
5 点
(24点満点中)

国内の某大手企業で働いている方々の平均点は4.8点です。

スコアの評価	説　明
5点以上	心理的なストレス状態の可能性があります
9点以上	気分障害・不安障害の状態の可能性があります
13点以上	重い気分障害・不安障害の状態の可能性があります

※上記の得点を超えたからといって必ずその精神状態にあるとは限りませんが、ケスラー教授らの検討で、構造化された精神科医の診断と相関することが知られています。

本調査票は、国際的に有用性が確立されているWHO-HPQプレゼンティーズム調査票の原著者であるハーバード大学のRon Kessler教授（Harvard Medical School）の許可を得て、産業精神保健研究機構RIOMH代表理事の宮木幸一博士（国際医療福祉大学医学部教授）が翻訳・妥当性検証を行ったWHO-HPQ日本語版、国民生活選好度調査（内閣府）による設問、およびKesslerのK6スケールを用いています。無断転用は法的に禁止されています。

図8　プレゼンティーズム・抑うつ度・幸福度のフィードバックツール

このように，現場で使用が簡便なツールであると，自信をもって推奨できます。さらには事業場の要望に沿って柔軟な対応が可能です。今後，WHO-HPQ日本語版と幸福度，抑うつ度との関連性，職務満足度やワーク・エンゲイジメントなどの関連も分析が可能です（図8）。読者のなかには，産業医はおろか，他の産業保健スタッフがいない現場に従業されている方もおいでになることでしょう。ご安心ください。我々とともに，このWHO-HPQを積極的に活用し，活気ある職場環境の活性化に向けた取り組みは容易に可能です。その事業場の課題や希望を経営層への聴き取り調査から把握したうえで，その事業場の健康診断の結果・WHO-HPQ日本版で「プレゼンティーズムスコア」・金銭換算分析を進めるとともに，従業員個人に対しても，その個人自身の「プレゼンティーズム」の結果をフィードバックします。その結果をもとに，健康相談，メンタルヘルス対策等，健康向上につながる取り組みを，年間の健康づくり対策のなかに組み込むことで，より質の高い健康投資が適うようになります。活気ある職場づくりに取り組んだ際，WHO-HPQで「プレゼンティーズムスコア」を検証することで，これら健康投資の効果把握も可能になります。繁忙期と閑散期の差が激しい職場では，WHO-HPQ日本語版を都度使用することで，「プレゼンティーズム」の変化を把握する試みも必要になるかもしれません。

　2017年8月現在で最新の統計である，2014年の労働者健康状況調査において10～29人の中小規模事業場のメンタルヘルス対策未実施率は61.1％，30～49人では44.0％，300人以上ではわずか7.2％でした。取り組んでいない理由は「必要性を感じない」51.0％，「取り組み方がわからない」31.6％となっていました。個々の中小規模事業場や，中小企業同友会などの組織に積極的に働きかけ，WHO-HPQを活用して働く方の健康のみならず生産性の向上や仕事の満足度・幸福度の向上につながる，現場で役立つ具体的な取り組み方法があることを広め，長期的なアプローチを図りたいと考えています。一方，読者の皆様との共同研究を通じた，さらなる幅広い活用を，ともに確立していけたらと期待しています。

（5）WHO-HPQ——産業精神保健研究機構「RIOMH」の今後の展望
① RIOMHの革新的介入プログラム
　既述したように，「WHO-HPQ日本語版」は，国際比較性が確保された健康と労働パフォーマンスに関する優れた質問指標でした。さらには，得られた学術的成果を実務の現場で使いやすくすることで，より社会において役立つよう磨き上げることのほうがより重要だと筆者は考えています。そこで文部科学省の労働者コホート研究を活用することで，働く人の満足度・幸福度といった，これまで定期健診で測定されることがなかった概念までも，評価指標として追加導入できないか模索しているところです。思うに，従来の保健指導は「高血圧だ」「カロリーの摂りすぎ」といった医学的な知見を伝えるだけでした。実際に言われた方が，健康を取り戻すために，良い健康習慣を選択するという「行動変容」には至りにくいことは，誰しも想像に難くないことではないでしょうか。そこで，「行動変容」の理論に基づくことは当然，本当に効果が期待できるという科学的根拠に基づいた保健指導プログラムを編成し，対象者一人ひと

りの「行動変容」でのステージに応じた支援を提供し，効率的に行動変容に導き，またその行動変容が長期的に持続するよう，提供するプログラムに工夫を加えています。そして「行動経済学（Behavioral Economics）」の知見も取り入れています。ここでの知見とは，「人間は意外に合理的に行動できない動物である」という前提があることです。したがって行動変容ステージモデルのどのステージ段階に，対象集団が位置していたとしても，健康増進や予防に望ましい行動がとれる工夫を組み入れることで，これまでの産業保健の支援方法にあった限界を打破するような，新しい支援プログラムを考案しているところです。

　例えば，「動機づけ面接法（Motivational interviewing）」がそのひとつです。これは喫煙や飲酒，不摂生などの生活習慣の改善に効果的なカウンセリング技法として注目されています。また，「アプリシエイティブ・インクワイアリー（AI：Appreciative Inquiry）」もあります。これは，個人や組織のもつ「強み」や「大切にする価値」を明らかにしたうえで，その可能性を最大限に発揮した時に実現できる未来像を共有し，それに取り組んでいくためのモチベーションを高めるプロセスです。ある組織を変革する際，いわゆる「お仕着せ」ではなく，主体的に改善するといった動機を高めたり，組織力を向上したりするという効果が得られる手法として知られています。「行動変容」というプロセスを考えた場合，対象となる集団の「動機づけレベル（心の準備程度）」は実に多様です。その現実を踏まえたうえで，取り組みやすく実践的な支援提供から始めるようにしています。

② RIOMH の認証制度

　「RIOMH」では，労働者一人ひとりがもつ，本来のその個人の力をいかんなく発揮できるような支援を提供することが，その個人にとってだけではなく，生産性という観点から，雇用する企業や組織にとっても好ましい結果をもたらすという理念に基づき，認証制度も設けています。

産業精神保健研究機構「RIOMH」の認証制度とは

　「RIOMH」の認証制度とは，自分のもてる能力をより発揮して，仕事への満足度や，幸福度が向上するような取り組みを推進し，生産性を高めるための基準を示すものです。この基準により，企業や組織は，そこで働く従業員一人ひとりの健康や仕事への満足度，幸福度を考えた組織づくりを実現可能にしていくことを客観的に把握するだけではなく，認証確保を通じて，その企業や組織の社会的責任を広く世間に示すことができるようになります。

産業精神保健研究機構「RIOMH」認証の申請要件
1. 企業の経営者が，プレゼンティーズム指標 WHO-HPQ を健診等に導入し生産性に意識を向けることを決定する。
2. 企業の経営者が，社員一人ひとりの力が発揮できる環境を整える旨を宣言する。
3. 適材適所の人事や働き方の工夫をした社員やグループを社内で表彰する。

図 9-1　経済産業省平成 29 年健康経営度調査（サンプル）

Q27. 取組全体について、企業経営への影響を具体的な指標で検証していますか。
また、成果がでていますか。成果が出ている場合は具体的な内容もご記入ください。
（それぞれいくつでも）
◆検証している場合は「検証」に1を、検証の結果成果がでている場合は「成果」に1を入力してください。
◆ 成果については、数値で把握されている場合は可能な限り具体的な数値をご記入ください。
◆1.アブセンティーイズムは、健康上の問題による欠勤、遅刻等をさします。
◆2.プレゼンティーイズムは、何らかの疾患や症状を抱えながら出勤し、
　　業務遂行能力や生産性が低下している状態をさします。
　　検証指標例：WHO-HPQ、WLQ、東大1項目版など。概要は以下URLのP44-46に記載されています。
　　URL: http://pari.u-tokyo.ac.jp/unit/hpm_H27.pdf
　　また、WHO-HPQについては厚生労働省のコラボヘルスガイドラインのP37-38もご確認ください。
　　URL: http://www.mhlw.go.jp/file/04-Houdouhappyou-12401000-Hokenkyoku-Soumuka/0000171483.pdf

	検証	成果	検証と成果の具体的な内容
1. アブセンティーイズムの改善			
2. プレゼンティーイズムの改善			
3. 1、2以外の従業員の生産性の向上			
4. 社員のモチベーション（満足度など）の向上			
5. 離職率の減少			
6. 企業業績（売上高や利益率）の向上			
7. 新卒採用など労働市場での価値向上			
8. 対外イメージ、ブランド価値の向上			
9. その他			

【設問】16/30

図9-2　健康経営度調査（サンプル）のプレゼンティーズム要件部分抜粋

RIOMH 認証申請フォーマット（2017 年 12 月版）

　ハーバード大学医学部のロン・ケスラー教授が開発した WHO-HPQ と、本会の宮木代表によるケスラー教授公認の公式訳である WHO-HPQ 日本語版は、経済産業省の「健康経営」に関するプロジェクトでも取り上げられ、主観的な生産性に目を向けるきっかけとして、「健康経営銘柄」や「健康経営優良法人（ホワイト 500）」の認証制度として活用されています。

　これらの国としての取り組みは一定の価値があるものですが、一部の大企業を除く大半の企業では「社員を大事にしたいと思っているが、うちではそんな細かい要件をすぐに満たすのは難しい」といった敷居が高すぎることが問題点としてありました。

　我々の実感としても、経営者が健康管理の価値を認めて動いてくれないと現場レベルでの大きな改善は望めないため、「個人レベルの動機付け」とともに、「経営者レベルでの動機付け」が重要と思っており、経済的メリットを可視化したり、敷居の高すぎない「認証制度」で取り組みを対外的にアピールしていただける、新認証制度を立ち上げることとなりました。

＜産業精神保健研究機構 RIOMH 認証の申請要件＞
1. 企業の経営者が、プレゼンティーズム指標 WHO-HPQ を健診等に導入し生産性に意識を向けることを決定する。
2. 企業の経営者が、社員一人一人の力が発揮できる環境を整える旨を宣言する。
3. 適材適所の人事や働き方の工夫をした社員やグループを社内で表彰する。

　本認証は、社員の生産性に目を向けて社員を大事にしたいという経営者の心意気を最も重視していて、経済産業省が東京証券取引所と構成した「健康経営銘柄」の求める各種要件を満たすための予算や時間がすぐには用意できない中小企業でも、意欲があれば認証を受けることができることを最大の特徴としており、下記のフォーマットで、当該年度の実施人数と平均値等を報告いただくことで認証を受けることができます。

　この認証を受けた企業や組織は、国際的に活用されているプレゼンティーズム指標 WHO-HPQ を用いて社員の生産性に目を向け、社員一人一人が本領発揮できる環境を整え、社員を大事にしようとしているという経営者の意向と努力を、交付される右記 RIOMH 認証マークによって就職希望の学生らや社会に周知・アピールすることができます。

企業名：
ご担当者名：
ご担当者部署：
実施年度（認証希望年度）：　　　　年
申請日：　　　年　月　日

実施人数：　　　　人
絶対的プレゼンティーズムスコア平均値：
相対的プレゼンティーズムスコア平均値：
（四捨五入により、小数点以下第一位まで記載）
・記入後に riomh-staff@umin.ac.jp まで添付送信

図 10　RIOMH 認証申請フォーマット

本認証は，社員の生産性に目を向けて社員を大事にしたいという経営者の心意気を最も重視しており，経済産業省が東京証券取引所と構成した「健康経営銘柄（図9）」の求める各種要件を満たすための予算や時間がすぐには用意できない中小企業でも，意欲があれば認証を受けることができることを最大の特徴としています。「健康経営銘柄」や「ホワイト500」の要件としては，プレゼンティーズム評価指標が必要であり，その指標は3つ例示されていますが，WHO-HPQはその筆頭に挙げられています。RIOMHでは，フォーマット（図10）を使用し，当該年度の実施人数と平均値を報告いただくことで認証を受けることができます。

　この認証を受けた企業や組織は，国際的に活用されているプレゼンティーズム指標WHO-HPQを用いて社員の生産性に目を向けて社員一人ひとりが本領発揮できる環境を整え，社員を大事にしようとしているという経営者の意向と努力を，交付されるRIOMH認証マークによって就労希望者や社会に周知・アピールすることができます。

産業精神保健研究機構「RIOMH」認証の流れ

　認証を受ける際の簡単な流れは以下の通りです。詳細は「RIOMH」のホームページ（http://riomh.umin.jp/）をご覧ください。

1. プレゼンティーズム指標WHO-HPQの活用を含む社内の健康づくりの取り組みを計画・実践する。
2. 企業は認証申請書を作成しRIOMHに提出する。
3. RIOMHの理事会で申請書類，事業の取り組みについて審査を行い，認証マーク・認定証（図11）の交付をする。
4. 公式サイトでの公表を希望する認証された企業は，RIOMHのホームページで公表される。

図11　RIOMH認定証

産業精神保健研究機構「RIOMH認証」の活用方法

1. 事業所には，認証マーク，認証を証明する認定証を交付します。その事業者は，社内外の広報誌・会社パンフレット・名刺などに印刷使用することができます。
　　WHOの推奨する「プレゼンティーズム」を客観的に把握することを通じて，働きやすい職場づくりに邁進しているということを対外的にもアピールできます。そして結果として生産性向上にも取り組んでいることから，その組織のイメージアップや安心感，相互の信頼感確保が可能になるでしょう。
2. 企業のトップにおいては，社員に対して，働き方改革に進んで参加している姿勢を示すことができます。対する従業員側からの会社に対する貢献度や帰属意識が高まる効果が得られます。
3. リカレント教育を通じた職務能力の向上や働きがいを向上させるといった，キャリアに

対する取り組みも具体化できます．集団として考えるならば，いきいきと働きやすい，活気あふれる職場環境づくりに向けた，新たなアイデアも生まれるかもしれません．

▼参考文献

Ammendolia C, Cote P, Cancelliere C et al.（2016）Healthy and productive workers：Using intervention mapping to design a workplace health promotion and wellness program to improve presenteeism. BMC public Health 16-1；1190.

Burton WN, Pransky G, Conti DJ et al.（2004）The Association of Medical Conditios and Presenteeism. J Occup Environ Med 46-6 Suppl；S38-S45.

Cancelliere C, Cassidy JD, Ammendolia C et al.（2011）Are workplace health promotion programs effective at improving presenteeism in workers? A systematic review and best evidence synthesis of the literature. BMC Public Health 11；395.

Collins JJ, Baase CM, Sharda CE et al.（2005）The assessment of chronic health conditions on work performance, absence, and total economic impact for employers. JOEM 47-6；547-557.

Hansen CD, Andersen JH（2008）Going ill to work--what personal circumstances, attitudes and work-related factors are associated with sickness presenteeism? Social Science & Medicine 67-6；956-964.

川上憲人，小林由佳（2015）ポジティブメンタルヘルス―いきいき職場づくりへのアプローチ．培風館，pp.62-63.

川上憲人，守島基博，島津明人ほか（2014）健康いきいき職場づくり―組織開発のすすめ．生産性出版，pp.43-45.

厚生労働省労働基準局安全衛生部労働衛生課産業保健支援室（2015）労働安全衛生法に基づくストレスチェック制度実施マニュアル．

宮木幸一（2017）発達障害者が力活かせる教育を．日本経済新聞2017年8月11日朝刊．

日本経済新聞2017年7月16日朝刊．発達障害85％が「就労支援必要」．

小田切優子（2015）改正労働安全衛生法による労働者のストレスチェックと職業性ストレス簡易調査票．ストレス科学 29-4；330-337.

太田龍朗（2006）睡眠障害ガイドブック―治療とケア．弘文堂，pp.77-79

Puig-Ribera A, Bort-Roig J, Gine-Garriga M et al.（2017）Impact of a workplace 'sit less, move more' program on efficiency-related outcomes of office employees. BMC Public Health 17-1；455.

Thiart H, Ebert DD, Lehr D et al.（2016）Internet-based congnitive behaviornl therapy for insomnia：A health economic evaluation. Sleep 39-10；1769-1778.

Riemann D & Voderholzer U（2003）Primary insomnia：A risk factor to develop depression? J Affect Disord 76；255-259.

下光輝一，岩田昇（2000）．職業性ストレス簡易調査票における職業性ストレッサー及びストレス反応測定項目の反応特性の検討―項目反応理論によるアプローチ．労働省平成11年度「作業関連疾患の予防に関する研究」労働の場におけるストレス及びその健康影響に関する研究報告書（班長：加藤正明），pp.146-152.

下光輝一，小田切優子．（2004）職業性ストレス簡易調査票．産業精神保健 12-1；25-36.

主任研究者：下光輝一（2005）職業性ストレス簡易表を用いたストレス現状把握のためのマニュアル．平成14年～16年度厚生労働科学研究費補助金労働安全衛生総合研究 職場環境等の改善によるメンタルヘルス対策に関する研究．

菅万希子（2014）企業経営におけるPresenteeismの影響とその要因．帝塚山経済・経営論集 24；35-51.

Suzuki T, Miyaki K, Sasaki Y et al.（2014）Optimal cutoff values of WHO-HPQ presenteeism scores by ROC analysis for preventing mental sickness absence in Japanese prospective cohort. PLoS One 9-10；e111191.

Suzuki T, Miyaki K, Song Y et al.（2015）Relationship between sickness presenteeism（WHO-HPQ）with depression and sickness absence due to mental disease Journal of Affective Disorders in a cohort of Japanese workers. 180；14-20.

Suzuki T, Miyaki K, Eguchi H et al.（2017）Distribution of autistic traits and their association with sociodemographic characteristics in Japanese workers. Autism. doi：10.1177/1362361317716605.

Wada K, Arakida M, Watanabe R et al.（2013）The economic impact of loss of performance due to absenteeism and presenteeism caused by depressive symptoms and comorbid health conditions among Japanese workers. Industrial Health 51-5 ; 482-489.

山下未来，荒木田美香子（2006）Presenteeism の概念分析及び本邦における活用可能性．産業衛生学雑誌 48-6；201-213.

国立国際医療センター．逆翻訳による妥当性検証を経た WHO-HPQ（世界保健機関 健康と労働パフォーマンスに関する質問紙）日本語版の完成．(http://ccs.ncgm.go.jp/news/2013/outcome_CES_131129.pdf ［2017 年 8 月 27 日閲覧］)

国税庁．民間給与実態統計調査結果．(https://www.nta.go.jp/kohyo/tokei/kokuzeicho/minkan/gaiyou/2015.htm ［2017 年 8 月 27 日閲覧］)

厚生労働省．平成 24 年労働者健康状況調査．(http://www.mhlw.go.jp/toukei/list/h24-46-50.html ［2017 年 8 月 27 日閲覧］)

日本学術会議 基礎医学委員会・健康・生活科学委員会 パブリックヘルス科学分科会（2014）これからの労働者の心の健康の保持・増進のために．pp.7-8．(http://www.scj.go.jp/ja/info/kohyo/pdf/kohyo-22-t197-5.pdf［2017 年 8 月 27 日閲覧］)

産業精神保健研究機構．(http://riomh.umin.jp/research.html ［2017 年 8 月 27 日閲覧］)

第2節　共生社会に向けて——障碍者の就労支援における現状と背景

福島弘達

1. はじめに

　近年，我が国においては，就労支援が積極的に推進されています。2006年に28.4万人であった雇用障碍者数は，2017年6月現在47.4万人（実雇用率1.92％，大企業の雇用率2.12％，中小企業の雇用率1.74％）となり過去最高の増加を示しています。就労系福祉サービスの利用者数においても，2008（平成20）年度と2014（平成26）年度との比較において，大幅な伸びが確認できます。就労移行支援は，16,079人から29,760人，**就労継続支援A型**（仔細は後述）は，6,168人から47,733人，**就労継続支援B型**（同）は，51,514人から196,019人となっています。

　この雇用障碍者数の大幅な伸びの背景として，障害者権利条約への署名，締結があります。障害者権利条約は，2006年12月13日，国連総会本会議において採択され，2008年5月3日に発効しました。この条約の内容は，原則（無差別，平等，社会への包容等），政治的権利，教育・健康・労働・雇用に関する権利，社会保障，文化的な生活・スポーツへの参加，国際協力，締約国による報告，など幅広いものとなっています。我が国は，障害者権利条約が採択された翌年の2007年9月28日に条約に署名しましたが，条約の締結においては，国内の障碍当事者等から，条約を締結する前に，国内法の整備，障害者に関する制度改革を進めるべきとの意見が寄せられ，障碍者に関する制度改革を進めてきました。これを受け，共生社会の実現に向け2010年12月から発達障碍者も「障害者自立支援法」の対象になりました。また，身体，知的，精神，発達障碍，難治性疾患をもつ労働者の就労支援は，産業保健だけでは十分に提供できるものではないため，医療，福祉との連携が大切と考えられます。そのために2011年8月に改定された「障害者基本法」では，障碍者の定義が心身機能の障碍に加え，社会的障壁により継続的に日常生活や社会生活において相当の制限を受ける状態にあることも含まれました。2013年6月，障害者自立支援法が「障害者の日常生活及び社会生活を総合的に支援するための法律（障害者総合支援法）」に昇華されました。2013年6月には，すべての国民が，障碍の有無によって分け隔てられることなく，相互に人格と個性を尊重し合いながら共生する社会の実現に向け，障碍を理由とする差別の解消を推進することを目的とした「障害者差別解消法」が成立しました。また，2016年4月より，「改正障害者雇用促進法」が施行されました。改正の概要としましては，事業主に障碍者が職場で働くに当たっての支障を改善するために，「合理的配慮の提供義務」，雇用の分野における障碍を理由とする差別的取り扱いを禁止する「障害者に対する差別の禁止」，2018年4月からは，法定雇用率の算定基礎に精神障碍者（発達障碍含む）を加える法定雇用率の算定基礎の見直しが行われます。それに伴って一般企業が2.2％，国および

地方公共団体が 2.5％，教育委員会は 2.4％となり，2021（平成 33）年度末までに一般企業は 2.3％，国および地方公共団体は 2.6％に，教育委員会は 2.5％に引き上げられる予定です。また，障碍者を雇用しなければならない民間企業の事業主の範囲が，従業員 50 人以上から 45.5 人以上に変わります。

しかし喜んでばかりもいられません。雇用義務のある 50 人以上の企業の約 3 割が障碍者をまったく雇用しておらず，就労継続支援においては，1 年間に 1 人も一般企業への就職者が出ていない事業所が A 型事業所で約 7 割，B 型事業所で約 8 割となっています。今後の障碍者雇用においては，次の 3 点が筆者は大切と考えています。それらに向けた対策を実効性あるものにするために，次項から，これまで用意されてきた福祉政策とその内容を順に記載していきます。

① 雇用ゼロ企業を「雇う」企業への転換
② 障碍者の職域拡大と職場環境の充実
③ ジョブコーチ等の充実

2．障害者総合支援法における訓練等給付

障害者総合支援法には，障碍のある人が可能な限り自立して地域のなかで生活するために，訓練的な支援である訓練等給付があります。この給付には，「自立訓練」「共同生活援助」「就労移行支援」「就労継続支援」という 4 つのサービスがあります。これらのサービスは，個別支援計画（利用者の能力や置かれている環境，日常生活の状況を勘案し利用者の希望，生活上の課題を明らかにし，自立した日常生活を営むことができるように計画された計画）に基づいてサービスが提供されます。

「自立訓練」は，施設や病院に長期入所または長期入院していた方などを対象に，地域で自立した日常生活を送るうえでまず身につけなくてはならない基本的なことを中心に訓練を行い，障碍のある方の地域生活への移行を支援します。利用期間は原則 2 年間で，最大 3 年まで利用可能です。就労に向けての第一歩となるサービスです。知的障碍または精神障碍（発達障碍）のある方に対して障碍者支援施設，障碍福祉サービス事業所または障碍のある方の居宅において，入浴，排せつ，食事等に関する自立した日常生活を営むために必要な訓練，生活などに関する相談および助言などの支援を行います。

訓練内容は事業所により異なりますが，健康管理（病気や症状，服薬管理），SST（人が社会で生きていくうえで必要な技術），生活スキル向上（掃除，買い物，調理，金銭管理等），作業・就労準備（名刺作り，パソコン，封入作業，職業マナー）などがあります。

「共同生活援助」は，地域生活を希望する障碍のある方に対して，少人数の家庭的な環境で，主に夜間において，共同生活を営む住居（一般のアパートや戸建て等）で相談支援，健康管理，金銭の管理に係わる支援，余暇活動の支援，緊急時の対応，就労先その他の関係機関との連絡

調整，入浴，排せつまたは食事の介護，その他の日常生活上の援助を行います。日中は，一般就労，就労移行，就労継続A型・B型などを利用し，孤立の防止，生活への不安の軽減，共同生活による身体・精神状態の安定などが期待されます。

「就労移行支援」は，利用期間が原則2年（最大3年まで延長可能）で，一般企業への雇用，在宅就労が可能と見込まれる65歳未満の障碍者に対して，就労移行支援事業所内外で支援を行います。具体的な支援内容としては，複数の下請け作業などを行うことで，仕事への適性を知ることができます。また，実際に企業に出向き，清掃作業や食堂で業務等を行うことで，緊張感をもつことができ，働くことへのイメージをより明確にすることができます。さらに，就労時に必要なコミュニケーション能力，挨拶や身なり，報告，連絡，相談，マナーなどをグループワークや個人ワークを通して習得します。支援終盤には，「ハローワーク」「障害者就業・生活支援センター」「地域障害者職業センター」との連携を図り，利用者の希望や適性にあった求人の開拓を行っていきます。就職後も，余暇の過ごし方の支援，健康管理，職場でのトラブルの解決や相談など働きやすい環境を整えられるよう定期的な連絡を行います。職場定着後も，障碍者の身近な地域において就業に関する相談や日常生活に関する助言をセンター窓口や職場，家庭訪問で行う「障害者就業・生活支援センター」と連携を図ります。また，職場で不適応が生じている場合は，ジョブコーチと連携を図ります。

ジョブコーチには，「配置型ジョブコーチ」「訪問型ジョブコーチ」「企業在籍型ジョブコーチ」があります。

「配置型ジョブコーチ」は，地域障害者職業センターに配置されているジョブコーチです。就職などの困難性の高い障碍者の支援を行うほか，訪問型ジョブコーチおよび企業在籍型ジョブコーチと連携し，効果的・効率的な支援が行われるよう必要な助言・援助を行います。

「訪問型ジョブコーチ」は，障碍者の就労支援を行う社会福祉法人など（就労移行支援，就労継続支援など）に雇用されるジョブコーチです。高齢・障害・求職者雇用支援機構が実施する訪問型職場適応援助者養成研修，または厚生労働大臣が定める訪問型職場適応援助者養成研修を修了した者であって，必要な相当程度の経験および能力を有する者が担当します。

「企業在籍型ジョブコーチ」は，障碍者を雇用する企業に雇用されるジョブコーチです。高齢・障害・求職者雇用支援機構が実施する企業在籍型職場適応援助者養成研修，または厚生労働大臣が定める企業在籍型職場適応援助者養成研修を修了した者が担当します。

ジョブコーチは，障碍者，事業主，家族に対して支援を行います。障碍者に対しては，作業能率を上げる，作業のミスを減らす等の支援，人間関係やコミュニケーションを改善するための支援を行います。事業主へは，障碍を理解し配慮できるような助言，仕事の内容や指導法を改善するための助言，提案を行います。家族へは，働きながら生活をする障碍者を支えるための助言を行います。

「就労継続支援」とは，一般企業に就労することが難しい障碍者に対して，就労継続支援事業所の内外で職業指導員（障碍に応じて作業内容を考え，効率を上げるための道具の開発や設備の改善，材料発注，売り上げ管理，さらには施設内外の連絡調整なども行う。障碍の種類や

程度を考慮して作業内容を考え，効率を上げるための道具の開発や設備の改善，材料発注，売り上げ管理，さらには施設内外の連絡調整なども行う）や，生活支援員（作業の指導および人間関係や不満，将来の不安などについての相談に応じる）が木工作業，農業，陶芸，縫製作業，印刷，菓子製造，パーキングや介護施設の清掃などの就労機会を提供し，その知識や能力の向上のために必要な訓練を行う支援のことを言います。

「就労継続支援」にはA型，B型の2種類があり，ともに利用期間は定められていません。

「就労継続支援A型」は，雇用契約に基づく就労であるため最低賃金が保証されますが，障碍が業務の遂行に直接影響を与えていることが明白な場合は，都道府県労働局長に最低賃金の減額の特例許可申請を行うことができます。賃金の全国平均額は，67,795円（2015（平成27）年度）となっています。対象者は，一般企業などに就労することが困難な65歳未満の方（利用開始時65歳未満の方）で，就労移行支援事業の利用後，一般企業等の雇用に結びつかなかった方や特別支援学校を卒業して就職活動を行ったが一般企業の雇用に結びつかなかった方，一般企業等を離職した就労経験のある方です。

「就労継続支援B型」は，雇用契約に基づく就労が困難である方が利用し，就労に対して，工賃が支払われます。工賃の全国平均額は，15,033円（2015（平成27）年度）となっています。対象者は，就労移行支援事業や就労継続支援A型を利用したが一般企業等の雇用に結びつかなかった方，50歳に達している方，障害基礎年金1級を受給している方，就労移行支援事業を利用した結果，B型の利用が適当と判断された方，就労経験がある方であって年齢や体力の面で一般企業に雇用されることが困難となった方です。

3. 障碍者の就労に係わる相談支援機関

(1) ハローワーク

精神障害者雇用トータルサポーターなどの専門の職員・相談員を配置し，ケースワーク方式により，求職申し込みから就職後のアフターケアまで一貫した職業紹介，就業指導などを行っています。個別の求人開拓，面接への同行などを実施します。

(2) 地域障害者職業センター

ハローワークとの密接な連携のもと，職業評価，職業準備支援，職場適応援助者（ジョブコーチ）支援事業，精神障碍者総合雇用支援，事業主に対する相談・援助，地域における職業リハビリテーションのネットワークの醸成，地域の関係機関に対する職業リハビリテーション（障害者就業・生活支援センター，就労移行支援事業所など）に関する助言・援助などを実施します。

(3) 地域若者サポートステーション

働くことに悩みを抱えている15～39歳までの若者に対し，キャリアコンサルタントなどによる専門的な個別相談（課題の抽出，個別支援計画の作成，目標設定），コミュニケーション

訓練などによるステップアップ，協力企業への就労体験，職場見学などにより，就労に向けた支援を実施します。

(4) 発達障害者支援センター

発達障碍のある子ども，大人とその家族が豊かな地域生活を送れるように，保健，医療，福祉，教育，労働などの関係機関と連携し，地域における総合的な支援ネットワークを構築しながら，本人や家族からのさまざまな相談に応じ，指導と助言を実施します。

(5) 障害者就業・生活支援センター

ハローワークや地域障害者職業センターとならぶ，職業リハビリテーションの推進を担う機関です。障碍者の雇用，保健，福祉，教育等の関係機関の連携拠点として，身近な地域において就業面および生活面における一体的な相談支援を実施します。

(6) 難病相談支援センター

難病患者，家族の療養上，生活上の悩みや不安等の解消を図るとともに，電話や面接などによる相談，患者会などの交流促進，就労支援など，難病患者などがもつさまざまなニーズに対応することを目的としています。相談の内容によっては，地域の保健所と連携して，訪問指導や訪問診察事業などにより継続的な支援を実施します。

(7) 障害者職業能力開発校

一般の公共職業能力開発施設において職業訓練を受講することが困難な重度障碍者などを対象とし，障碍者の能力，適正などに応じた職業訓練（建築設計，OAデザイン，CAD，流通ビジネスなど）を実施します。

(8) 指定特定相談支援事業者

障碍者からの相談に応じ，サービスの利用援助，社会生活能力を高める支援，専門機関利用に向けてケアマネジメントによりきめ細かく支援を実施します。

(9) 独立行政法人高齢・障害・求職者雇用支援機構

高齢者の雇用の確保，障碍者の職業的自立の推進，求職者その他労働者の職業能力の開発および向上のために，高齢者，障碍者，求職者，事業主などの方々に対して総合的な支援を実施します。

4. (独) 高齢・障害・求職者雇用支援機構で行われている研修

(1) 障害者職業生活相談員資格認定講習
　5人以上の障碍のある従業員が働いている事業所では，「障害者の雇用の促進等に関する法律」により，厚生労働省が定める資格を有する従業員のうちから障害者職業生活相談員を選任し，職業生活全般における相談・指導を行うよう義務づけられています。

(2) 就業支援基礎研修
　就労移行支援事業者，福祉，教育，医療等の関係機関において障碍者の就業支援を担当する職員を対象とします。効果的な職業リハビリテーションを実施するために必要な基本的知識・技術など（就業支援の基本的知識・理念，就業支援に関する制度，地域における関係機関の役割と連携方法および企業における障碍者雇用）に関する内容となっています。

(3) 就業支援実践研修
　労働，福祉，医療・保健，教育などの関係機関において障碍のある人たちの就業支援を担当している方（就業支援基礎研修修了程度の知識と2年以上の実務経験をおもちの方）を対象として，障碍別（精神障碍，発達障碍，高次脳機能障碍）の就業支援に関する実践力を修得する研修となっています。

(4) 就業支援スキル向上研修
　労働，福祉，医療・保健，教育などの関係機関において3年程度以上の実務経験を有する就業支援担当者に対して，障碍別（精神障碍・発達障碍・高次脳機能障碍）のコースを設定し，選択し受講できます。障害者職業総合センターにおける研究および実践の成果を踏まえた就業支援技術のさらなる向上や障碍者の就業支援に必要なヒューマンスキルの向上などを図るための研修内容（実務経験を踏まえた演習や事例検討を主とするカリキュラム）となっています。

(5) 就業支援課題別セミナー
　労働，福祉，医療・保健，教育などの関係機関において，実務経験をもつ就業支援担当者の方を対象として，新たな課題やニーズに対応した知識・技術の向上を図る内容となっています。

　「就業支援基礎研修」「就業支援実践研修」「就業支援スキル向上研修」「就業支援課題別セミナー」は，就業支援を担当する方を対象とした研修で，ステップアップ方式で行っています。一定程度の知識や実務経験を踏まえた内容の研修もありますので，段階的に受講していきます。

5. 事例

対人関係，コミュニケーションに課題のあるA氏が就労移行支援，ジョブコーチを活用し，介護老人福祉施設（特別養護老人ホーム）に就職

事例の概要

本人状況：20代女性，家族と同居（父，母，本人，妹の4人家族）

生活歴：幼少期から自分のルールにこだわりがあり，周囲との協調ができず集団行動やコミュニケーションが苦手でした。学生時代も数少ない友人やまわりとの対人関係でのトラブルが多く，介護の専門学校のときにアルバイトを始めましたが，話の内容や指示を取り違え，注意をされることが度々ありました。注意されるとパニックになり，相手が悪いと思い込み攻撃的な言動をとってしまうため長続きしませんでした。卒業後，介護老人福祉施設（特別養護老人ホーム）に就職するも，対人関係でのトラブルや周囲のスタッフの理解が得られず，職場を転々としました。

現病歴：自閉症スペクトラム障碍

支援の経過

母親と特定相談支援事業者へ来所し，A氏より，「なぜ，コミュニケーションがうまくいかないのかわからない。でも，働きたい」という相談があり，A氏が希望する介護老人福祉施設（特別養護老人ホーム）へ就労できるよう，就労移行支援の利用を開始しました。

サービス利用中は，他の利用者やスタッフとのコミュニケーションを図る際，度々ミスコミュニケーションがみられました。そこで，生活支援員からの提案で，「相手から言われたことが抽象的な表現や曖昧な表現で意味がわからなかった場合に，失礼のないように聞き返す。また，相手に抽象的な表現や曖昧な表現はできるだけ使わないでほしいとお願いし，コミュニケーションをできるだけ取りやすくする」工夫を行いました。そのことで，ミスコミュニケーションは減少しましたが，完全にはなくなりませんでした。しかし，自分のコミュニケーション特性が理解でき，相手からの注意を受け入れることができるようになり，パニックになる頻度も減少しました。いくつかの施設を見学し，自分が働きたかった介護老人福祉施設（特別養護老人ホーム）で介護スタッフとして働くことになりました。

就職後は，訪問型職場適応援助者（ジョブコーチ）を活用し，事業主やスタッフに障碍特性やかかわり方をわかりやすく説明してもらいました。また，職務の設計に関する提案を行ってもらいました。最終的には，施設スタッフによるナチュラルサポートができるように必要な支援を継続しながら，支援の主体を徐々に施設スタッフに移していきました。

A氏の障碍特性とかかわり方について
① 1人の入居者のことが気になり過ぎて，他の入居者が見えなくなることがあるので，そのようなときは，スタッフが声かけを行い，優先順位に対する指示を行います。
② 「この次は口腔ケアをしてください」などの抽象的で曖昧な言葉の理解が困難なので，「○○さんの食事介助が終わったら口腔ケアをしてください」と具体的に伝えると理解しやすくなります。
③ 1人の時間が落ち着くようなので，休憩中は，できるだけ1人になれるよう配慮します。
④ 複数の指示を出すと混乱しやすいので，状況をみて1つずつ指示を行います（できる限りビジュアル化します）。
⑤ 理解していなくても，理解しているように返事をすることがあるので，本人に理解しているかを確認します。
⑥ 1日の業務を組み立てることが困難なので，始業時にスタッフと一緒に1日の業務の組み立てを行います。また，急な予定変更時には，本人ができる業務についての指示を行います。

以上のことを訪問型職場適応援助者（ジョブコーチ）とスタッフ間で共通認識することで，A氏への対応において不安を抱いていたスタッフの不安の軽減が図れ，積極的にA氏に働きかけられるようになりました。周囲の理解や協力により，多少のトラブルはあるものの就労は続いており，今，3年目を迎えることができています。

6. 障碍者雇用における助成金・奨励金

障碍者を雇用する際は，厚生労働省の助成金が活用できます。

(1) 特定求職者雇用開発助成金（特定就職困難者コース）

高年齢者や障碍者等の就職困難者をハローワークや民間の職業紹介事業者の紹介により，継続して雇用する労働者（雇用保険の一般被保険者）として雇い入れる事業主に対して助成されます（表1）。助成対象期間は，最長3年まであります。

(2) 特定求職者雇用開発助成金（発達障害者・難治性疾患患者雇用開発コース）

発達障碍者や難治性疾患患者をハローワークや民間の職業紹介事業者の紹介により，継続して雇用する労働者（一般被保険者）として雇い入れる事業主に対して助成されます（表2）。

(3) トライアル雇用助成金（障害者トライアルコース）

障害者トライアル雇用求人を事前にハローワークなどに提出し，これらの紹介によって，対象者を原則3カ月の有期雇用で雇い入れ，一定の要件を満たした場合，対象者1人につき月額最大4万円（最長3カ月間），また，精神障碍者を初めて雇用する場合，対象者1人につき月

表1　特定求職者雇用開発助成金（特定就職困難者コース）の助成額

対象労働者		支給額	助成対象期間	支給対象期ごとの支給額
短時間労働者以外の者	[1] 高年齢者（60歳以上65歳未満），母子家庭の母等	60万円（50万円）	1年（1年）	30万円×2期（25万円×2期）
	[2] 重度障碍者等を除く身体・知的障碍者	120万円（50万円）	2年（1年）	30万円×4期（25万円×2期）
	[3] 重度障碍者等（※1）	240万円（100万円）	3年（1年6カ月）	40万円×6期（33万円※×3期）※第3期の支給額は34万円
短時間労働者（※2）	[4] 高年齢者（60歳以上65歳未満），母子家庭の母等	40万円（30万円）	1年（1年）	20万円×2期（15万円×2期）
	[5] 重度障碍者等を含む身体・知的・精神障碍者	80万円（30万円）	2年（1年）	20万円×4期（15万円×2期）

注：（ ）内は中小企業事業主以外に対する支給額および助成対象期間です。
※1「重度障碍者等」とは，重度の身体・知的障碍者，45歳以上の身体・知的障碍者および精神障碍者をいいます。
※2「短時間労働者」とは，一週間の所定労働時間が，20時間以上30時間未満である者をいいます。

表2　特定求職者雇用開発助成金（発達障害者・難治性疾患患者雇用開発コース）の助成額

対象労働者	企業規模	助成対象期間※1	支給総額※2	第1期	第2期	第3期	第4期
短時間労働者※3以外の労働者	中小企業以外	1年	50万円	25万円	25万円		
	中小企業	2年	120万円	30万円	30万円	30万円	30万円
短時間労働者	中小企業以外	1年	30万円	15万円	15万円		
	中小企業	2年	80万円	20万円	20万円	20万円	20万円

※1, 2　助成対象期間を6カ月ごとに区分した期間を支給対象期（第1期・第2期・第3期・第4期）といい，支給総額を支給対象期に分けて支給します。
※3　短時間労働者とは，1週間の所定労働時間が，20時間以上30時間未満の労働者をいいます。

表3 障害者雇用安定助成金（障害者職場適応援助コース）の助成額

支給対象者	企業規模	支給額（支援対象者1人あたりの月額）
短時間労働者以外の者	中小企業	8万円
	中小企業以外	6万円
短時間労働者（※）	中小企業	4万円
	中小企業以外	3万円

※「短時間労働者」とは，1週間の所定労働時間が，同一の雇用保険適用事業所に雇用される通常の労働者の1週間の所定労働時間と比べて短く，かつ，30時間未満である者をいいます。

額最大8万円（最長3カ月間）助成金を受けることができます。

(4) トライアル雇用助成金（障害者短時間トライアルコース）

精神障碍者や発達障碍者で，週20時間以上の就業時間での勤務が難しい人を雇用するとき，週10～20時間の短時間の試行雇用から開始し，職場への適応状況や体調などに応じて，トライアル雇用期間中に20時間以上の就労を目指す場合，対象者1人につき月額最大2万円（最長12カ月間）助成金を受けることができます。

(5) 障害者初回雇用奨励金（ファースト・ステップ奨励金）

障碍者雇用の経験のない中小企業（障碍者の雇用義務制度の対象となる労働者数50～300人の中小企業）が障碍者を初めて雇用し，法定雇用率を達成した場合に，120万円支給されます。

(6) 障害者雇用安定助成金（障害者職場定着支援コース）

障碍特性に応じた雇用管理・雇用形態の見直しや柔軟な働き方の工夫等の措置を講じる事業主に対して助成するものであり，障碍者の雇用を促進するとともに，職場定着を図ることを目的としています。中小企業は，支給対象者1人当たり8万円です。中小企業以外の事業主に対する支給額は，支給対象者1人当たり6万円です。

(7) 障害者雇用安定助成金（障害者職場適応援助コース）

職場適応・定着に特に課題を抱える障碍者に対して，訪問型職場適応援助者または企業在籍型職場適応援助者（ジョブコーチ）による支援を実施する事業主に対して助成するものであり，障碍者の職場適応・定着の促進を図ることを目的としています。支給額は，訪問型職場適応援助者による支援の場合は，1日の支援時間（移動時間を含む）の合計が4時間以上の日16,000円，4時間未満の日8,000円。企業在籍型職場適応援助者による支援の場合は月額，表3のようになります。また，職場適応援助者養成研修に関する受講料を事業主がすべて負担し，養成研修の修了後6カ月以内に職場適応援助者が初めての支援を実施した場合に，その受講料の1/2の額が支給されます。

(8) 障害者雇用安定助成金（障害・治療と仕事の両立支援制度助成コース）

障害・治療と仕事の両立支援制度助成コースは，反復・継続して治療を行う必要がある傷病を負った労働者，または障碍のある労働者の，治療と仕事の両立を支援するための制度を導入する事業主に対して10万円の助成金が支給されます。

6. 障害者雇用納付金制度

(1) 障害者雇用納付金

常時雇用している労働者数が100人を超える障碍者雇用率未達成の事業主は，法定雇用障碍者数に不足する障碍者数に応じて1人につき月額50,000円の障害者雇用納付金を納付しなければなりません。

(2) 障害者雇用調整金

常時雇用している労働者数が100人を超える事業主で障碍者雇用率を超えて障碍者を雇用している場合は，超えて雇用している障碍者数に応じて1人につき月額27,000円の障害者雇用調整金が支給されます。

(3) 報奨金の支給

常時雇用している労働者数が100人以下の事業主で，各月の雇用障碍者数の年度間合計数が一定数（各月の常時雇用している労働者数の4%の年度間合計数または72人のいずれか多い数）を超えて障碍者を雇用している場合は，その一定数を超えて雇用している障碍者の人数に21,000円を乗じて得た額の報奨金が支給されます。

7. おわりに

我が国が名目GDP600兆円を実現するためには，設備やイノベーション，人材といった未来への投資を積極的に行うことが不可欠であると考えます。そのためには，IoT，ビッグデータ，人工知能，ロボット・センサーなどを活用することで生産効率を向上させ，企業における内部留保を増大させることができると考えられますが，これらではカバーできない領域においては，人的な労働力の確保も必要であると考えます。しかし，1995年，8,717万人とピークとなりました生産年齢人口は，減少の一途を辿っています。

そのようななか，労働力の確保において，高齢者雇用の促進も重要であると考えますが，障碍者の就労支援の促進や能力発揮への支援が大きな鍵を握ることになると考えています。特に農業分野においては，障碍者雇用において大きな期待が寄せられています。

就労継続支援においては，1年間に1人も一般企業への就職者が出ていない事業所がA型事業所で約7割，B型事業所で約8割であるという現状があります。もし，一般企業への就職

率を高めることができるとしたら，大きな労働力を生み出すことが可能になります。この数字にはさまざまな要因があると考えられますが，障碍者に対して，さらなる個別プログラムの展開を図ることで一般企業への就職率が高まるのではないかと考えます。この解決策として，スタッフを増員することが考えられますが，経営を考えると現実的ではありません。そこで，直接支援に使える時間を確保するために，アセスメント，プランニング，モニタリングや経過記録などの書類作成時間を削減し，直接支援を行う時間を確保することが有効であると考えます。そのためには，ビッグデータ，人工知能などを搭載した記録システムの普及，活用が重要になってくるでしょう。

　また，就職後は，障碍特性に応じた就労や定着を支援するために，ジョブコーチ（職場適応援助者）を活用していただきたいと思います。しかし，ジョブコーチには，期限があります。その後のナチュラルサポート体制の維持，フォロー，その他の従業員に対する相談，面接には精神保健福祉士や社会福祉士を有効活用していただきたいと思います。

　また，今回の執筆テーマとは異なりますが，介護離職が大きな話題となっています。年間10万人もの貴重な労働力である方々が介護を理由として離職に追い込まれています。急に家族の介護が始まると，どうしてよいのかわからなくなるようです。このような状況に対しても社会福祉士を活用することで的確なアドバイスができ，介護離職の軽減も図ることができるようになると考えます。

　2017年8月30日に慶應義塾大学三田キャンパスで行われた「日本ヘルスサポート学会　第12回学術集会」のシンポジウム「メンタルヘルスの実践：事例と課題解決方法」では，損保ジャパン日本興亜総合研究所久司敏史氏から，「精神保健福祉士や社会福祉士の職域での活用例はわずか。活躍する場面が多くある以上，今後，職域で経験あるこれら有資格者の養成が必要」という指摘があったと，そこでシンポジストをしていた監修者から聴きました。折しも筆者は精神保健福祉士資格も社会福祉士資格ももつ立場です。我が国有数の立場であることにあぐらをかくといった甘んじることはないように，さらなる精進を重ねていきたいと考えております。読者からのご鞭撻，ご指導をどうぞ，宜しくお願い致します。

　連絡先：info@caresolutionpartners.com

▼参考文献

外務省（2016）障害者の権利に関する条約（略称：障害者権利条約）．(http://www.mofa.go.jp/mofaj/gaiko/jinken/index_shogaisha.html［2017年8月1日閲覧］)

独立行政法人高齢・障害・求職者雇用支援機構．就業支援実践研修．(http://www.jeed.or.jp/disability/supporter/seminar/jissen.html［2017年8月25日閲覧］)

独立行政法人高齢・障害・求職者雇用支援機構．障害者雇用納付金制度の概要．(http://www.jeed.or.jp/disability/koyounoufu/about_noufu.html［2017年8月25日閲覧］)

厚生労働省（2015）障害者の就労支援について．(http://www.mhlw.go.jp/file/05-Shingikai-12601000-Seisakutoukatsukan-Sanjikanshitsu_Shakaihoshoutantou/0000091254.pdf［2017年8月1日閲覧］)

厚生労働省（2016）平成28年障害者雇用状況の集計結果．(http://www.mhlw.go.jp/file/04-Houdouhappyou-11704000-Shokugyouanteikyokukoureishougaikoyoutaisakubu-shougaishakoyoutaisakuka/0000146180.pdf［2017年8月25日閲覧］)

厚生労働省（2016）第 2 回働き方改革実現会議—治療と仕事の両立等について．（平成 28 年 10 月 24 日塩崎厚生労働大臣配付資料）．〈http://www.kantei.go.jp/jp/singi/hatarakikata/dai2/siryou13.pdf ［2017 年 8 月 25 日閲覧］〉

厚生労働省．職場適応援助者（ジョブコーチ）支援事業について．〈http://www.mhlw.go.jp/stf/seisakunitsuite/bunya/koyou_roudou/koyou/shougaishakoyou/06a.html ［2017 年 8 月 1 日閲覧］〉

厚生労働省．平成 27 年度工賃（賃金）の実績について．〈http://www.mhlw.go.jp/file/06-Seisakujouhou-12200000-Shakaiengokyokushougaihokenfukushibu/0000151206.pdf ［2017 年 8 月 1 日閲覧］〉

厚生労働省．相談支援機関の紹介．〈http://www.mhlw.go.jp/stf/seisakunitsuite/bunya/koyou_roudou/koyou/shougaishakoyou/shisaku/shougaisha/ ［2017 年 8 月 1 日閲覧］〉

厚生労働省．事業主の方のための雇用関係助成金．〈http://www.mhlw.go.jp/stf/seisakunitsuite/bunya/koyou_roudou/koyou/kyufukin/index.html ［2017 年 8 月 1 日閲覧］〉

日本ヘルスサポート学会（2017）日本ヘルスサポート学会第 12 回学術集会・総会予稿集．

WAMNET．サービス一覧／サービス紹介．〈http://www.wam.go.jp/content/wamnet/pcpub/syogai/handbook/service/c078-p02-02-Shogai-18.html ［2017 年 8 月 1 日閲覧］〉

第10章　労働経済情勢を踏まえた安心して働ける職場

櫻澤博文

1. 統計からみる労働経済

(1) 低下する生産年齢人口

　日本における15〜64歳までの，いわゆる生産年齢人口は1995（平成7）年の国政調査8,726万人をピークに年々減少しています。総務省統計局による2017（平成29）年6月1日時点での生産年齢人口（確定値）は7,612万人でした。ピーク時と比較すると87.2％へ減少し，生産年齢人口から50万人都市が毎年1カ所消滅している現実があることがわかります。

　2017年4月10日に国立社会保障・人口問題研究所から，平成27年国勢調査の確定数を基にした「全国人口推計（日本の将来推計人口）」が発表されました。2029年にはこの生産年齢人口は7千万人を，2040年と今（2017年）から23年後には6千万人を割る予想結果でした。

　もう少し仔細をみてみました。するとピーク時の80％を切るのは2030年と今から干支が一周する12年後，70％を切るのは2039年，60％を切るのは2051年と今から33年後と，1世代後です。

　このように生産年齢人口を基にした労働力低下は，1995年以降，低下が恒常化しています。労働力供給が低下し続けるなか，「日本再興戦略」改訂2015（2015年6月30日閣議決定）において，「働き過ぎ防止のための取組強化」が盛り込まれたほか，2014年11月に施行された「過労死等防止対策推進法」に基づき，「過労死等の防止のための対策に関する大綱」（2015年7月24日閣議決定）が定められるなど，国は長時間労働対策の強化を喫緊の課題としてはいます。しかしながら合理的な業務量調整や職務設計を行わない企業や組織があるのかもしれません。そもそもの仕事量が減らない以上，効果が薄い理由が理解できましょう。そしていまだに企業のなかには，「させてみないと，仕事との適正な適性はわからない」と，「キャリア・アンカー」（86ページで仔細解説）に基づいた高度かつ緻密な「詰将棋」ではなく，トランプでの「神経衰弱」を繰り広げている現実があることも問題だと考えます。その社員の適性が，30年経過した後わかってからでは遅いにもかかわらず。

(2) 高まる有効求人倍率

　筆者が，生産年齢人口の下方硬直傾向を危惧し始めた2014年12月度の有効求人倍率は1.15倍，完全失業率は3.4％でした。前著『もう職場から"うつ"を出さない！』（2016）に記載した，すなわち原稿を出版社に送付した2016年06月の有効求人倍率は1.37倍，失業率は3.1％でした。この頃，すでに1980年代後半のバブル経済期の需要逼迫水準と同じでした。**"労働者を大切に**

しないと人の来てはいないはず"ということで，筆者は「ストレスチェック」制度の導入と運用書を目的とした同書を書くに至った次第でした（ストレスチェックについては，第2章を参照）。

2017年4月度の有効求人倍率は1.48倍，失業率2.8％とさらに人手不足が深刻化しています。
2017年6月に至っては，正社員の有効求人倍率（季節調整値）は1.01倍と，2004年の調査開始以来，初めて1倍を超えました。また総務省統計局による労働力調査（基本集計）2017年6月分からみた6月の完全失業率（季節調整値）は2.8％となり，前月に比べて0.3ポイント低下していました。そしてリクルートキャリアによる「確報版2017年7月1日時点内定状況」就職プロセス調査（2018年卒）では，7月1日時点で大学生の就職内定率は79.1％となり，前年同月（71.1％）を8.0ポイント上回る水準を示していました。これらから単純に，求人数が求職者数を上回るという，いわば"完全雇用"が正社員の間では到達されたのではないかと理解できます。

さらに本書執筆中である直近の2017年8月度の有効求人倍率は1.52倍（季節調整値），完全失業率2.8％とさらに供給不足が深刻になっています。

(3) しわ寄せを受ける中小企業が6割超え

日本商工会議所（会頭＝三村明夫）が2017年7月3日に発表した「人手不足等への対応に関する調査結果」によると，60.6％もの企業が，人員が「不足している」と回答していました。全国の中小企業4,072社を対象とした聞き取り調査結果で，「過不足なし」は35.8％，「過剰」はわずか2.3％でした。

「不足している」との回答は2015年度調査の50.3％から10.3ポイント，2016年度調査の55.6％から5ポイントと3年連続で人手不足感が強まっている結果となっています。

(4) 人手不足で倒産，44％増

帝国データバンクによると，従業員の離職や採用難を理由とした倒産が2017年上半期には49件と，2016年上半期比で44％増となっていました。2013年上半期比では2.9倍でした。内訳は，介護福祉業15件，建設業13件，運輸・通信業7件となっています。

介護福祉業は，災害性腰痛といった労働災害，認知症を患った顧客からのいわれなき暴力，そのご家族からの批判や非難と，避難したくなる状況が多いことから離職が多いとされています。

建設業は，東日本大震災や熊本地震からの復興に加え，2020年のオリンピック・パラリンピックに向けたインフラ刷新という需要激増，そして広島，取手，さらに2017年7月は九州北部の豪雨に伴う水害復旧対応から人手不足が深刻になっています。

運輸業は，食糧さえもネット購入する世帯が増えるという需要増があります。対して，「パンク」という業界用語がありますが，次から次に送り込まれる荷物がその事業所の仕分け能力を超えて溢れ出す「パンク」状態が業界全体で生じるに至っています。

（5）長時間労働削減推進本部

　国は2014年6月27日に制定された「過労死等防止対策推進法」に基づき，同年10月1日に厚生労働大臣を本部長とする「長時間労働削減推進本部」を発足させ，長時間労働対策について，厚生労働省を挙げて取り組んでいます。そして労働局長を本部長とする「働き方改革推進本部」を各都道府県に設置し，企業の自主的な働き方を見直すよう指導しています。具体的には，企業経営陣や業界団体に，効果的・機動的な周辺啓発をしています。

（6）増加し続ける過労死等による労災補償支給決定人数

　過労死等とは，過労死等防止対策推進法第2条において，「業務における過重な負荷による脳血管疾患若しくは心臓疾患を原因とする死亡若しくは業務における強い心理的負荷による精神障害を原因とする自殺による死亡又はこれらの脳血管疾患若しくは心臓疾患若しくは精神障害をいう」と定義されています。解釈すると，いわゆる業務起因性がある事案を指すと考えられます。つまり，労働災害認定基準に該当する，業務上災害と認められる事案は，確かに「過労死等」に含まれます。他方，労働災害請求を行ったものの業務上災害や公務災害として認められなかった事案は含まれません。それは，「過労死等の防止のための対策に関する大綱」（2015年7月24日閣議決定）にて，「労災補償を行う際の業務起因性について議論されてきたが，その効果的な防止については，未だ十分とは言えないことから，過労死等の防止対策に資するため，長時間労働のほかにどのような発生要因等があるかを明らかにすることが必要である」とされ，つまりは認められなかった事案は，抽出して分析する対象として「独立行政法人労働者健康安全機構 労働安全衛生総合研究所 過労死等調査研究センター」にて検討されています。それは「過労死等防止対策推進法」の目的である「過労死等がなく，仕事と生活を調和させ，健康で充実して働き続けることのできる社会の実現」のためには，長時間労働以外も検討するということです。ただ，そこでの検討結果を待っている間にも災害は発生し続けています。その点でも，本書は先駆的であるといえましょう。

　なお，上記の定義からも，自死（筆者は，自殺をこのように表記します）に対する労災請求件数や業務上との決定件数が低下しただけでは，社会における過労死等が減ったとはいえません。実際，「精神障害の労災補償状況」からすると，精神障碍の認定と労災補償の支給が決定された2016（平成28）年度の件数は498件と，2015（平成27）年度の472件より増加しています。

（7）第三次産業における大惨事

　労働者死傷病報告からみた「業種別死傷災害発生状況（平成28年）」によると，労働災害による死傷者数（休業4日以上）については，第三次産業が54,280人と，全体（117,910人）の46.0％を占めていました。同じ休業4日以上の死傷者数を事業場の規模別でみると，規模100人未満の事業場で，全体の7割を超える災害が発生していました。この46.0％は，製造業の22.4％と建設業の12.8％の合計である35.2％より10.8ポイントも悪い結果で，製造業，建設業

表 1　第三次産業は大惨事産業①—労働災害による業種別死傷者数

業種		① 2006 年［人］	② 2016 年［人］	比（②／①）
製造業		36,670	26,454	0.72
建設業		22,386	15,058	0.67
道路貨物運送		14,666	12,747	0.87
第三次産業	商業	16,987	17,693	1.16
	飲食店	3,896	4,791	1.23
	社会福祉施設	4,091	8,281	2.02

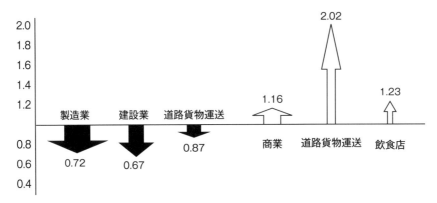

厚生労働省「労働者死傷者報告」から平成 18 年と同 28 年の「休業 4 日以上の死傷者数」から作成．棒の太さと平成 28 年度における件数が比例

図 1　労働災害件数，増減率と業種間比較

に加え陸上貨物運送事業の 11.9％を加えた 47.1％に匹敵する程度です．従業者数の増加という背景もありますが，これまで製造業，建設業，陸上貨物運送事業での労働が，「きつい，危険，汚い」という「3K 職場」と呼ばれ，業種横断的に形成された労働災害防止団体による啓発活動を通じ，近年は災害件数や度数率は改善してきていることは事実としてあります．対して第三次産業では，数人の正社員が，数百人ものパート社員を管理する職場もあります．例えば子の看護のため，突然の休業がパート社員に生じると，店長などの現場の正社員は，フォローに入らざるをえなくなります．その間，自身が処理すべき伝票，部門別集計，本部からの営業指示対応などは未処理になります．フォロー終了後，残業しての対応にならざるをえません．店舗の立地や周辺の年代別人口構成の変化によって，パート社員確保に難渋する事業場だと，正社員が無理なやり繰りを余儀なくされる状況も生じます．億単位の投資額と 8 万ワット／時の電力を消費する人工知能を使える事業場であれば，上記の多因子分析と解決策提示より回避可能かもしれません．しかしながら中小事業場では望むべくもありません．これらから，第三次産業は「きつい，きびしい，帰れない」という「新 3K 職場」と呼ばれることがあるようです．実際，厚生労働省「労働者死傷者報告」から，2006（平成 18）年と 2016（平成 28）年との休業 4 日以上の死傷者数を比較したのが表 1 と図 1 です．

第10章 労働経済情勢を踏まえた安心して働ける職場

表2　第三次産業は大惨事産業②

業種	死傷年千人率
●陸上貨物運送	8.2
☆配達飲食サービス	5.2
●建設業	4.6
●製造業	2.8
☆チェーン系専門飲食店／回転ずし	2.6
☆チェーン系専門飲食店／ラーメン	2.6
☆ファストフード／丼物	2.2
☆ファストフード／ハンバーガー	1.7

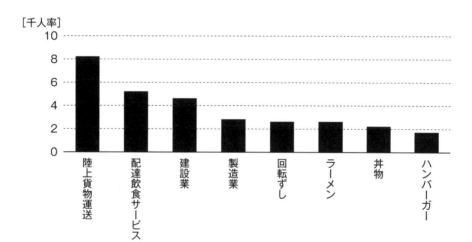

高木元也．安全衛生コンサルタント2017.07，「平成29年度 安全の指標」より

図2　業種別死傷年千人率

　また，高木（2017）が「平成24年経済センサス活動調査」を元に作成した「従業員数あたりの業態別年間労働災害発生率」（☆）と平成27年度産業別死傷年千人率（●）を換算して比較した結果が表2と図2です。

（8）不足する支援

　厚生労働省の「平成23年労働災害防止対策等重点調査報告」「平成24年（一部平成28年）労働者健康状況調査」によると，事業場の規模別の①産業医を選任している事業場，②定期健診を実施している事業場，③メンタルヘルスケア（MH）に取り組んでいる事業場（「平成28年労働者健康状況調査」による），④医師による長時間労働者に対する面接制度を知らない従業者の各割合（単位：％）は，表3と図3となります。

表3 事業場規模別健康支援格差

規模別［人］	①産業医選任率［％］	②定健実施率［％］	③MH取組率［％］	④長残面接知らず［％］
10-29	33.3	89.4	48.3	49.1
30-49	43.4	96.8	62.5	33.2
50-99	80.9	98.2	85.2	20.7
100-299	95.8	99.5	96.1	11.7
5,000以上	100.0	100.0	100	0
全体	87.0	91.9	56.6	41.8

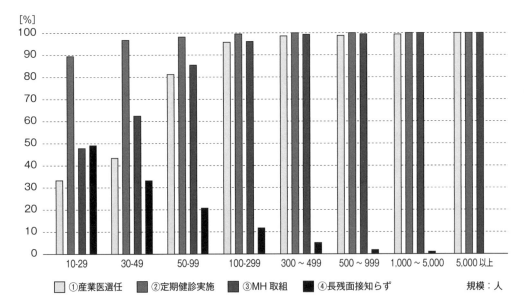

図3 従業者規模別健康支援格差

　産業医の選任義務が課せられていない49人以下の規模の事業場と，逆に産業医の選任義務が課せられている50人以上の規模の事業場との間で，産業医選任率やメンタルヘルスケアへの取り組みに差が生じていることがわかります。
　①～④の項目すべて，従業者規模と従業者への支援の充実さも比例していることがわかります。
　筆者経験事例として，次に述べる医師による長時間労働者に対する面接制度の限界事例も確認されています。
　日中，正規社員として勤務している者が，19時以降の4時間，別事業者にて非正規社員として雇用されており，双方の事業所ともに，長時間労働者としての認識がないことがわかります。

2. 実施されてきた対策

(1) 法制化された対策その1――「長時間労働者に対する医師による面接制度」

　常時50名以上の労働者を雇用する事業者は2006（平成18）年4月1日から，同50名未満の労働者を雇用する事業者でも2008（平成20）年4月1日から，過重労働による健康障害を防止するため，長時間労働者に対する面接指導を実施する義務が労働安全衛生法第66条の8，第66条の9によって課せられています。確かに労働時間の長さがワーク・ライフ・バランスを妨げる理由になっている事実があることは否定できません。さらには，健康障害の原因だという科学的根拠も見出されてきています。もともとは4時間以下の睡眠しか確保できない人における冠動脈心疾患による死亡率が，7〜7.9時間の睡眠時間が確保できる人より2.08倍も高い結果が日本でも確認されたことが契機になっています。5時間の睡眠時間確保が健康確保上，必須措置とされるとともに，時間外労働時間が100時間を超すと，5時間睡眠が確保できなくなることから，100時間以上の時間外労働が労災認定基準になりました。また，急性心筋梗塞死を高める危険性を示唆するSokejima & Kagamimori（1998）の研究結果も鑑みられることで，この「長時間労働者に対する医師による面接制度」が法制化されるに至りました。

　この<u>長時間労働は，</u>循環器系疾患だけではなく，<u>メンタルヘルス不調を招くとする疫学研究がいくつも報告されてきています</u>。たとえば英国における44〜66歳の公共施設職員2,960名を対象に，5年間の追跡期間を設けた実証研究によると，所定労働時間勤務の労働者と比較して，週の労働時間が55時間以上の者における抑うつ症状のリスクは1.66倍に増加していました。ただ，反する研究も一方で出されています。実際，長時間労働が精神・神経に与える影響に関しては一致した見解が得られていませんでした。この「長時間労働者に対する医師による面接制度」に対してさえも，産業医側から疑問視する意見が投げかけられる事実までもが確認されています。それはある製造業の統括産業医からでした。そこの健康管理部門調査によると，この「長時間労働者に対する医師による面接制度」では，1万人面談してようやく1人メンタルヘルス不調者を見つけられる精度しかなかったそうです。確かに世の中には，あまりにも多くの長時間労働者やその方々との面接の多さから，精神科産業医がメンタルヘルス不調になる企業が出ています。さらにそれは一人には留まらなかったため，精神科産業医を派遣してきた医学部の精神医学講座は，医師派遣を中止しています。似た話は他にもあります。ある2千人規模のIT企業事例です。そこでは，長時間労働によってメンタルヘルス不調になる従業員が年に1人どころか，複数発生していました。それは異常だと指摘した産業医に対して，当時の人事課長が，**「弊社は，産業医は3年しか継続雇用ができないことになっている」**という口上とともに，退職同意書に署名捺印を強要しました。仮に，長時間労働者のなかからメンタルヘルス不調者が発生する確率は1万分の1としましょう。2千分の1や2千分の2では，5〜10倍もメンタルヘルス不調者が発生しやすい，危険な職場だと理解できるわけです。前述のIT企業はさらに危険な職場であることも確認されています。なんとその人事課長は，酒が入ると

女性社員に対してセクシュアルハラスメントをすることが日常茶飯事だったため，「浅はか」と社内で後ろ指を指されていたにもかかわらず，その浅はかな人事課長をその企業は，あろうことか，ハラスメント行為対処のための社内通報窓口担当に任用していたとか。むろん，世の中には，「チャレンジ」という言葉で「裏帳簿」を作成して虚偽の業績を挙げられた"嘘つき"を，何世代も社長として出世させる評価をした東証一部上場企業（当時）が現実には存在していました。"寝ていないんだよ！"と，過重労働対策を当時の社長が訴えたことで知られる2000年6月の「雪印集団食中毒事件」を筆頭に，賞味期限や消費期限の偽装事件は"日常茶飯事"……実際に茶葉やお米の産地表示も偽装されていたりと，我が国は偽装集団がまだまだ存在しているのかもしれません。

　論旨がずれました。長時間労働とメンタルヘルス不調との関連が不一致していた理由を明らかにした研究があります。Amagasa & Nakayama（2012, 2013）によるStructural Equation Model（構造方程式・共分散構造分析）を用いた研究です。そもそも「長時間労働」と「抑うつ性障碍」（いわゆるうつ病）との関連を検討する際，「仕事の要求度」を，交絡因子という統計学の専門概念として扱っていることが理由という結果でした。解説するならば，「長時間労働」と「抑うつ性障碍」と「仕事の要求度」とを，並列する概念として取り扱っていることが，「長時間労働」と「抑うつ性障碍」との関係性に一致した傾向が認められなかった理由であることが判明しました。「仕事の要求度」は，交絡因子ではなく，「長時間労働」と「抑うつ性障碍」との中間（媒介）変数とするモデルのほうが適合度は高い結果を示したからでした。この関係性で整理して検討したところ，「長時間労働」が「抑うつ性障碍」の発症リスクを，どの程度高めることになるのか，円滑に導き出すことができました。実際，「長時間労働」に1年間従事し続けている従業員が，「抑うつ性障碍」にかかる危険度は，「長時間労働」に1年間も従事していない従業員の1.62倍になることがわかりました。加えてその「長時間労働」が，「仕事の要求度」の高い，つまりは負担の高い業務だった場合には，「抑うつ性障碍」が発症する危険度は14.5倍（95%信頼区間：2.41-89.7）にまで増加していました。対してそのような過重労働に長時間，従事せざるをえない労働者に対して，長時間労働から離れるだけで，うつ病発症リスクは0.11倍（95%信頼区間：0.02-0.75）と統計学的に有意な，つまりは長時間労働が続いている労働者には，長時間を解消するだけで新たなうつ病発症リスクを89%も低減できるという知見が得られたことを示します。

　最近は，週の労働時間が60時間を超すものは，同52時間以下の者と比して女性で1.38倍（95%信頼区間：1.11-1.72），男性で1.36倍（同1.09-1.70）と男女とも，統計学的に有意に希死念慮リスクの増加が確認されました。さらには社会経済的状態が低い者にはさらに過酷な現実がある結果でもありました。このように長時間労働は，格差社会において過労死リスクまでをも強いるという残酷な現実が客観的に確認される事態にまで至っています。

(2) 法制化された対策その2――「ストレスチェック制度」

　折しも2015年12月から法制化された「ストレスチェック制度」（以下，ストレスチェック）

があります。多数の解説本が出されましたが，そのほとんどが，その導入方法の解説で終始しており，健康への悪影響抑止という観点で表現されたものはわずかでした。さらにどのように活かしたらよいのかまで記載された本は，筆者の本以外，あまりないようでした。むろん，活用法は他にもあるので，本書を通じて紹介しています。

(3) 法制化された対策その3——「キャリアコンサルタント」

　労働者を1カ所に集めて，そしてその組織での仕事や業務を一人ひとり分担させて，それら全体を集合させる労働生産形式は，少品種大量生産には有利でした。労働者の意欲や能力の差異は均質的であることが求められ，採用や教育といった人事戦略も画一的で済みました。人事担当者も，その労働者個人の適性や意欲，そして発揮しえる能力を引き出すコーチとしての才は求められませんでした。個人より集団の和を大切にすることができるような，個人に関してはいわゆる「他人事」と済ませられるような薄情さをもち，対して集団に対しては忠誠を誓えるような，つまりは均質性を維持するための品質検査官が求められてきたのではないでしょうか。個性よりは没個性，多様性よりは均質性，発揮しえる能力よりは，与えられた業務をそつなくこなすことや，いわゆる「上司受け」が良く，同僚とも協調する同等性・同質性・従順性が高評価される項目になっていたのではないでしょうか。簡単にいうと，「事なかれ主義者」。この守旧派が日本全国に存在し続けているおかげなのでしょうか。いわゆる「失われた20年」という，低成長どころかマイナス成長し続ける社会経済が持続しています。自然現象である天気や天候でさえ，温暖化として変化し続けているなかでです。ダーウィンの「種の保存の法則」からしたら，淘汰される側に企業や組織の集合体である日本もまわりかねないと懸念したくなります。何しろアメリカ，カナダと金融引き締めに転じた国家が出ているなか，日本は金融緩和を2017年7月現在も続けなければならないほど，経済状態が毀損する状況が持続しているからです。

　対して個人の特性に応じ，その意欲を引き立て活かすよう，仕事に対する権限が与えられ，任務が自律的に任せられるような組織運営がなされておれば，創意工夫を加味しやすくなるという「内発的動機」が働きやすくなります。それら創意工夫を加味したら加味するほど成果や報酬がターボパワーのように獲得しやすくなることから，「外発的動機」も増加します。このような旧態依然とした守旧派企業から教訓を学び，対して優れた人的資源管理や卓越した成長を目指す企業経営者や管理運営者は，労働者一人ひとりの「キャリア」を大切に考え，その「キャリア」に対する志向性を活かし，その志向に応じることで働きがいを与え，やればできるという「自己効力感」を提供することによってその個人の努力に"応える"ことで，そもそもメンタルヘルス不調になるような"堪える"ことにはならない仕組みを内燃機関のように具有させるようにするものです。たとえばストレスチェック実施後の働きやすい環境づくりにおいてでも，今や国家資格化されている「キャリアコンサルタント」を活用しています。デュポン社が事故ゼロ運動を進めるなか，見つけ出した概念に照らし合わせると，「上意下達型」では，指示待ち族を生むだけであり，事故や怪我，病気をゼロにするには至らないことが検証されてい

ます。その概念は今や「デュポン式」といわれる，本質安全化対策として体系化されています。そこでは，互いが教えあい，学びあい，高めあうという「相互啓発型」を目指すべきとされています。PDCAサイクルや，その概念が内包されている「労働安全衛生マネジメントシステム」も類似の概念と考えます。実際に現場に身を投じている立場からすると，「護送船団方式」や「親方日の丸」といわれる，いわば監督行政型対応は，既得権益の強化であり，グローバル経済を相手にする企業からしたら，規制緩和の推進が求められています。換言すると，多様で柔軟な働き方，個人と企業との多様な関係性を認め，これを支える仕組みづくりが企業では求められています。働く人の視点に立ち，ワーク・ライフ・バランスを実現しながら，一人ひとりが意欲や能力を最大限に発揮し，生産性向上や経済成長にもつながる働き方改革，すなわち働く喜びと成長の高循環を実現するためには，現実・現場・現地という「3現主義」に則った"現在"問題への踏み込みと，本当に求められている支援内容のあり方を吟味する必要があるのではないでしょうか。労働者が，それぞれの節目において定期的にキャリアコンサルティングを受ける機会（セルフ・キャリアドック制度）を設けられるようにしたいものとの記載がある「日本再興戦略」改訂版が出たのは2015年のことでした。

・労働者の仕事に対する主体性を向上させることができる。
・労働者が自らキャリア・プランを考えることにより，主体的に仕事や職業能力開発に取り組もうとする意識を高めることができる。
・労働者が適性や職業能力などへの自己理解を深めることにより，工夫して仕事や能力開発に取り組もうとする意識を高めることができる。
・新規採用者などの定着の支援や育児休業者などの復帰を円滑に行うことができる
・新規採用者にキャリアコンサルティングを実施することにより，キャリア・プランを明確化・具体化し，職場への定着や仕事への意欲を高めることができる。
・育児休業者や介護休業者にキャリアコンサルティングを実施することにより，職場復帰を円滑に行うことができる。

　ストレスチェックで高ストレス者と区分された方に，このセルフ・キャリアドックを受けさせている企業は，どれだけありましょうか。

　本書のように，命を守る使命を抱く医師や，職能開発の羅針盤であるキャリアコンサルタントという専門職が，職業能力開発や就労安定性という概念を，実務面からの実際的な支援を提供すること，労働経済における課題の数々という連峰を踏破し続けることが可能ではないかと，筆者は，産業医を20年以上，産業保健業界に30年弱抵抗勢力に揉まれるなか，めげずに携わり続ける鍛錬を重ねるなかで，見出してきました。そして「問題と思った者が解決しない限り，問題のまま，という現実をともに解決しませんか！」という監修者の掛け声に呼応した方が，本書を通じて多数，確認できます。解決できずに残された教訓や遺訓から得られる解決方法や

実際の解決課題を，複数のキャリアコンサルタントをはじめとした専門家や実務家より集め，この本を通じて紹介しています。企業には，その経験が風土や伝統にまで落とし込まれたところもありましょう。それらがその企業の引き続きの成長につながる土台であればよいのですが，「おごる平氏は久しからず」……慢心になっては砂上の楼閣でしかないでしょう。

そこで本書の出番です。医師，キャリアコンサルタント，社会保険労務士，精神保健福祉士という厚生労働省管轄の国家資格をもつ専門職が，それぞれ3現主義に則り，実際に提供しているキャリア支援や企業支援の方法論や働きやすい工夫，そのための実践手段や人事戦略の実像を順次紹介しています。この本を読まれた企業関係者は，「デュポン式」定義での「反応型」と言われる，課題が生じてからようやく対応するという段階を打破されたいという，高邁な意志をおもちの方でしょう。その素晴らしい方々の存在が，所属する法人という人格をもった存在に対しても，あたかも人格陶冶よろしく，「デュポン式」での「相互啓発型」のように，いずれ法人全体の「健康増進」に寄与された結果を，我々にご教示くださる日が来ることと期待しています。我々も現状維持ではなくさらに高品質対応を目指してまいりたいので，ご鞭撻のほどお願いします。

(4) 政府の対応

過労死防止法の施行日である2014年11月1日に，過労死等調査研究センターが（独）労働者健康安全機構に設置され，以下の研究等が実施されています。

1. 労働者の心肺系体力の評価方法の開発
2. 過労死等のリスク要因と健康影響の因果解明
3. 職場環境改善対策の導入効果の検討

2017年3月28日に働き方改革の実現会議は，「働き方改革実行計画」をまとめました。意義としては以下の位置づけが挙げられます。

・多様で柔軟な働き方を選択可能とする社会の追及
・働く人の視点に立った企業文化や風土の改革
・働き方改革こそが労働生産性を改善するための手段である

安倍内閣総理大臣より，「日本の働き方を変える改革にとって歴史的な一歩である」との表明がありましたが，確かに，同一労働同一賃金の実現および長時間労働の是正は，かねてから懸案されていたにもかかわらず実現されなかったテーマです。以下が時間外労働の上限規制に対して罰則規定が盛り込まれ，そしてこの規定を筆頭とした実行計画です。

・週40時間を超える時間外労働の限度を原則として月45時間まで，かつ年360時間を上限

- 労使協定を結ぶ場合でも上回ることのできない時間外労働時間は年720時間（月平均60時間）
- 上記の場合でも，休日労働を含み，単月の限度は100時間未満，2カ月から6カ月のいずれの平均をとっても80時間以内，月45時間という時間外労働の原則を上回れるのは年6回まで

しかしながら，以下の限界があるため，果たして歴史的な大改革というのかは，課題が残っています。

- 勤務間インターバル制度については努力義務にとどまる
- 自動車の運転業務，建設業，医師，研究開発職等，除外規定がある

その後，この「働き方改革実行計画」を受けて，厚生労働大臣は労働政策審議会という諮問委員会に法改正に向けた諮問を指示しました。その背景について当時の塩崎恭久厚生労働大臣は『日経ビジネス』第1894号（2017年6月5日発売）での同誌編集長による取材に回答しています。なかには，大手広告代理店での新入社員過労自死事件において，産業医が抑止力になりえなかったことにも言及していました。思うに2016年10月26日のBSフジ「プライムニュース」という番組が，「『過労死』なくせるか　再発防ぐための方策は」という報道を放映した際，筆者は元厚生労働大臣で当時，自民党政務調査会会長代理の田村憲久衆議院議員に対して，「**人を部品としか思わないような企業に対して，産業医がいくら諫言しても，聴き入れる義務が企業側にはないばかりか，気に入らなければ解雇されるのみ。何人も自死した産業医が出ている事実さえある。これら現実を解決してほしい**」との趣旨から成る陳情を行いました。ひょっとすると，この陳情効果があったのかもしれません。実際2017年6月6日に厚生労働大臣の諮問機関である労働政策審議会（会長：樋口美雄慶應義塾大学商学部教授）より，塩崎恭久厚生労働大臣に対し，働き方改革実行計画を踏まえた「時間外労働の上限規制等について」の建議とともに「今後の産業医・産業保健機能の強化について」という建議がなされるに至っています。

このように，厚生労働行政は過労死防止対策，メンタルヘルス対策，治療と仕事の両立支援など，旗振りを行っています。それらのなかでは働く方の個人の価値観や選択を最大限に尊重していくことが重要視されています。これまで「長時間労働者に対する医師による面接制度」では，1カ月あたりの時間外労働が100時間を超えていなければ，医師による面接を希望することはできませんでした。それを80時間に下げることも決まりました。

(5) 検討中の産業医制度充実化の在り方

2015年の年末に，またもや自死者を出した大手広告代理店事件は，2016年の年間を通じて日本を議論の渦に巻き込みました。そもそもこの2015年12月は，従業員の心理的な負担の程度を把握するための検査である「ストレスチェック」の実施を法制化した，改正労働安全衛生

法が施行されたばかりでもありました。労働者を大切にすることはおろか，その企業の発展にも貢献する立場である産業医をないがしろにしていては，いくら労働者の権利を強化としたとしても，健康面での安全性を担保する存在である産業医の権利が侵害される法的不備や，実際例を放置したままでは，過労死や過労自死を抑止しえないままでしょう。このことは労働政策審議会でも問題視されるに至りました。この労働政策審議会にて「働く方が健康の不安なく働くモチベーションを高め，その能力を最大限に発揮する」ために，働く方の健康確保措置も検討されました。しかしながら"産業医は税金"，"産業医は会社側。会社に尻尾を振らない犬は不要"としか考えていない企業もあり，企業側に正論を吐くような産業医ではかえって煙たがられ，孤絶した"人在"（存在している立場）を生むか，紹介した医師紹介会社に交代要望を出されるという，後退を生むことが危惧されてもいます。議論が建前ではなく，実を伴うような，中身ある結論を導き出されることと期待しています。

(6) 審議予定の「働き方改革を推進するための関係法律の整備に関する法律案要綱」

2017年9月8日に厚生労働省の労働政策審議会で「働き方改革を推進するための関係法律の整備に関する法律案要綱」で以下が示されました。

・労働安全衛生法の一部改正として，「産業医の活動環境の整備」が掲げられた。
・産業医から勧告を受けた事業者は，その内容を(安全)衛生委員会にて報告する義務を負う。
・勧告を受けて講じた措置の内容を記録し，保存する義務が生じる。
・産業医を選任した場合には，常時，各作業場の見えやすい場所への掲示等にて周知する義務が課せられる。
・産業医を解任したときや，産業医が辞任したときは，（安全）衛生委員会に報告する義務が課せられる。

このように，今後，ますます産業医の役割・活動の在り方は重要性が増すことになります。

3. 最近の科学的研究から

労働衛生分野において活躍されている研究者の研究結果から，現場レベルでの課題に対する対策を探してみました。

(1) 経済格差対策

過度なストレスは体調不良を引き起こす原因になりえます。入院を余儀なくされるような体調悪化は，休職制度がない企業の場合，即失業という，社会的役割や社会関係の喪失をもたらしてしまいます。休職制度があったとしても，適切な支援がなければいずれ，退職を余儀なくされます。その失業は，経済的な損失だけでなく，健康に悪影響をもたらし，自死率を高める

ことが知られています。実際に，低所得者や失業者において，精神的健康状態が悪く，抑うつ性障碍で治療を受けている者が多いことや，特に男性の無職者における自死率は有職者よりも高いことが確認されています。影響は次世代にも及んでいることから深刻です。所得と胎児における発育不良との関連に関する検討結果から，相対的貧困というストレスを感じる父親が，それらストレスを家庭内にもち帰った結果，母親を通じての胎児への悪影響までもが懸念される実際があります。そして職業階層上位のグループにおいては，職業性ストレスと脳血管障害発症のリスク増の間に統計学的に有意な関係性は確認されなかったなか，職業階層の低い男性においては，有意なリスク増という結果が示されていました。

　一方，職場環境改善による職業性ストレス対策により，メンタルヘルス不調や循環器疾患危険度が改善することが示されています。また，天職に恵まれたら，転職を余儀なくされることはないことでしょう。すなわち，本書で記された「キャリア」という概念でストレス軽減を志向した対策や職業階層の低い方々を対象とした，職場環境の改善が重要ということになります。

(2) ストレスチェックの効果確認

　インターネット調査会社に登録されている日本国内常勤雇用労働者3,915人のうち回答があった2,481名を川上ら（2017）が分析した結果がありました。

　ストレスチェックの実施率は41%（51人以上事業場では40-59%），受検率は91%，高ストレス者は受検者の14%，高ストレス者のうち医師面接の実施は17%，職場環境改善の経験は6%でした。

　ストレスチェックの受検だけでは，心理的ストレス反応の改善には有意な効果が示さなかったものの，ストレスチェックを受検し職場環境改善を経験した群で，未受検者とくらべて心理的ストレス反応が改善しており（効果量 -0.14），性別，年齢，居住地域，勤務先事業場規模といった基本属性を調整した後は統計学的に有意（p=0.040）な差が確認されています。

　労働生産性については，ストレスチェック受検者では非受検者と比較して基本属性を調整した場合には，統計学的な有意（p=0.05）な改善度が確認されました。

　しかしながら，職場環境改善を実施した群では，職場環境改善を実施しなかった群と比べ-2.3ポイント（効果量で0.09）と，統計学的な有意差はなかった（p=0.061）ものの，この労働生産性に関して，悪化傾向が確認されました。同じ集団を対象とした先行調査では，一般的な労働者集団より職業性ストレス要因が多く心理的ストレスが高い状態であったにもかかわらず，高ストレス者の割合は約4%と，一般的な労働者集団での10%よりも低値が示されたように，回答者に偏りや，ストレスチェック自体に対する無理解があったのではないかと考察されていました。実際，ストレスチェックに「本当のこととは違ったことを回答した」者が3.9%いて，事務・販売，製造従事者でその割合が高いという結果でした。また，派遣社員では受検率が低値であり，雇用不安を感じやすいこれらの労働者がストレスチェックへの参加を見合わせた可能性があると考察されていました。

（3）ストレスチェックに要する費用

316 の事業場を対象とした調査結果からすると，労働者 1 人あたりの費用は以下でした。

・中央値 1,753 円
・平均値 5,929 円

中央値と平均値の違いですが，中央値はメディアンといい，ちょうど真ん中の値です。一方，平均値は文字通り，全体の平均です。日本国を対象として考えてみましょう。いわゆる「普通」の，一般的な年収額を把握する場合，平均値では，年収が 10 億円や 100 億円といった富裕層の存在が，この平均値をつり上げてしまい，普通の人の収入とは乖離していると言えば理解しやすいかと思います。実際，「平成 28 年国民生活基礎調査」による所得額の平均は 545 万円，中央値は 428 万円でした。

ここで労働者 1 人あたりのストレスチェック実施費用をみてみましょう。平均値は中央値の 3.4 倍になっています。相当，高額な費用負担を求める業者（いわゆるボッタクリ）の存在があるのかもしれません。

（4）集団分析後の職場環境改善効果

全国の労働者約 4,000 名に対して，制度施行前と施行後の 2016 年 12 月初旬と 2 回，調査することで，ストレスチェック制度の効果を評価した結果が示されていました。

ストレスチェックの受検だけでは，心理的ストレス反応の改善に対して統計学的に有意な改善効果は示されていませんでした。

ストレスチェックを受検しただけではなく，集団分析での組織分析結果を踏まえた職場環境の改善まで経験した群と未受検者群とを比較した検討結果が示されていました。基本属性を調整するために，共分散分析という統計学的手法を用いて検討したところ，心理的ストレス反応が統計学的に有意（$p=0.040$）な改善効果が確認されました。すなわち，ストレスチェックは受検だけしても，心理的ストレス反応を軽減することにはならず，集団分析結果から，職場環境改善を実施することではじめて，心理的ストレス反応が改善しうるということになります。

（5）職場環境改善の男女差

「日本人労働者における職場環境改善と仕事関連ストレスとの関連：平成 24 年労働者健康状況調査に基づくマルチレベル横断研究職場環境改善」が，200 事業場を対象に，男女差を把握していました。

男性では，職場環境改善の実施が，「3 +」という，重度に区分された職業性ストレス要因と，統計学的に有意な負の関連を示す結果でした。職場環境の改善によって，重度の職業性ストレス要因を抱える労働者の低減期待率はおよそ 20% になる可能性が示唆されました。

他方，女性では有意な関連が示されませんでした。この理由としては，以下の 3 点が挙げら

れていました。

- 女性だとパートタイム労働者のように，長期間，ひとつの職場に就労しない職種に，多くの労働者が就労している
- いまだ管理職には男性が多く就いており，いわゆる女性目線での職場環境改善が実行されていない
- そもそも女性は，男性に比べて職業性ストレス要因の影響を受けにくい

(6) ストレスチェック実施時，有益な工夫

- ストレスチェックは，事業者に対しては実施義務が課せられていますが，労働者側には回答義務はありません。この制約があるなか，回答率を上げるための工夫として，昼食休憩後，座席についたころを見計らって実施確認を目的とした電子メールを送付している事業場がありました。
- ストレスチェックの回答自体を，一度で実施しなくても，定めた期間中であれば何度でも，再開できるという「セーブ」機能を設けたシステムを利用した事業者もありました。
- 「ストレスチェック」という単語が，あらさがしのようなネガティブな印象を与えていると危惧し，「助け合う職場」や「いきいき診断」といったように，前向きな意味をもつ表現に変換している事業場もありました。確かに筆者は，集団分析では，悪い部署を取り締まるような「魔女狩り」は絶対しないようにと契約先に伝えています。良い結果を示した部署の背景をまず把握し，そのなかで水平展開したい内容や方法を抽出したうえで，芳しくない結果を出した部署に対する参加型「アクションプラン」のなかで選択・選考しうるように，ある意味，仕向けると良いと思います。
- ストレスチェックの集団分析を実施する際には，平均値では外れ値や分布の歪みを受け，特徴を精確に表現できない場合があるため，サンプルサイズによらず一律に中央値を用いるべきとの提言もありました。

(7) メンタルヘルスに効果的なセルフケア──ヨガ

　メンタルヘルス不調になりたい労働者はいないでしょう。そうならないためには，何をしたら良いのか知りたくないと思う労働者もいないでしょう。ただ世の中には多数の怪しげな「商売」や「宗教」が確認されています。そこで，無作為化比較試験（Randomized Controlled Trial：RCT）という統計学的に精度の高い評価が可能な研究手段を用い，かつ研究そのものも10年間と長期にわたって集めたうえで，かつ内容が統計学的に妥当なのか研究者から批判的吟味された結果がありました。

　例えばヨガを採用した研究でメンタルヘルスの状況が，統計学的に有意なレベルの改善が比較的多く認められています。ヨガは姿勢や呼吸への意識集中，そしてそれらへの介入，さらには瞑想を含む一連の動作で成り立っています。認知行動療法やマインドフルネスとも共通要素

を多くもちます。

(8) 過労死等予防のための健康増進

日本人の男性労働者約 200 名（平均年齢 49 歳）の最大酸素摂取量（VO₂max）平均値は 29ml/kg／分だったという研究結果があります。この値は，年齢別基準値に照合すると 60 代前半に相当します。全身持久性体力を 1 単位増加させると，心疾患発症を 15％低減する効果があることからも，労働者の体力向上策は，過労死やそれに関連する疾患の予防，改善策としても有用でしょう。

(9) 首尾一貫感覚

抑うつ性障碍を含む精神的健康の緩衝要因として注目されている概念に「首尾一貫感覚（Sense of Coherence：以下，SOC）」があります。SOC は，ストレス対処能力・健康保持の概念であり，点数の高さと，自身や周囲で起こった出来事によるストレスに対処できる能力とは比例しているといわれています。この SOC を高めることが，さまざまなストレス要因によるメンタルヘルス不調を防止する手段と認識されています。職業性ストレス要因に対するストレス耐性を高めるためにも，この SOC を高めることが有用とされています。そのためには，上司や同僚の支援を手厚くするといった対策や処置を講じることが有用とされており，新規採用者の精神的健康の向上に役立つ可能性があることが検討されています。

▼参考文献

Amagasa T, Nakayama T（2012）Relationship between long working hours and depression in two working populations : a structural equation model approach. J Occup Environ Med 54-7 ; 868-874.（doi : 10.1097/JOM.0b013e318250ca00）

Amagasa T, Nakayama T（2013）Relationship between long working hours and depression : a 3-year longitudinal study of clerical workers. J Occup Environ Med 55-8 ; 863-872.（doi : 10.1097/JOM.0b013e31829b27fa）

Antonovsky A（1987）Unraveling the Mystery of Health : How People Manage Stress and Stay Well. Jossey-Bass.（山崎喜比古，吉井清子，監訳（2001）健康の謎を解く―ストレス対処と健康保持のメカニズム．有信堂高文社）

中央労働災害防止協会 編（2017）安全の指標 平成 29 年度．中央労働災害防止協会．

Fujiwara T, Ito J, Kawachi I（2013）Income inequality, parental socioeconomic status and birth outcomes in Japan. Am J Epidemiol. 177 ; 1042-1052.

Fukuda Y, Hiyoshi A（2012）Influences of income and employment on psychological distress and depression treatment in Japanese adults. Environ Health Prev Med 17 ; 10-17.

林剛司（2011）2011 フォーラム「メンタルヘルス不調は予防できるか」メンタルヘルス不調の現状．健康開発 16-1 ; 18-26.

Inoue A, Kawakami N, Tsutsumi A（2013）Association of occupational class with serious mental illness of Japanese employees : explanation from job stressors（J-HOPE）. Symposium 2 Work, social class and health : what are the Japanese characteristics? The International Conference on Social Stratification and Health 2013 : Interdisciplinary Research and Action for Equity, 31 August 2013, The University of Tokyo.

主任研究者：川上憲人（2017）「ストレスチェック制度による労働者のメンタルヘルス不調の予防と職場環境改善効果に関する研究」平成 28 年度総括・分担研究報告書．

茅島康太郎，吉川徹，佐々木毅ほか（2016）過労死等防止対策の歴史とこれから―これまでに蓄積された過重労働と健康障害等との関連性に関する知見．産業医学レビュー 29-3；763-87．

小林道，志渡晃一（2014）新規採用陸上自衛官における首尾一貫感覚（SOC）とその関連要因．社会医学研究 31-1；81-86．

小林道（2017）青年期男性のSOC（sense of coherence）が自衛隊入職後の抑うつ症状に及ぼす影響．日本公衆衛生雑誌；64-3；150-155．

Kodama S, Saito S, Tanaka S, et al. (2009) Cardiorespiratory fitness as a quantitative predictor of all-cause mortality and cardiovascular events in healthy men and women a meta-analysis. JAMA 301-19; 2024-2035.

国立社会保障・人口問題研究所（2017）全国人口推計（日本の将来推計人口）（2017年4月10日）．

脳・心臓疾患の認定基準に関する専門検討会（2001）脳・心臓疾患の認定基準に関する専門検討会報告書（平成13年11月16日）．

櫻澤博文（2014）科学的根拠に基づいた精神保健政策の推進．安全衛生コンサルタント 34-111；54-57．

さくらざわ博文（2016）もう職場から"うつ"を出さない！―ストレスチェック時代の最新メンタル不調予防法．労働調査会．

櫻澤博文（2016）メンタル不調者のための復職・セルフケアガイドブック．金剛出版．

櫻澤博文（2016）ストレスチェック面接医のための「メンタル産業医」入門．日本医事出版社．

Sokejima S, Kagamimori S (1998) Working hours as a risk factor for acute myocardial infarction in Japan: Case-control study. BMJ 19-317; 775-780.

Suzuki E, Kimura S, Kawachi I, et al. (2013) Social and geographical inequalities in suicide in Japan from 1975 through 2005: a census-based longitudinal analysis. Plos One 8-5（DOI：10.1371/journal. pone.0063443）

高木元也（2017）チェーン展開飲食店の業態別労働災害データ分析．安全衛生コンサルタント 37-123；48-61．

竹川土夫（2003）リストラに対応できる安全管理の考え方―"反応型"から"相互啓発型"への転換で「人」に焦点をあてた安全管理を！ 労働安全衛生広報 2003年7月1日号；6-13．

帝国データバンク（2017）「人手不足倒産」の動向調査（2013年1月～2017年6月）プレスリリース（2017年7月10日）．

Theorell T, Hammarstrom A, Aronsson G, et al. (2015) A systematic review including meta-analysis of work environment and depressive symptoms. BMC Public Health. 1-15; 738.（doi：10.1186/s12889-015-1954-4）

Virtanen M, Ferrie JE, Singh-Manoux A et al. (2011) Long working hours and symptoms of anxiety and depression: a 5-year follow-up of the Whitehall II study. Phychol Med 41-12; 2485-2494.

Wada K, Kondo N, Gilmour S, et al. (2012) Trends in cause specific mortality across occupations in Japanese men of working age during period of economic stagnation, 1980-2005: retrospective cohort study. BMJ 344; e1191.

山下貴裕（2017）ストレスチェック制度における集団分析の統計学的留意点．産衛誌 59-2；63-66．

厚生労働省．職場のあんぜんサイト 労働災害統計．(http://anzeninfo.mhlw.go.jp/user/anzen/tok/anst00.htm ［2017年9月6日閲覧］

厚生労働省．長時間労働削減推進本部．(http://www.mhlw.go.jp/stf/shingi/other-roudou.html?tid=220266［2017年9月6日閲覧］)

厚生労働省．平成24年労働者健康状況調査．(http://www.mhlw.go.jp/toukei/list/h24-46-50.html［2017年10月2日閲覧］)

厚生労働省．平成28年労働者健康状況調査．(http://www.mhlw.go.jp/toukei/list/dl/h28-46-50.html［2017年10月2日閲覧］)

厚生労働省（2017）平成28年度「過労死等の労災補償状況」を公表．(http://www.mhlw.go.jp/stf/houdou/0000168672.html［2017年9月6日閲覧］)

厚生労働省（2017）労働政策審議会建議「時間外労働の上限規制等について」を公表します．(http://www.mhlw.go.jp/stf/houdou/0000166799.html［2017年10月2日閲覧］)

厚生労働省（2017）労働政策審議会建議「働き方改革実行計画を踏まえた今後の産業医・産業保健機能の強化について」を公表します～産業医制度等に係る見直しを行います～．(http://www.mhlw.go.jp/stf/houdou/0000166927.html［2017年10月2日閲覧］)

首相官邸（2017）働き方改革実行計画（平成29年3月28日決定）．(http://www.kantei.go.jp/jp/headline/ichiokusoukatsuyaku/hatarakikata.html#menu5［2017年10月2日閲覧］)

第11章　健康経営を通じたエイジレス社会における QOL 向上とは

櫻澤博文

1．はじめに

　ここでは，100歳まで生きることが当たり前の時代になる日本で，介護問題で苦悩しないよう，"Quality of Life（QOL）" という，人生の質を向上させる支援策や政府や組織，企業における働き方改革に向けた取り組みを紹介できればと考えております。
　図1は，厚生労働大臣が「働き方改革実現会議」で出してきた資料です。
　読者は"唐突"と思われるかもしれませんが，高齢者を活用し始める企業も出てきています。例えば1985年創業の東京個別指導学院という個別指導塾のパイオニアで，東証一部上場企業の例を紹介します。東京個別指導学院には2017年8月時点で9千名を超える講師が在籍しており，そのうち70歳以上の講師が10名以上在籍しており，最高年齢は80代です。豊富な経験を活かし，活躍されています。
　厚生労働省も，高齢者の雇用推奨前に，「がん」・「難病」・「脳血管疾患」・「肝炎等」の疾患別に，闘病と就労とを両立させる支援をすでに用意し，活用できるようになっています。今や，病気を治療しながら働く人が，労働人口の3分の1を占める時代です。闘病生活をする労働者に対して，期待してくれる人がいることは，生きがいを感じることに他なりません。病を患った人々が，生きがいを感じながら働ける社会を目指すために，厚生労働省の外郭団体である（独）労働者健康安全機構（以下，「機構」という）では，労働者の治療と仕事の両立支援を進めるため，全国の労災病院で「治療就労両立支援モデル事業」を展開しております。機構では，両立支援コーディネーター（以下，「コーディネーター」という）の養成も開始しています。治療と仕事の両立に向けて，会社の意識改革と，受け入れ体制の整備を図るとともに，主治医，会社，産業医と，患者に寄り添うのがコーディネーターの役割です。治療就労両立支援チームの一員として，勤労者，医療機関，事業場といった関係者間の仲介・調整のほか，治療方針，職場環境，社会資源等に関する情報の収集・整理等を実施する中心的な役割を担うという事業を展開し，「がん，糖尿病，脳卒中，メンタルヘルス」の疾病4分野についての『治療と就労の両立支援マニュアル』を作成しています。
　マニュアルでは，医療機関において両立支援業務を行うに当たっての基本スキルや知識に加え，両立支援の事例紹介など，実際に両立支援を実施するうえで医療スタッフ・従事者（医師・看護師・MSW など）が留意すべき事項などを掲載しています。また，医療従事者のみならず，

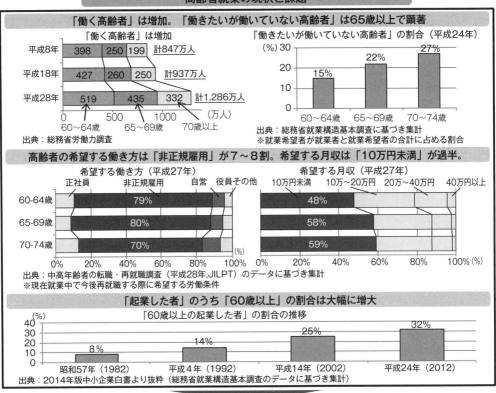
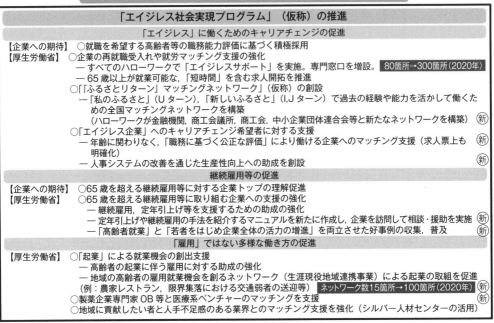

図1 高齢者の就業促進

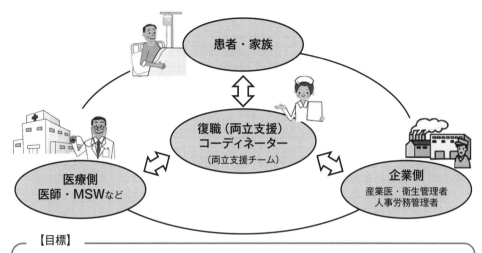

図2　治療と職業生活の両立支援体制の確立

企業の労務管理担当者や産業保健スタッフの方々にも，両立支援の基本的な取り組み方法について理解できる構成になっています。

図2が目指す姿とされています。コーディネーターにはキャリアコンサルタントが多く参画しており，すでに活動が開始されています。

また，2017年9月6日に開催された「第107回労働政策審議会安全衛生分科会」では，働き方改革を推進するための雇用対策法の名称も含め，根本から改革することが，同年9月1日に行われた職業安定分科会の資料（図3）を叩き台として審議されました。

ますます雇用の流動化に拍車がかかるとともに，政府をあげて拍車をかけていく流れが着実に進行しています。労使ともに，意識改革含めての対応が求められましょう。

2. 内閣府による共生社会関係

「共生社会」を実現するために，内閣府は内閣府政策統括官（共生社会政策担当）を設け，社会や国民生活に関わるさまざまな課題について，目指すべきビジョン，目標，施策の方向性を，政府の基本方針（大綱や計画など）として定め，これを政府一体の取り組みとして強力に推進しています。ちなみに「共生社会」が目指している方向は，国民一人ひとりが豊かな人間性を育み生きる力を身につけていくとともに，国民皆で子どもや若者を育成・支援し，年齢や障碍の有無等にかかわりなく安全に安心して暮らせることを目指しています。

当項では特に貧困の状況にある子どもを支援する「子どもの貧困対策の推進に関する法律」

(平成29年9月1日第126回職業安定分科会資料)

【Ⅰ 法律名の改正】
○法律名を、職業の安定及び職業生活の充実等、労働施策の総合的な推進に対応するものとする。

【Ⅱ 目的規定等の改正】
○国が、労働に関し、必要な施策を総合的に講ずることにより、経済社会情勢の変化の中で、労働者がその多様な事情に応じた就業ができるようにすることを通じてその有する能力を有効に発揮することができるようにするとともに、労働生産性の向上を図り、もって労働者の職業の安定及び職業生活の充実並びに経済的社会的地位の向上を図るとともに、経済及び社会の発展並びに完全雇用の達成に資することを法の目的とする。(第1条の目的規定を改正)
○労働者は、その職務の内容及び当該職務に必要な能力等の内容が明らかにされ、並びにそれらを踏まえた評価方法に即した能力等の公正な評価及び当該評価に基づく処遇その他の措置が効果的に実施されることにより、その職業の安定及び職業生活の充実が図られるように配慮されるものとすることを加える。(第3条の基本的理念に追加)

【Ⅲ 国の講ずべき施策】
○国がⅡの目的を達成するため、必要な施策を総合的に講じなければならない事項として、次に掲げるものを規定する。
(第4条を改正)
▶ 労働者が仕事と生活の調和を保ちつつその意欲及び能力に応じて就業することができるようにするため、労働時間の短縮その他の労働条件の改善、多様な就業形態の普及、雇用形態又は就業形態の異なる労働者の間の均衡のとれた待遇の確保等に関する施策を充実すること。(追加)
▶ 女性及び子の養育又は家族の介護を行う労働者の職業の安定を図るため、雇用の継続、円滑な再就職の促進、母子家庭の母及び父子家庭の父並びに寡婦の雇用の促進その他のこれらの者の就業を促進するために必要な施策を充実すること。(子の養育・家族介護を行う労働者について追加)
▶ 傷病の治療を受ける労働者等の職業の安定を図るため、雇用の継続、雇用管理の改善及び離職を余儀なくされる労働者の円滑な再就職の促進を図るために必要な施策を充実すること。(追加)

【Ⅳ 事業主の責務】
○事業主は、その雇用する労働者の労働時間の短縮その他の労働条件の改善、雇用形態又は就業形態の異なる労働者の間の均衡のとれた待遇の確保その他の労働者が仕事と生活の調和を保ちつつその意欲及び能力に応じて就業することができる環境の整備に努めなければならないことを規定する。(第6条に追加)

【Ⅴ 基本方針の策定】(新設)
○国は、労働者の職業の安定及び職業生活の充実並びに経済的社会的地位の向上を図るための必要な労働に関する施策の基本方針を定めなければならないものとする(閣議決定)。
○基本方針に定める事項は、労働者の職業の安定等を図ることの意義に関する事項、Ⅱの目的を達成するため国が総合的に講じようとする施策に関する基本的事項等とする。
○厚生労働大臣は、基本方針の案を作成しようとするときは、あらかじめ、都道府県知事の意見を求めるとともに、労働政策審議会の意見を聴かなければならない。
○国は、労働に関する施策をめぐる経済社会情勢の変化を勘案し、必要があると認めるときは、基本方針を変更する。
○厚生労働大臣は、必要があると認めるときは、関係行政機関の長に対し、基本方針において定められた施策で、関係行政機関の所管に係るものの実施について、必要な要請をすることができる。

施行期日：公布日施行

図3 働き方改革を推進するための雇用対策法の改正について(概要案)

を元にした活動の大切さを考え，冒頭で取り上げます。貧困の状況下で育った子どもが大人になっても貧困の状況から抜け出せない，いわゆる「貧困の遺伝」や「貧困の連鎖」によって子どもたちの将来が閉ざされることがあってはならないからです。

(1) 子供の未来応援国民運動本部・子供の未来応援基金

　明日の日本を背負う子どもたちが，自分たちの可能性を信じて未来を切り開いていけるようになっていくようにすることが，一億総活躍社会の実現につながります。そのために子どもへの投資を通じて，未来を明るく活力ある社会形成へ貢献する方策が大切になります。内閣府は「子供の未来応援国民運動本部」を立ち上げました。将来，社会を支える立場になる子どもに，現在から支えられる立場になっていては，明るい日本の持続性はゆらぎます。そのために国民から広く浄財を「子供の未来応援基金」を介して募っています。子どもの夢が，貧困で潰されてはいけません。このような「国家百年の計」の基本といっても良い，子どもの貧困対策という未来への投資活動に協力や支援する企業は高邁であり，就職／転職先として推奨できます。どのような企業が「子供の未来応援基金」寄付しているかは同基金 HP で確認できます。タマホーム社など，継続的な協力を尽くしている企業名が確認できます。**「子供の未来応援基金」に継続的支援を提供している企業は社会性が高いと考えられるでしょう。**

(2) 子供の未来応援プロジェクト―4 つの支援

　子供の未来応援国民運動本部は，「今」だけではなく，「未来」までをみつめた官公民連携によるプロジェクトを構築する仕組みを形成しています。それが「子供の未来応援プロジェクト」です。貧困の状況下にある子どもに必要な支援が届くことを目指しています。このプロジェクトは草の根で活動する NPO などを積極的に支援するほか，子どもたちの「生きる力」を育むための拠点を整備したり，幼児期から高等教育段階まで切れ目のない教育費負担の軽減などを目指したりと，大きく 4 つの支援を掲げています。

　　教育支援：幼児期から高等教育段階まで切れ目のない教育費負担の軽減等を目指します。
　　経済支援：生活費や必要な支出を扶養者に応じてきめ細かに支援します。
　　生活支援：大人から児童まで住宅の確保から物質的，精神的な課題悩みに総合的な解決を目
　　　　　　　指します。
　　就労支援：ひとり親を重点的に就業相談から学び直しや職業訓練の促進から，ライフワーク
　　　　　　　バランスを考慮した就業機会かくとくまでトータルに支援します。

3. 厚生労働省による「我が事・丸ごと」地域共生社会実現本部

　「キャリア」が，育児，学業，就労，健康維持，老後とライフプランの一断面であるように，厚生労働行政も，従来の縦割りの制度だけでは，超高齢社会や人口減少問題を乗り切っていく

のは困難です。さらに地域や職域という集合体も区別されたままでは対応できないでしょう。そのために厚生労働省は，地域住民や職域集団の参加により，高齢者，障碍者，子どもを含め互いに，そして誰もが支え合い，活躍できる「地域共生社会」の実現を目指し，「『我が事・丸ごと』地域共生社会実現本部」を立ち上げ，2016年7月15日から議論を開始しています。

　地域住民が，我が事のように主体的に総活躍して助け合い，活動や自身の介護予防を推進することをすでに厚生労働省は，他ならぬ「我が事」という呼び名で推進しています。そして，これまでは高齢，障碍，児童など福祉サービスが縦割りだった問題を解決するために，それらのサービスを一体的に提供するために「丸ごと」という呼び名で推進しています。この「丸ごと」に関して説明を加えます。例えば，デイサービスが障碍福祉サービスの就労支援サービスの指定や，障碍児の支援をする保育所の指定も，要件さえクリアすれば取れるようになります。同じ場所，同じ人材で対応できるようになります。そのために，福祉系有資格者への保育士養成課程・試験科目一部免除など，何かしらの資格をもっていれば，他の資格取得時の試験免除など優遇が図られるようになります。今後とも福祉従事者に対する未来志向の道標を，この「『我が事・丸ごと』地域共生社会実現本部」が形成する流れとなっています。

4. 厚生労働省による働く人の心と体の健康づくり

　一昔前までの健康管理は，"弁当と保険は自分持ち"，または"弁当と健康は自分持ち"といわれてきたように，労働者は自分自身で，食生活・運動習慣・休養などに気を配るべきものとされてきました。1979年に旧労働省は，シルバー・ヘルス・プラン（SHP）という，中高年者を対象にした健康づくり運動を国が事業主に提唱しました。その後，モータリゼーションの到来によって，生活習慣病の増加や若年化が進展しました。そして企業における生産活動に，パーソナルコンピュータを活用した取り組みの発達によって，メンタルヘルスの問題への対応が必要になるなど，対象や範囲を拡大した総合的な取り組みが必要とされました。そこで1988年になり，労働安全衛生法にて心身両面からの健康づくりに取り組むことが事業者の努力義務にまで昇華されました。それとともに，「事業場における労働者の健康保持増進のための指針」にて具体的に為すべきことが規定され，そして「働く人の心と体の健康づくり」という，別名「トータル・ヘルスプロモーション・プラン（THPと略す）」と通称が与えられました。このように，40年も前に，現在の我が国の姿を，いち早く見抜いた旧労働省の官僚によって，事業者も当事者となり，労働者と事業者とが密に，連携しての健康づくりに取り組む活動体系が構築されてきています。また少し前に，NPO法人健康経営研究会が「健康経営」を社員の健康を重要な経営資源と捉え，社員の健康の維持・増進と，企業の生産性向上を目指す経営手法と定義し，「健康経営」を登録商標としました。

(1) THPの内容
　疾病の早期発見・早期治療という二次予防ではなく，生活習慣の見直しや，未病の段階から

継続的かつ計画的な，健康増進活動を，かつ集団で取り組んでもらうことで，働く人がより健康になることが見込まれる活動です。企業への生産活動や社会貢献をより発揮しやすくなることも期待されてきているのみならず，効果が確認されています。メンタルヘルスケアを含めた心身両面にわたる健康指導技術の開発も進み，多くの労働者を対象とした健康の保持増進活動が行えるようになってきています。そのためには，労働者自らが，自主的・自発的に取り組むことは当然として，事業者の行う健康管理への積極的投資や推進が必要です。なぜなら，職場には，労働者自身の力では取り除くことができない，健康に対して悪影響を与えかねない危険性やストレス要因などが存在しているからです。ジェフェリー・ローズがハイリスク・ストラテジーより，ポピュレーション・ストラテジーのほうが，疫学的にも，そして公衆衛生の面からも，個を対象とするより，集団を対象としたほうが，経済的効果も高いことを証したのが1993年でした。それより1979年は14年も前のことです。思想的にも，歴史的にも，そして法制化されていることからも，このTHPのほうが本家家元であり，我が国の先哲の卓越ぶりがわかります。

(2) 担当者

運動指導／運動実践，保健指導，栄養指導，メンタルヘルスケアの4領域と，それぞれ，担当できる研修や認証を中央労働災害防止協会が交付しています。

5. 経済産業省の「健康経営優良法人」認定制度

2013年6月に閣議決定された「日本再興戦略」で，「国民健康寿命の延伸」が政策の柱に据えられたことで，健康増進に取り組む企業を後押しする仕組みが厚生労働省以外でも整備されました。代表的なものが経済産業省の「健康経営優良法人認定制度」と，同省が東京証券取引所と共同で制定し始めた「健康経営銘柄」という認定制度です。経済産業省の場合，健康経営の普及促進に向けて，次世代ヘルスケア産業協議会健康投資ワーキンググループ（日本健康会議健康経営500社ワーキンググループおよび中小1万社健康宣言ワーキンググループと合同開催）において「健康経営優良法人認定制度」の設計を行いました。そして「日本健康会議」[※]という，国民一人ひとりの健康寿命延伸と適正な医療について，民間組織が連携し行政の全面的な支援のもと実効的な活動を行うために組織された活動体を構築しました。

もとい，筆者が支援する企業でも，株主総会で，「おたくは，健康経営銘柄指定を受けないのか？」という質問が株主から来る時代です。そして一般社団法人日本経済団体連合会（以下，経団連）に加入している企業から，「わが社でも導入したいので，支援してほしい」という打診が来る時代となっています。そこで本項では，「健康経営優良法人認定制度」を紹介します。企業の規模にかかわらず導入できる仕組みになっています。

※日本健康会議：経済団体，医療団体，保険者などの民間組織や自治体が連携し，職場，地域で具体的な対応策を実施していくことを目的としている団体。

表1　健康経営優良法人：規模別区分

	中小規模法人部門 健康経営優良法人 Health and productivity	大規模法人部門 健康経営優良法人 Health and productivity ホワイト500
製造業その他	300人以下	301人以上
卸売業	100人以下	101人以上
小売業	50人以下	51人以上
医療法人・サービス業	100人以下	101人以上

(1)「健康経営優良法人認定制度」とは

　優良な健康経営を実践している法人を顕彰する制度です。健康経営に取り組む優良な法人を「見える化」することで，従業員や求職者，関係企業や金融機関などから従業員の健康管理を経営的な視点で考え，戦略的に取り組んでいる法人として，社会的に評価を受けることができる環境を整備することが目標とされています。

　健康経営優良法人の認定については，次世代ヘルスケア産業協議会健康投資ワーキンググループの議論に基づき，日本健康会議に設置される予定の健康経営優良法人認定委員会において申請内容の審査および認定を行います。

　なお，経団連は，労働法制本部が「働き方改革アクションプラン」の制定を求めたり，東京商工会議所は，「健康経営100選」を設けたりするなど会員企業に対する支援が提供されています。

(2) 企業区分とは

　認定制度は，「中小規模法人部門」と「大規模法人部門」の2つに分かれています（表1）。2016年度から，日本健康会議と共同で，上場企業に限らず，保険者と連携して優良な健康経営を実践している大規模法人を「健康経営優良法人〜ホワイト500〜」として認定する制度が開始されています。

(3) 中小規模法人部門で認定を受けるには

　中小規模法人部門の場合，所属している保険者が主催している「健康経営宣言」などに参加して宣言することで，申請資格が得られます。

　次に，自社の取り組み状況を，表2のような認定基準に照合しながら適合状況を自主確認します。なお，表2は2018年度の認定基準になります。

　最後に，申請書に適合状況を記載し，提出します。2018年度の場合には2017年11月が提出の目途でした。審査を経て，日本健康会議健康経営優良法人認定委員会により認定されます。

表2 健康経営優良法人2018（中小規模法人部門）の認定基準

大項目	中項目	小項目	評価項目	認定要件
1．経営理念（経営者の自覚）			健康宣言の社内外への発信及び経営者自身の健診受診	必須
2．組織体制			健康づくり担当者の設置	必須
3．制度・施策実行	従業員の健康課題の把握と必要な対策の検討	健康課題の把握	① 定期健診受診率（実質100％）	左記①〜④のうち2項目以上
			② 受診勧奨の取り組み	
			③ 50人未満の事業場におけるストレスチェックの実施	
		対策の検討	④ 健康増進・過重労働防止に向けた具体的目標（計画）の設定	
	健康経営の実践に向けた基礎的な土台づくりとワークエンゲイジメント	ヘルスリテラシーの向上	⑤ 管理職又は一般社員に対する教育機会の設定	左記⑤〜⑧のうち少なくとも1項目
		ワークライフバランスの推進	⑥ 適切な働き方実現に向けた取り組み	
		職場の活性化	⑦ コミュニケーションの促進に向けた取り組み	
		病気の治療と仕事の両立支援	⑧ 病気の治療と仕事の両立の促進に向けた取り組み（⑮以外）	
	従業員の心と身体の健康づくりに向けた具体的対策	保健指導	⑨ 保健指導の実施又は特定保健指導実施機会の提供に関する取り組み	左記⑨〜⑮のうち3項目以上
		健康増進・生活習慣病予防対策	⑩ 食生活の改善に向けた取り組み	
			⑪ 運動機会の増進に向けた取り組み	
			⑫ 受動喫煙対策に関する取り組み（※「健康経営優良法人2019」の認定基準では必須項目とする）	
		感染症予防対策	⑬ 従業員の感染症予防に向けた取り組み	
		過重労働対策	⑭ 長時間労働者への対応に関する取り組み	
		メンタルヘルス対策	⑮ 不調者への対応に関する取り組み	
4．評価・改善		保険者へのデータ提供（保険者との連携）	（求めに応じて）40歳以上の従業員の健診データの提供	必須
5．法令遵守・リスクマネジメント			定期健診を実施していること（自己申告）	必須
			保険者による特定健康診査・特定保健指導の実施（自己申告）	
			50人以上の事業場におけるストレスチェックを実施していること（自己申告）	
			従業員の健康管理に関連する法令について重大な違反をしていないこと（自主申告）	

（4）大規模部門で認定を受けるには

　大規模法人部門では，2017（平成29）年度の場合には，2016年9月7日から調査開始となった「健康経営度調査」に回答することから始まりました（図4）。

　その後，経済産業省から送付される「結果サマリー（フィードバックシート）」（図5）に同封されている申請様式に記載し，主たる保険者に提出します。次に，基準の適合状況の判定を受け取り，申請資格を得ます。最後に，主たる保険者との連名で申請をします。審査を経て，日本健康会議健康経営優良法人認定委員会により認定されます。なお，2018年度の認定基準は表3のようになります。

9999

経済産業省 平成29年度 健康経営度調査
（従業員の健康に関する取組についての調査）

【本調査の実施にあたって特にご留意いただきたい事項】

・本調査は、法人の健康経営の取組状況と経年での変化を把握・分析することを目的として実施いたします。
・本調査に対する回答は、経済産業省と東京証券取引所が共同で実施する、上場企業を対象とした「健康経営銘柄2018」の選定にあたっての評価に活用させていただきます。
健康経営銘柄を取得するに当たり、必須となる健康経営の取り組み項目を定めておりますので、具体的な取り組み項目は「認定要件」シートを参照下さい。また、今回の調査から、健康経営を継続して実践している法人を評価するため、昨年回答頂いた法人を今年度の健康経営銘柄選定時に加点することとします。

・また、本調査は、「健康経営優良法人（大規模法人部門）」の申請書取得においても必要な調査となります。「健康経営優良法人認定制度」とは、経済産業省と日本健康会議で、上場企業に限らず、保険者と連携して優良な健康経営を 実践している法人を認定する制度です。
本調査に対する回答は、「健康経営優良法人（大規模法人部門）」の認定にあたっての、要件の達成状況を判定する際にも活用させていただきます。「健康経営優良法人（大規模法人部門）」の要件は、健康経営銘柄を取得するに当たり必須となる健康経営の取り組み項目と一致いたします。
具体的には、「認定要件」シートを参照ください。

・回答をいただいた法人に対しましては、評価結果サマリー（フィードバックシート）を送付します。本サマリーには、業界における各法人の健康経営の実践レベル、評価すべき項目、今後見直しが必要な項目等を記載しており、今後健康経営を進めていく上で必要な情報が盛り込まれています。このため、調査票に未記入の項目がある場合も、是非ご提出ください。

・調査の趣旨に鑑み、本調査は、人事、労務部門等「従業員の健康の保持・増進」に係るご担当をされている方にご回答いただきますようお願いいたします。また、必要に応じて貴社経営層や関連の保険者とご調整の上でご回答いただくことを推奨いたします。

・集計の都合上、本調査は【平成29年10月6日（金）】までにご回答いただきますようお願いいたします。

経済産業省 商務・サービスグループ ヘルスケア産業課

<回答データの利用について>（個人情報を含まないQ1以降の回答データをいいます。）
・ご回答いただきましたデータは、経済産業省、日本総合研究所（共同実施委託企業）、日経リサーチ（本調査実施委託企業）が知的財産権等を保有し、データの管理には万全を期します。
・回答法人一覧等の形で法人を公表することがあります。
・個々の回答データを事前の許諾無しにそのまま公表することはありません。
・健康経営の普及に向けた学術研究のために守秘義務契約を結び、回答データを大学等研究機関に提供することがあります。

<個人情報の利用について>
ご記入いただきました個人情報は、当調査に関わる以下の内容でのみ利用いたします。
ご回答内容の確認、調査結果等の送付、「健康経営銘柄2018」選定企業や優れた取組事例の紹介とその内容の確認依頼、次回調査時の発送先、企業の健康関連施策についての情報提供

※「健康経営」はNPO法人健康経営研究会の登録商標です。

＊本調査に関するお問い合わせは、下記へお願いいたします。

<「健康経営度調査」実施委託企業>
株式会社日経リサーチ
調査担当：山口、佐々木、原
〒101-0047 東京都千代田区内神田2-2-1 鎌倉河岸ビル
TEL 03-5296-5198 FAX 03-5296-5140
（お問い合わせ受付時間：平日10時～18時）
メール health_survey@nikkei-r.co.jp
調査No.17-882-0031

<下記にご担当者のご連絡先をご記入ください>

貴法人名				
郵便番号		住所		
所属部署名			ご担当者名	
ご連絡先	TEL		FAX	
	E-mail			

図4 経済産業省平成29年度健康経営度調査（サンプル）

第 11 章 健康経営を通じたエイジレス社会における QOL 向上とは

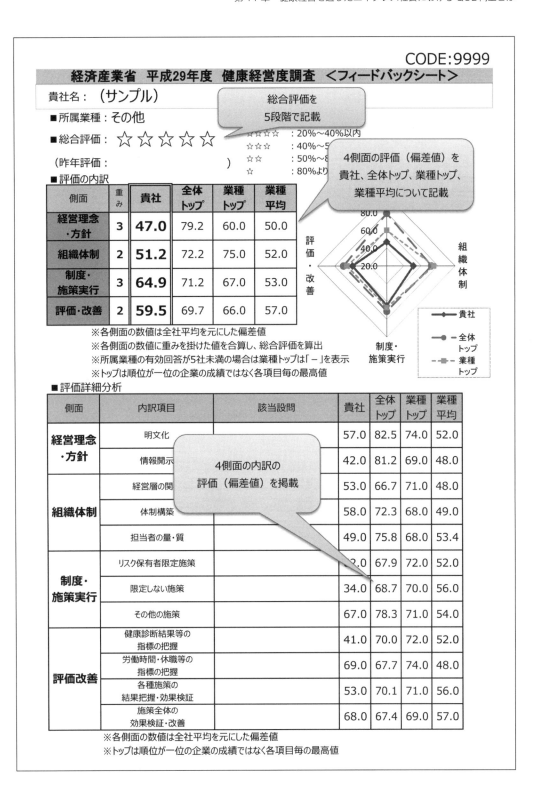

図 5-1 結果サマリー（サンプル）

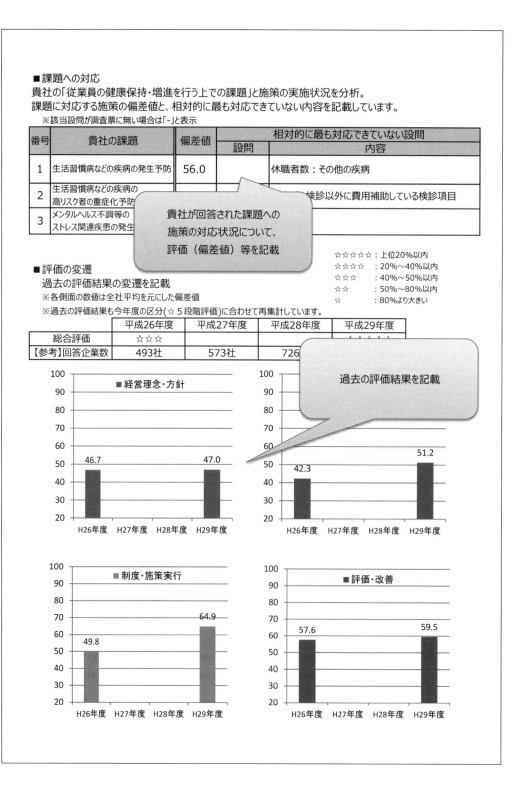

図 5-2　結果サマリー（サンプル）

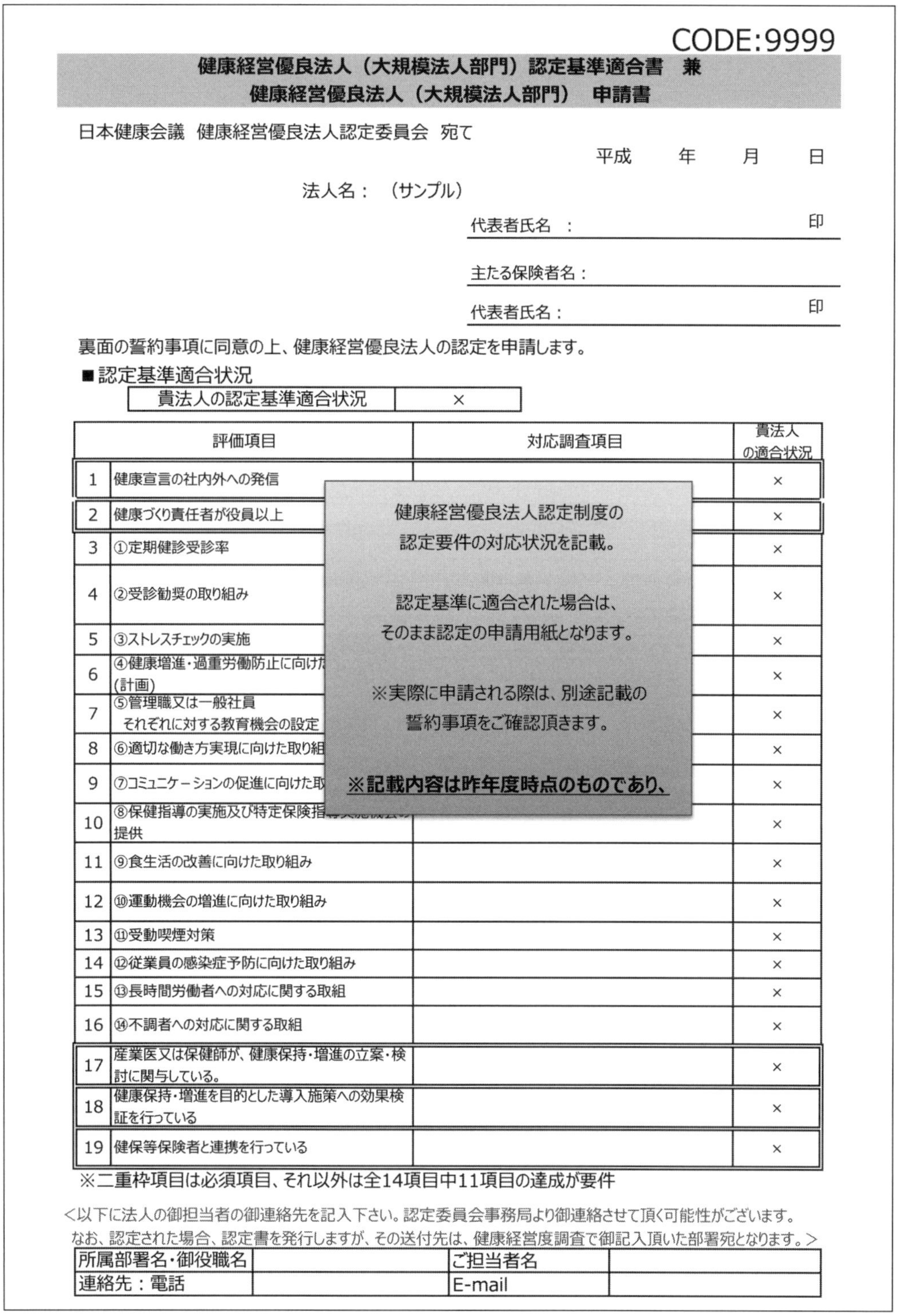

CODE:9999

健康経営優良法人（大規模法人部門）認定基準適合書　兼
健康経営優良法人（大規模法人部門）　申請書

日本健康会議　健康経営優良法人認定委員会　宛て

平成　　年　　月　　日

法人名：　（サンプル）

代表者氏名　：　　　　　　　　印

主たる保険者名：

代表者氏名：　　　　　　　　印

裏面の誓約事項に同意の上、健康経営優良法人の認定を申請します。

■認定基準適合状況

貴法人の認定基準適合状況	×

	評価項目	対応調査項目	貴法人の適合状況
1	健康宣言の社内外への発信		×
2	健康づくり責任者が役員以上		×
3	①定期健診受診率		×
4	②受診勧奨の取り組み		×
5	③ストレスチェックの実施		×
6	④健康増進・過重労働防止に向けた (計画)		×
7	⑤管理職又は一般社員 それぞれに対する教育機会の設定		×
8	⑥適切な働き方実現に向けた取り組		×
9	⑦コミュニケーションの促進に向けた取		×
10	⑧保健指導の実施及び特定保険指 提供		×
11	⑨食生活の改善に向けた取り組み		×
12	⑩運動機会の増進に向けた取り組み		×
13	⑪受動喫煙対策		×
14	⑫従業員の感染症予防に向けた取り組み		×
15	⑬長時間労働者への対応に関する取組		×
16	⑭不調者への対応に関する取組		×
17	産業医又は保健師が、健康保持・増進の立案・検討に関与している。		×
18	健康保持・増進を目的とした導入施策への効果検証を行っている		×
19	健保等保険者と連携を行っている		×

健康経営優良法人認定制度の
認定要件の対応状況を記載。

認定基準に適合された場合は、
そのまま認定の申請用紙となります。

※実際に申請される際は、別途記載の
誓約事項をご確認頂きます。

※記載内容は昨年度時点のものであり、

※二重枠項目は必須項目、それ以外は全14項目中11項目の達成が要件

<以下に法人の御担当者の御連絡先を記入下さい。認定委員会事務局より御連絡させて頂く可能性がございます。
なお、認定された場合、認定書を発行しますが、その送付先は、健康経営度調査で御記入頂いた部署宛となります。>

所属部署名・御役職名		ご担当者名	
連絡先：電話		E-mail	

図 5-3　結果サマリー（サンプル）

表3　健康経営優良法人2018（大規模法人部門）の認定基準

認定要件①：健康経営度調査の結果が、回答法人全体の上位50％以内であること

大項目	中項目	小項目	評価項目	認定要件②
1．経営理念（経営者の自覚）			健康宣言の社内外への発信（アニュアルレポートや統合報告書等での発信）	必須
2．組織体制		経営層の体制	健康づくり責任者が役員以上	必須
		保険者との連携	健保等保険者と連携	
3．制度・施策実行	従業員の健康課題の把握と必要な対策の検討	健康課題の把握	① 定期健診受診率（実質100％）	左記①〜⑮のうち12項目以上
			② 受診勧奨の取り組み	
			③ 50人未満の事業場におけるストレスチェックの実施	
		対策の検討	④ 健康増進・過重労働防止に向けた具体的目標（計画）の設定	
	健康経営の実践に向けた基礎的な土台づくりとワークエンゲイジメント	ヘルスリテラシーの向上	⑤ 管理職又は一般社員に対する教育機会の設定	
		ワークライフバランスの推進	⑥ 適切な働き方実現に向けた取り組み	
		職場の活性化	⑦ コミュニケーションの促進に向けた取り組み	
		病気の治療と仕事の両立支援	⑧ 病気の治療と仕事の両立の促進に向けた取り組み（⑮以外）	
	従業員の心と身体の健康づくりに向けた具体的対策	保健指導	⑨ 保健指導の実施又は特定保健指導実施機会の提供に関する取り組み	
		健康増進・生活習慣病予防対策	⑩ 食生活の改善に向けた取り組み	
			⑪ 運動機会の増進に向けた取り組み	
			⑫ 受動喫煙対策に関する取り組み （※「健康経営優良法人2019」の認定基準では必須項目とする）	
		感染症予防対策	⑬ 従業員の感染症予防に向けた取り組み	
		過重労働対策	⑭ 長時間労働者への対応に関する取り組み	
		メンタルヘルス対策	⑮ 不調者への対応に関する取り組み	
	取組の質の確保	専門資格者の関与	産業医又は保健師が健康保持・増進の立案・検討に関与	必須
4．評価・改善		取組の効果検証	健康保持・増進を目的とした導入施策への効果検証を実施	必須
5．法令遵守・リスクマネジメント			定期健診を実施していること（自己申告）	必須
			保険者による特定健康診査・特定保健指導の実施（自己申告）	
			50人以上の事業場におけるストレスチェックを実施していること（自己申告）	
			従業員の健康管理に関連する法令について重大な違反をしていないこと（自主申告）	

(5) 認定件数

2017年2月に初回となる「健康経営優良法人2017」として，「中小規模法人部門」から95法人が，「大規模法人部門」から235法人が認定を受けました。また，「中小規模法人部門」については，中小企業などにおけるさらなる健康経営の普及促進を図る観点から，2017年8月に223法人の追加認定を行い，「健康経営優良法人2017（中小規模法人部門）」の認定は合わせて318法人となっています。

6. 東京商工会議所による健康経営支援

　東京商工会議所は，2004（平成16）年度に国民健康づくり委員会（現在は健康づくり・スポーツ振興委員会に名称を変更）が設置されて以来，健康づくりに関するアンケート調査，リーフレットの制作，国への提言など，さまざまな活動を通じて，NPO法人健康経営研究会が登録商標化した「健康経営」を推進してきています。

(1)「健康経営ハンドブック2017」
　中小企業への「健康経営」の普及促進を目的に作成されています。このハンドブックには中小企業の取り組み事例や，健康経営の始め方，中小企業が健康経営に取り組んだ際のインセンティブ（表彰制度・特利融資等）などがとりまとめられています。
　以下からダウンロード可能です（2017年9月15日アクセス可能）。
　http://www.tokyo-cci.or.jp/soudan/inshoku/keiei_check/pdf/handbook2017.pdf

(2)「健康経営のすすめ」
　東京商工会議所が中小企業の経営者や人事総務担当に，社員の健康づくりがいかに重要であるか，認識してもらうために作成したリーフレットです。東京商工会議所が会員企業を対象に行った「従業員の健康づくりに関するアンケート」の調査結果をもとに，社員の健康づくりを実現し，会社の生産性を向上させるためのヒントについてとりまとめたものです。魅力あふれる職場づくりを実現するために，「健康経営」を推進することを目的としています。社員の健康づくりのために何から始めたら良いのかを明らかにするためのチェックシートを作成し，健康経営に取り組むためのステップを8つに分けて紹介しています。また，あまり費用をかけずに実践可能な，健康づくりのための事例も掲載されています。
　以下からダウンロード可能です（2017年9月15日アクセス可能）。
　「健康経営のすすめ〜ヘルシーカンパニーを目指そう〜」
　http://www.tokyo-cci.or.jp/kenkokeiei/kenkokeieinosusume.pdf
　「チェックシート」
　http://www.tokyo-cci.or.jp/kenkokeiei/checksheet.pdf

7. 三重大学大学院医学研究科の医科学専攻（修士課程）公衆衛生学コース

　三重大学大学院医学研究科の笠島茂教授は，公衆衛生関係の従事者や研究者・学生を対象に，少子化や健康格差，働き方改革などの社会問題を，疫学，生物統計学，医療管理学，社会行動科学，環境保健学の5科目から考える，公衆衛生学コースを医科学専攻修士課程内に設け，2017年6月1日より学生を募集し2018年度より開学しています（図6）。地域医療の課題解決，少子化

図6 三重大学大学院医学系研究科医科学専攻(修士課程)募集要項

対策や地方創生の政策立案に取り組む保健医療人材の育成を目指しています。

内容

　公衆衛生分野における職務やリスクマネジメントといった特定の状況において，期待される成果を導き出すために，上記5科目を基本に，講義や実習を通じて獲得できるカリキュラムが編成されています。選択科目としては環境健康科学，医療統計学，医療経済学，公共政策・人口統計・医療管理学概論，感染症疫学概論，医療研究倫理／法医学が受講できます。

　授業も，単なる講義スタイルではなく，e-ラーニングやグループディスカッションを組み合わせた反転授業が含まれます。そして研究の実践と論文作成を含めた課題研究が実施されます。また，社会人に配慮して，18時以降と土曜日にも開講されます。

　特筆すべきは，ストックホルム大学人口統計学教授のグンナー・アンダーソン教授が，客員教授として指導にあたることです。

8. フレイル漢方薬理研究会

　同会は，鹿児島大学大学院医歯学総合研究科心身内科学分野の乾明夫教授を代表世話人として，「フレイル」という，いわば"老い"や老化を阻止するために，先端的研究を一般臨床に普遍化し，特に人参養栄湯を筆頭とした漢方製剤を用いての，高齢者医療の発展に寄与するために組織化された集団です。何しろ我が国は世界に冠たる長寿国になったものの，平均寿命と健康寿命との間に，女性は約13年間の，男性では約9年間もの要介護状態期間があるという大きな問題を抱えています。この原因が，骨格筋萎縮を基礎とする「フレイル（frailty）」です。

(1)「フレイル（frailty）」とは
　「サルコペニア（sarcopenia）」という，骨格筋萎縮を基礎に，加えて体重減少，疲労・倦怠感，活動量低下，身体機能低下（歩行速度低下など），筋力低下（握力低下など）といった心身機能の衰退を定義する概念です。成長ホルモンや性ホルモンの低下を背景としているため，筋肉量の減少は急速に進行し，免疫機能低下，骨密度低下，臓器機能低下といった多様な身体疾患や食思不振，不安，抑うつ，認知機能低下といった，心身両面において多彩な機能低下を示します。中医学や漢方医学でいう「未病」病態であり，このフレイルを予防し，未病の段階からの加療は，単なる生命寿命という，人生の量的な長さの延伸だけではなく，「健康寿命」という，社会活動が可能な生命の質の向上が期待されることから，我が国における生産年齢層の維持に今や必須である，定年延長に対しても重要な概念となります。

(2) 第1回フレイル漢方薬理研究会学術総会で公表された科学的根拠
　2017年9月2日にフレイル漢方薬理研究会が開催した，第1回学術集会にて紹介された知見を紹介します。

①がん患者の生活の質（QOL）向上に「六君子湯」
　国立がん研究センター研究所がん患者病態生理研究分野　分野長の上園保仁医師より，「六君子湯」には，がん患者のQOLを高め，高齢者の全身性の機能を高める手段として，すでに活用されていることが報告されました。確かに筆者も，「アブセンティーズム」（仔細は第9章196ページ）を呈した，抑うつ性障碍に罹っていた社員に対して使用したところ，好転した経験があります。抑うつ性障碍は，自死という死亡の転記をとりやすい，いわば「心のがん」ですから，その効果もうなずけます。そもそも「六君子湯」の成分は，「グレリン」という，食思促進ホルモンによる情報伝達作用を増強する効果があります。また，「六君子湯」には，動物実験にて，心筋の石灰化抑止作用，骨格筋萎縮（サルコペニア）抑止作用，記憶学習の改善や，さらには健康寿命の延伸にも資することがわかったそうです。

②胃全摘後の食思不振改善に「六君子湯」

　自治医科大学医学部生理学講座矢田俊彦教授より，胃がん等による胃全摘後の食思不振改善にも，「六君子湯」が有用である可能性が紹介されました。胃全摘を受けたラットで，胃全摘後に食思不振や体重減少が引き起こされる理由は，腸ホルモンであるGLP-1が増加するからだそうです。このGLP-1を上昇させないような阻害薬を投与すると，ラットでは食思不振や体重減少が起こらなくてすむとか。実際，「六君子湯」を胃全摘後のラットに加えたところ，このGLP-1が上昇せず，食餌量低下も体重低下も起こらなかったそうです。

③筋力低下防止に「菊花」と「五味子」に効果がある可能性

　名古屋市立大学大学院薬学研究科神経薬理学大澤匡弘准教授によると，がん細胞接種動物モデルを用いた研究では，「菊花」と「五味子」という漢方の構成生薬に，筋肉中の蛋白分解を抑制するAKTという細胞内情報伝達分子の活性抑制を抑制して，筋肉中の蛋白分解が起こりにくくする作用が確認されました。また，蛋白分解を促進するSATA3の活性化を抑制することも確認され，これらから，「菊花」と「五味子」を含有する漢方薬には筋肉量低下抑制があることが期待されることが紹介されました。ちなみに「人参養栄湯」には五味子が含まれています。

④マウス生存率向上に「人参養栄湯」

　クラシエ製薬株式会社　漢方研究所の高橋隆二所長によると，平均寿命がわずか8～9週しかないKlothoマウス（通常のマウスの平均寿命は80～90週）を用いた研究を行ったところ，人参養栄湯を投与した群では，しない群より統計学的に有意に寿命が長くなることが示されたのみならず，Klothoマウスの寿命が人参養栄湯の投与量に比例するという，量反応関係が確認されていました。

⑤高齢者の握力向上に「人参養栄湯」

　医療法人向坂医院院長の向坂直哉医師によると，65歳以上の高齢者で，病後の体力低下，疲労倦怠感，食思不振，寝汗，貧血のうち，少なくとも1つの症状を訴える36人を対象とした介入研究結果では，人参養栄湯を経口投与された群では，統計学的有意に，握力の上昇が確認されたそうです。筋肉量と筋質点数に関しても調査したところ，筋肉量と筋質の双方とも改善していることが示唆されていました。作用機序としては，人参養栄湯の構成生薬である「陳皮」にはグレリン産生促進が，「人参」にはAMPK活性化が，そして「五味子」には骨格筋のPGC-1α発現誘導作用があり，これらが相まって，筋肉内のミトコンドリアの活性化とエネルギー産生効率が向上したからと推測されていました。解釈すると，人参養栄湯には，老い／老衰に拮抗するという，つまりはアンチエイジング作用があるのかもしれません。

⑥アンチエイジングに「人参養栄湯」

　鹿児島大学大学院医歯学総合研究究科心身内科学分野乾明夫教授から，人参養栄湯には，多

発性骨髄腫や肝がん患者の疲労軽減作用，貧血や血小板低下・肝機能改善作用，食思促進やサルコペニア軽減，高齢者における免疫機能の強化／感染抑制，骨髄の造血系や間葉系幹細胞への刺激作用に伴う臓器組織の修復作用といった多くの知見の紹介がありました。また，構成生薬ごとに，以下の紹介がありました。

- 人参〈ギンセノシド〉：疲労感や抑うつ症状の軽減，末梢での骨密度増加，動脈硬化巣（アテロームプラーク）の減少，認知機能や老化兆候の改善，前立腺肥大抑制
- 白朮〈アトラクチレノリドⅢ〉：エネルギー代謝改善，神経保護作用，認知や抑うつ症状改善作用
- 遠志〈テヌイゲニン〉：エネルギー代謝改善，神経保護作用，認知や抑うつ症状改善作用
- 黄耆〈アストラガロシド〉：高分子型アディポネクチン（活性型）の増加によるインシュリン感受性亢進（認知機能も改善させうる）
- 五味子〈シザンドリン〉：骨格筋代謝因子であるPGC1-αを介した疲労改善と，アンモニアや乳酸などの疲労物質を代謝させ減少させることによる運動能力増大，卵巣摘出動物での乳がん細胞系の増殖抑制作用
- 陳皮〈ヘスペリジン・ナリルチン〉：老化に伴って生じる脱ミエリン化という，神経細胞を被覆しているミエリンという，いわば電線における被覆プラスチックのような保護組織が破壊されることを抑止。結果として認知機能を改善
- 陳皮・茯苓〈パキマ酸〉・甘草・人参〈パナキサジオール〉：グレリンによる食思促進や「サルコペニア」の改善

9．セルフケア

今や人生100歳時代。健康寿命の延伸化に資する生薬由来，もしくは天然の栄養成分を紹介します。

(1) 遠志

8項にて「人参養栄湯」を紹介したときに，構成生薬である「遠志」を取り上げました。この遠志は，ヒメハギ科イトヒメハギの根やそれを乾燥させたものです。元々は痰（たん）を切り，貧血や不眠，夜尿にも効く，気管支炎などに用いる遠志湯のほか，貧血，不眠症に効く「帰脾湯（きひとう）」などに含まれている構成生薬です。単一生薬としても，中国の最古の薬物書である，「神農本草経（しんのうほんぞうきょう）」のなかに，上薬（上品）として遠志の名を見つけることができます。上薬とは，生命を養うもので，長期間服用するものとされていました。そこには，「苦，温，咳逆，傷中を治し，不足を補い，邪気を除き，九竅を利し，智慧を益し，耳目を聡明にし，物を忘れず，志を強くし，力を倍にする。久しく服用すれば身体を軽くし，老衰しない」と書かれています。「漢方」では物忘れを，認知機能を含めた意識・精神活動を行っている「心（しん）」（五臓のひ

とつ）の機能が低下したことが原因と考えます。現代医学では心臓を，血液を送り出すポンプとしてのはたらきがあると考えますが，漢方では，ポンプとしてのはたらきだけではなく，「心理学」や「心境」という用語があるように，認知機能を含めた意識・精神活動を担っているところと考えるのです。この「心」の機能を保つのに重要なのが「血(けつ)」であり，これが不足すると「心」が十分に滋養されず，不調が現れます。加齢や，虚弱体質，慢性疾患などで栄養が不足することで，「血」の不足という「血虚」が生じ，認知機能の一部である記憶力の低下が生じてしまうと考えられています。漢方では「血」の不足から生じた物忘れには，補血という，「血」を補い，精神を安定させ，その末に「心」を滋養することで機能低下は改善していくという，「養心安神(ようしんあんしん)」という概念をもつ治療が必要とされます。このように，遠志がもつ「心」の栄養状態改善にて，加齢とともに生じる物忘れに加え，不眠，気力低下症状や精神安定化といった薬能が発揮されるのです。

　なお最近，遠志から抽出される「オンジエキス」には「中年期以降の物忘れの改善」という効能があることが認められ，第三類医薬品として発売されました。それがクラシエの「アレデルR」で，中年期以降の物忘れを改善する医薬品（生薬製剤）です。「アレデルR顆」には遠志エキスが含まれ，記憶に関わる神経伝達物質の働きを助けることで，加齢が原因で起こる記憶力の低下を改善することが期待されます。

(2) BCAA

　BCAA（Branched Chain Amino Acid：分岐鎖アミノ酸）とは，バリン，ロイシン，イソロイシンの3つのアミノ酸の総称です。体内で生合成されない9種類の必須アミノ酸のなかでバリン，ロイシン，イソロイシンをBCAA（分岐鎖アミノ酸）と呼びます。この3つのアミノ酸はヒトが体内で作ることができない必須アミノ酸です。BCAAは，骨格筋で主に代謝されエネルギー源となりうるのみならず，また筋たんぱく質中に多く含まれていることから体調維持に寄与する大切な栄養素として，近年，注目を集めています。無作為研究を対象としたメタ分析の結果からも，運動疲労後の回復力を増加させることに，一定の根拠があるとされています。有酸素運動や持久運動時に限らず，長期の闘病中には，まず栄養素として糖質や脂肪が使われます。しかしながら，それらが枯渇すると，次に血液中のBCAAがエネルギー源として消費されます。さらにBCAAまでもが枯渇すると，最後には自らの筋肉をエネルギー源として使わざるをえなくなります。すなわち，筋肉の分解が始まってしまいます。せっかく鍛錬した筋肉が，破壊されるといっても過言ではありません。なぜなら，体内の栄養源枯渇に基づく筋肉分解が続くと，いよいよ筋肉は損傷し，筋力低下が生じてしまうからです。すなわち，有酸素運動や持久運動，そして長期の闘病後には，筋肉分解⇒筋肉損傷⇒筋力低下といった筋肉破壊が生じてしまいます。貯金ならぬ，平素からの筋トレによる筋力増強や筋肉量増加という「貯筋」が健康寿命延長に大切だという指摘があります。せっかく蓄積した自らの筋肉が破壊されないためには，最後の砦であるBCAAの血液中の濃度を低下しないようにする工夫が必要になります。その工夫としては，日頃から必須アミノ酸であるBCAAの摂取や，バランスの良

い食事摂取になります。

　なお、筋トレ時には、いわゆる「プロテイン」といわれる、粉末タンパク質やタンパク質粉末の水溶液を摂取する方法もあります。ただ、消化吸収には消化活動のために体内の酵素が消費されたり、酵素形成のためにエネルギーが消費されたりと、負担が生じることは確かです。それら酵素は有限である以上、浪費せず温存しておきたいもの。最初から、タンパク質が分解されたアミノ酸を摂取しておいた方が、生化学的に消化吸収しやすいだけではなく、生理学的に筋肉量増加や筋肉力増強において効率は高いことが期待されます。

(3) HMB

　「貯筋」といわれる、健康寿命延伸において重要な概念を獲得するためには、筋肉量を増加させることが必要になります。その点、このHMB（β-Hydroxy-β-Methy Butyrate）は、生理学的研究から、生体における筋肉量を増加させる代謝物です。正式名称をβ-ヒドロキシ-β-メチル酪酸といい、アミノ酸の一種であるロイシンを摂取することにより体内で生合成されます。HMBは、筋肉をつくるタンパク質合成の増大と筋肉分解防止の両方に効果があることが明らかにされています。比較対照研究から、換気閾値、無酸素性作業閾値（嫌気性代謝閾値）、最大心拍数、無酸素性最大筋力、平均筋力、最大速度、運動後乳酸値を統計学的に有意に改善させることが知られています。必須アミノ酸BCAAのひとつである、ロイシンが筋肉合成に有用であることは有名です。ロイシンの摂取により体内でHMBが代謝生成され、筋肉合成の材料になることが知られています。しかし、ロイシンのすべてがHMBに変換されるわけではなく、摂取したロイシンの約5%が体内にてHMBに変換されると言われています。すなわちHMB 1gを体内で生合成するには、約20gものロイシン、または約600gもの乳清由来プロテイン粉末が必要となりますので、HMBそのものを摂取するほうが、筋肉量効率的だと考えられています。日本では2010年から食品として販売できるようになりました。

(4) クレアチン

　クレアチンは、アミノ酸であるアルギニンとグリシンから、アルギニングリシンアミジノトランスフェラーゼ（AGAT）、グアニジノ酢酸-N-メチルトランスフェラーゼ（GAMAT）という酵素を用いて、体内で生合成されるアミノ酸の一種です。このクレアチンは、ATPというエネルギーの蓄電池のような成分が豊富にある場合、クレアチンキナーゼの作用により、クレアチンリン酸としてさらにエネルギーを蓄積するダムのような働きを担います。

クレアチン＋ATP ⇒ クレアチンリン酸＋ADP

このクレアチンリン酸には次のような特徴があります。

・瞬時に多量にエネルギーが必要な場合に、ブースターのように、エネルギーを供給するこ

図7　合同会社パラゴンのホームページ

とが可能。
・筋収縮時に消費されるATPを再生させられることより，持久力を発揮しうる。

　以上より生化学的に筋細胞のなかであれば，筋力……特に瞬発力，持続力，そして回復速度の向上への貢献が期待できます。筋細胞が集合した筋繊維で考えると，生理学的にこのクレアチンは，激しい運動時の瞬発力発揮，筋肉の持続力，そして筋疲労の遅延効果や回復効果が期待されます。簡単にいうと，"もうひと踏ん張り"が効くとでもいいましょうか。したがって運動能力の向上という効能が示唆されています。
　安全性については，適切に摂取すれば安全性が示唆されていますが，妊娠中・授乳中は，安全性に関して信頼できる十分な情報が見当たらないため使用を避けたほうが良いでしょう。

10. 合同会社パラゴン

　筆者が経営する会社（図7）ですが，全国でいち早く，「子供の未来応援国民運動本部・子供の未来応援基金」を後述の**日本ヘルスサポート学会第12回学術集会・総会**で取り上げるのみならず，介護支援を打ち出しています。

出典：Anabuki Community Press 75号；14.

図8　積極的に介護支援の情報を発信

出典：日本フォームサービス株式会社（https://www.forvice.co.jp/life/service/homehelp.html）

図9　介護事業者に対して、産業医としてサービスを支援

① 第9章第2節を書いた福島弘達精神保健福祉士は介護福祉士でもあり，当社のパートナーとして積極的に介護支援の情報を発信しています（図8）。
② 介護事業者に対して，産業医としてサービスを支援しています（図9）。
③ 産業医科大学松田晋哉教授を学会長とする**日本ヘルスサポート学会第12回学術集会・総会**が2017年8月30日に慶應大学三田キャンパスにて開催されました。シンポジウム「**メンタルヘルスの実践：事例と課題解決方法—事例報告と事例に基づく実践的課題解決の討議**」（大演題），「**プロフェッショナル産業医サービスとネットワークによる実践的課題解決**」（中演題）が開催されました（司会：森晃爾産業医科大学教授）。筆者は「従業員300人未満事業所の健康支援状況における課題と対策」との題で，労働経済情勢の俯瞰と，少子高齢対策に取り組む企業例の紹介を担いました。労働経済情勢に関しては，第10章で記述した通りです。

▼参考文献

中央労働災害防止協会（2017）病気の治療と仕事の両立．In：平成29年度労働衛生のしおり．中央労働災害防止協会，p.44.

Durkalec-Michalski K, Jeszka J, Podgorski T (2017) The effect of a 12-week beta-hydroxy-beta-methylbutyrate (HMB) supplementation on highly-trained combat sports athletes : A randomised, double-blind, placebo-controlled crossover study. Nutrients 9-7 ; pii : E753.

福島弘達（2017）認知症の正しい理解 第1回．アナブキ・コミュニティ・プレス 75 ; 14.

フレイル漢方研究会（2017）第1回フレイル漢方薬理研究会学術集会—健康長寿と人参養栄湯（東京会場 2017年9月2日）

熊谷秋三, 田中茂穂, 藤井宣晴 編（2016）身体活動・座位行動の科学—疫学・分子生物学から探る健康．杏林書院．

リンダ・グラットン, アンドリュー・スコット［池村千秋 訳］（2016）LIFE SHIFT（ライフ・シフト）．東洋経済新報社．

Rahimi MH, Shab-Bidar S, Mollahosseini M et al. (2017) Branched-chain amino acid supplementation and exercise-induced muscle damage in exercise recovery : A meta-analysis of randomized clinical trials. Nutrition 42 ; 30-36.

櫻澤博文, 中山健夫（2002）Evidence-based healthcare の理念推進のために．健康開発 7-1 ; 16-18.

櫻澤博文（2016）メンタル不調者のための復職・セルフケアガイドブック．金剛出版．

経済産業省．健康経営優良法人認定制度．(http://www.meti.go.jp/policy/mono_info_service/healthcare/kenkoukeiei_yuryouhouzin.html [2017年9月15日閲覧])

独立行政法人労働者健康安全機構（2017）治療就労両立支援モデル事業．両立支援マニュアル．(https://www.johas.go.jp/ryoritsumodel/tabid/1047/Default.aspx [2017年9月24日閲覧])

独立行政法人労働者健康安全機構．両立支援コーディネーターの育成．(https://www.johas.go.jp/ryoritsumodel/tabid/1015/Default.aspx [2017年9月24日閲覧])

子供の未来応援基金．(http://www.kodomohinkon.go.jp/fund/ [2017年9月13日閲覧])

子供の未来応援国民運動本部．(http://www.kodomohinkon.go.jp/ [2017年9月13日閲覧])

国立健康・栄養研究所．「健康食品」の安全性・有効性情報．(https://hfnet.nih.go.jp/ [2017年9月27日閲覧])

厚生労働省政策統括官付社会保障担当参事官室（2016）第1回「我が事・丸ごと」地域共生社会実現本部資料．(http://www.mhlw.go.jp/stf/shingi2/0000130501.html [2017年9月13日閲覧])

厚生労働省（2017）第7回働き方改革実現会議—高齢者の就業促進について．（平成29年2月14日塩崎厚生労働大臣配付資料）．(http://www.kantei.go.jp/jp/singi/hatarakikata/dai7/siryou8.pdf [2017年9月22日閲覧])

厚生労働省（2017）第107回労働政策審議会安全衛生分科会—資料2 働き方改革を推進するための雇用対策法の改正について（概要案）平成29年9月6日．(http://www.mhlw.go.jp/file/05-Shingikai-12602000-Seisakutoukatsukan-Sanjikanshitsu_Roudouseisakutantou/0000176567.pdf [2017年9月29日閲覧])

三重大学大学院医学研究科公衆衛生・産業医学分野．(http://www.medic.mie-u.ac.jp/pubhealth/ ［2017 年 9 月 13 日閲覧］)
東京商工会議所．東京商工会議所の健康づくりに関する活動．(http://www.tokyo-cci.or.jp/kenkokeiei/action/ ［2017 年 9 月 15 日閲覧］)

おわりに

　2017年3月末に，政府が「働き方改革実行計画」を打ち出しました。それに前後して，解説書が出てきました。
　ここで労働行政の歴史を鳥瞰してみましょう。

1979年　旧労働省，中央災害防止協会：シルバー・ヘルス・プラン（SHP）：中高年者を対象にした健康づくり運動を国が事業主に提唱。

1988年　旧労働省，中央災害防止協会：トータル・ヘルスプロモーション・プラン（THP）：労働安全衛生法にて心身両面からの健康づくりに取り組むことが事業者の努力義務に。

1998年　マーティン・セリグマンが「ポジティブ心理学」を定義。心理学の対象を，病理構造だけではなく，一般人の生活や幸福，満足まで拡大するよう提言。

2001年　厚生労働省：雇用対策法および職業能力開発促進法の改正：「キャリア・コンサルティング」制度開始。

2002年　厚生労働省：健康増進法／「健康日本21」：国民保健の向上を図ることを目的に，総合的な推進に関し基本的事項を制定。

2002年　厚生労働省職業能力開発局：「キャリア形成を支援する労働市場政策研究会」報告書：個人の「キャリア」に，企業や社会の活性化を図る方向性をもたせるべきと提唱。

2002年　ウィルマー・シャウフェリが「ワーク・エンゲイジメント」という「活力」「熱意」「没頭」で定義される概念を提唱。仕事に対して誇りややりがいを感じ，熱心に取り組み，仕事から活力を得ていきいきしている状態。

2004年　フレッド・ルーサンスらが「ポジティブ心理資本」を定義。個人の自己効力感（やればできるという自信），楽観主義（現在から未来において成功できるという確度），希望（目標に向かって，柔軟に達成手段を変化させつつ到達させるまでの忍耐力も併せもつ），回復力（挫折から立ち上がる復帰力，レジリエンス）が組織の生産性を規定すると提唱。

2011年　川上憲人が「健康いきいき職場」という，従業員の健康，従業員の「いきいき」，職場の「一体感」で構成される概念をメンタルヘルス活動の新目標と提唱。

2013年　吉川徹らによる「健康いきいき職場づくり」：働きがいがあり，コミュニケーションの良い，働きやすい，いきいきとした職場づくりを目的とした参加型職場環境改善方法を考案。

2016年　厚生労働省による職業能力開発促進法改正：キャリアコンサルタントを国家資格化。

2017年　政府：人生100年時代構想会議にリンダ・グラットンを起用。大学におけるリカレント教育の充実や全世代型社会保障改革が論点に。

厚生労働省の管轄でいうならば，労働基準局だけではなく職業安定局や雇用環境・均等局，社会・援護局，子ども家庭局，老健局等の管轄業務を網羅されています。本書は，これらの歴史的流れに沿って，かつ横軸よろしく，それぞれの範囲での実務における第一人者との共著としました。

　読者が就職や転職を考えている方であれば，どのような企業や組織が，自身のもてる潜在能力や才能を発揮できるのか，明瞭になったことでしょう。

　人材難で悩む企業や組織の採用担当者であれば，会社側に働きかけるべき内容の仔細と，目指す実像が判明したことでしょう。

　生産性低下や劣化に直面している経営者であれば，人的資源管理に向けた優先すべき投資先が，これまで産業医から言われてきた労働者への投資に他ならないことがわかり，その投資対効果を把握できる合理的な経営指標が得られたことでしょう。

　このように，取り組む概念や対象は，労使それぞれが別個のものではなく，この本で示したように，「健康」や「キャリア」という軸に沿った同じベクトルをもつものです。そのベクトルをこの本は示したものと自負しています。

　なお，共著者全員，印税はゼロとし，その分，価格をおさえることで，読者の負担軽減を図りました。共著者全員，いわばボランティアです。記述したことは，共著者それぞれが半生かけて体得したノウハウや提供しているサービスそのものです。それを代価なく提供くださって本書はできました。

　共著者全員の「ボランティアであってもかまわない！」「より良い社会の実現に貢献したい！」という思いが，どこかで実を結ぶことと願ってやみません。

　　　　　　　南北合同入場行進に留まらず，平和裏に南北統一を祈念せずにはおられない
　　　　　　　平昌オリンピック開会式当日の 2018 年 2 月 9 日
　　　　　　　　　共著者を代表して　監修者　櫻澤博文

巻末付録：良い企業リトマス試験紙

　以下，就業先が良い企業かどうか，判別する際の価値判断項目と参考情報です（条件記載がない限り，企業規模は問いません）。

【法定事項】

☐ 産業医を選任している——2012（平成24）年度の未選任率は13%も！

☐ 産業医が，ストレスチェックでの「実施者」——2016（平成28）年度，実施者を担えない，もしくは事業場内の産業医等に実施者を担わせない事業場規模50人以上の事業者割合が41.8%と4割以上も！

☐ 何らかのメンタルヘルスに関する取り組みがある——2016（平成28）年度は41.5%の企業が取り組んでいない。

☐ ストレスチェックを実施している——法定化される前から取り組んでいたのは22.4%のみ。法定化された2015（平成27）年12月から2016（平成28）年10月末までの間に実施したのは62.3%のみ。37.7%は法律違反（2017（平成29）年6月末までの実施率は82.9%）。

☐ 努力義務にもかかわらず集団分析を実施している——上記62.3%の企業のうち集団分析を実施した割合43.8%……56.2%の企業は，働きやすい職場環境づくりへの意欲が乏しい（上記82.9%の企業のうち集団分析を実施したのは78.3%）。

☐ ストレスチェックで，医師を含め，専門家の面接指導を受けられる——上記62.3%の企業のうち医師等の専門家による面談を実施したのは33.6%のみ……66.4%は，専門職に対する相談すらできない。

☐ ストレスチェックで医師による面接指導を受けられる——2016（平成28）年度は事業所規模50人以上で32.7%……67.3%は，医師との面接を受けられない。

☐ 職場復帰支援プログラムの策定含め，職場復帰支援制度がある——2016（平成28）年度の割合は17.9%……82.1%は，メンタルヘルス不調になっても，満足な支援が得られない。

【給与関係】

☐ 健康保険料率が10％以下。全国健康保険協会：略称協会けんぽ（政府管掌健康保険）の2016（平成28）年3月1日現在の全国平均保険料率が10.0％。よって保険料率が10.0％以上の健康保険組合は，解散したほうが従業者のためになりうる。

【社員への健康投資関係】

☐ 定期健康診断後に事後措置を実施している——2012（平成24）年度の取り組み割合40.0％……6割は，受けさせっぱなし。

☐ 屋外を含め事業所敷地内全面禁煙——2016（平成28）年度の取り組み割合14.0％……96％の事業所は，受動喫煙の可能性がある。

☐ THPへの取り組みがある——2012（平成24）年度の取り組み割合1.4％……取り組んでいる企業は，辞めてはいけない。何しろ5年以上前，大半の企業は従業員思いとはいえなかった時代だったから。

☐ 「健康経営優良法人～ホワイト500～」または「健康経営銘柄」に指定されている——THPと同様，社員の健康を守る意欲が評価できる。

☐ 70歳以降も働く機会がある——エイジレス社会を目指している点から，好感がもてる。

☐ 「エイジレス」「キャリアチェンジ」「トライアングル型サポート」という概念を衛生管理者が知っている——2017（平成29）年度労働衛生のしおり（中央労働災害防止協会）に記述あり。

☐ 東京都内事業所限定「感染症対応力向上プロジェクト」に協力，または基準を達成している——協力企業（累計） コース1：142，コース2：104，コース3：45。達成企業（累計）コース1：51，コース2：11，コース3：6（2017年10月16日現在）。

【公益関係】

☐ 「子供の未来応援基金」に出資している——「国家百年の計」よろしく，次世代支援という公益性確保を目指している見上げた企業。

【働きやすさ】

☐ キャリアコンサルタントによるキャリア支援がある——"隣の芝は青く見える"ことを，その従業者に理解させる仕組みがないと，「キャリアアンカー」に基づかない，"自分探し"で終わりかねません。

- □ 社内公募制がある――「キャリアチェンジ」を積極的に進展させる企業であることがわかります。しかし，キャリアコンサルタントによる支援がないと，根なし草になりかねません。
- □ 株式会社リクルートキャリアが運営する社会人のための転職サイト「リクナビNEXT」が実施している「Good Action」で受賞実績がある。

【産業医の質】

- □ 産業医が2年以上"長居"している――8割が2年以内に退職。なかには○年以上，存在しえないと，産業医を軽く扱う企業もあります。
- □ 産業医が，労働衛生コンサルタントの資格をもっている――日本医師会認定産業医取得者は8万人ほどいますが，国家資格である労働衛生コンサルタント資格をもつ医師は，わずか2千人程度です。
- □ 産業医が，日本産業衛生学会認定の専門医試験に合格した経歴をもつ――1993（平成5）年から2017（平成29）年度までの日本産業衛生学会専門医制度委員会への累計専門医登録者数は537人。この学試験は労働衛生コンサルタントより合格は難しいという意見がある位の難関です。目指した医師は，品位が高いといえましょう。
- □ 産業医が，日本産業衛生学会認定専門医から，指導医になった経歴をもつ――1993（平成5）年から2017（平成29）年度までの日本産業衛生学会専門医制度委員会への累計指導医申請者数はたった288人。その医師が産業医としての経験年数が10年はあることを示します。

▼参考文献

一瀬豊日，中村早人，蜂須賀研二（2012）わが国の産業医の平成14年から20年までの就退職数とその特徴．産業衛生学雑誌 54-5；174-183．
厚生労働省．平成24年労働者健康状況調査．（http://www.mhlw.go.jp/toukei/list/h24-46-50.html ［2017年10月2日閲覧］）
厚生労働省．平成28年労働者健康状況調査．（http://www.mhlw.go.jp/toukei/list/dl/h28-46-50.html ［2017年10月2日閲覧］）
厚生労働省労働衛生課．ストレスチェック制度の実施状況．（http://www.mhlw.go.jp/file/04-Houdouhappyou-11303000-Roudoukijunkyokuanzeneiseibu-Roudoueiseika/0000172336.pdf ［2017年10月2日閲覧］）
株式会社リクルートキャリア．リクナビNEXT Good Action．（https://next.rikunabi.com/goodaction2017/［2017年10月2日閲覧］）
東京都福祉保健局．職場で始める！ 感染症対応力向上プロジェクト．（http://www.fukushihoken.metro.tokyo.jp/iryo/kansen/project/index.html ［2017年10月16日閲覧］）
日本産業衛生学会．専門医制度委員会事務局．（http://jaoh-caop.jp/）

読者特典

1. **「職業性ストレスチェック実施センター」にストレスチェックの委託先を変更する場合**

    本書の読者だと伝えてもらうことで，それまでの委託業者料金の8割か，職業性ストレスチェック実施センターの料金のいずれか安い料金での提供が保証されます。

    連絡先：森近労働法務事務所（東京都千代田区永田町 2-11-1 山王パークタワー 4F）
    　　　　URL：http://stress-cc.com/ 　または QR コード
    　　　　電子メール：info@stress-cc.com（24 時間受付）
    　　　　電話：03-5859-0842（受付時間：月～金／ 9:00 ～ 17:00）
    　　　　検索：職業性ストレスチェック実施センター　🔍 検索

2. **「cotree 社」より**

    法人向け無料トライアル（20 名，30 日まで）を提供いたします。
    URL：https://cotree.jp/pages/aboutus

3. **「合同会社パラゴン」より**

    ① **「全人的医療サービス」**

    合同会社パラゴン代表によるコンサルティングとカウンセリング，睡眠衛生教育，食事療法，酵素療法，漢方薬，鍼灸・針灸のうち適切だと思われる治療を 60 分間以上ご利用の場合，追加の 30 分間を無償で提供します。なお，適切な医療機関や医師を紹介する場合もあります。

    ② **「職場復帰支援ノウハウ提供プラン」**

    本書を購入された企業が，当プランをご利用になった場合には，通常価格から利用料金を 3 万円引きで提供します。

    「職場復帰支援ノウハウ提供プラン」の仔細：https://pro-sangyoui.com/eap#trial 　または QR コード

　　上記①，②の問い合わせ先：https://pro-sangyoui.com/contact 　または QR コード

執筆者一覧（50音順）

上之園 洋一（かみのその よういち）	キャリアコンサルタント［第5章］	
児玉 裕子（こだま ゆうこ）	国際医療福祉大学医学部公衆衛生学 客員研究員／一般社団法人オリエンタル労働衛生協会 保健師［第9章 第1節］	
櫻澤 博文（さくらざわ ひろふみ）	監修者［第1章 第1節，第4章，第8章 第1節・第4節，第10章，第11章］	
櫻本 真理（さくらもと まり）	株式会社 cotree 代表取締役［第8章 第2節］	
沢野 敦子（さわの あつこ）	キャリアコンサルタント［第4章］	
杉澤 賀津子（すぎさわ かづこ）	第一種衛生管理者，キャリアコンサルタント［第4章］	
竹内 由利子（たけうち ゆりこ）	公益財団法人大原記念労働科学研究所 特別研究員［第3章］	
田村 隆（たむら たかし）	産業カウンセラー［第2章］	
樋口 保隆（ひぐち やすたか）	株式会社エンプロイーサービス代表取締役　中小企業診断士／事業承継士／キャリアカウンセラー（CDA）［第6章］	
福島 弘達（ふくしま ひろみち）	ケアソリューションパートナーズ代表　精神保健福祉士／社会福祉士／介護専門員［第9章 第2節］	
古澤 辰徳（ふるさわ たつのり）	［第8章 第3節］	
宮木 幸一（みやき こういち）	国際医療福祉大学医学部公衆衛生学 教授／産業精神保健研究機構 RIOMH 代表理事［第9章 第1節］	
森近 宗一郎（もりちか そういちろう）	森近労働法務事務所　特定社会労務士［第1章 第2節］	
吉川 徹（よしかわ とおる）	独立行政法人労働者健康安全機構労働安全衛生総合研究所 統括研究員［第3章］	

事例提供

- 小嶋 かつら（こじま かつら）　KS人事労務　社会保険労務士［第8章 第1節］
- 株式会社シミズオクト 総務部・社長室広報課［第7章 第1節］
- A社 総務課 課長［第7章 第2節］

※所属は執筆時

イラスト：杉澤賀津子

監修者略歴

櫻澤 博文（さくらざわ ひろふみ）

1996年　産業医科大学医学部卒業後，亀田総合病院にて臨床研修修了。
2001年　産業医科大学　卒後修練「産業保健研修コース」修了。
　　　　その後京都大学大学院に働きながら通学し2003年までに社会健康医学修士号や医学博士号を取得。
　　　　2005年までに法科大学院に通学しながら世界的経営コンサルタント企業にて『コンサルタントのコンサルタント』として"ストレス・マネジメント"体系を錬成。
2007年　さくらざわ労働衛生コンサルタント設立。
　　　　企業や事業所にて労務・健康管理の質的向上方法として展開中。
2012年　オリンピック金メダリストの健康管理支援開始。
2013年　合同会社パラゴン設立。
2015年　東証一部企業のBtoB部門に対しコーチングスキルを踏まえての営業力向上支援開始。
　　　　現在に至る。
2016年　過労死，過労自死防止を主眼とした書籍を複数刊行。
2017年　健康経営優良法人（大規模法人部門）申請支援開始。
　　　　厚生労働省主催「過労死等防止対策推進シンポジウム」にて講師担当。

［保有資格］
・医師免許（医籍第383534）
・労働衛生コンサルタント〈労働安全衛生マネジメントシステム監査員，労働安全衛生マネジメントシステム（担当者）研修修了〉
・日本産業衛生学認定専門医，同指導医
・産業医科大学認定　メンタルヘルスエキスパート産業医
・公益財団法人神奈川県スキー連盟認定スキー指導員

［役職］
・神奈川県スキー指導員会会員
・Journal of Psychiatry reviewer
・Editorial Board Member of journal "Occupational Medicine and Health Affairs"
・The Science Advisory Board member
・Editorial Board of "Journal of Obesity & Weight Management"
・Journal of Health Psychology reviewer

キャリアコンサルティングに活かせる
働きやすい職場づくりのヒント

2018 年 3 月 20 日　印刷
2018 年 3 月 30 日　発行

監修者　櫻澤　博文
発行者　立石　正信
発行所　株式会社　金剛出版
〒 112-0005　東京都文京区水道 1-5-16
電話 03（3815）6661　振替 00120-6-34848

装幀　岩瀬　聡
印刷・製本　シナノ印刷

ISBN978-4-7724-1606-1　C3011　　Printed in Japan ©2018

好評既刊

Ψ 金剛出版　〒112-0005　東京都文京区水道1-5-16　Tel. 03-3815-6661　Fax. 03-3818-6848
e-mail eigyo@kongoshuppan.co.jp　URL http://kongoshuppan.co.jp/

メンタル不調者のための
復職・セルフケアガイドブック
［著］櫻澤博文

メンタル不調で入院・通院している患者は推定50万人と言われ，職場復帰できない休業者の割合が3割を超える企業が半分あるという。そしてさまざまな理由から自死を選ぶ人はおよそ年間3万人に達している。本書では，メンタル不調で休職していた社員が安定した就労ができるように，段階的な復職訓練や休職中の過ごし方，メンタル不調を予防するための知見から医師・会社の管理者との接し方といった実践的な対応の仕方まで解説。休職・復職で悩む当事者と家族，企業の人事労務担当者，産業カウンセラー，精神科医，心理士等のためのセルフケアガイドブック。　　　　　　本体1,800円＋税

復職支援ハンドブック
休職を成長につなげよう
［著］中村美奈子

休職から再び働けるようになるために，まず休職原因を自分の考え方や対人関係などさまざまな側面から分析し，1つ1つの問題を解決していこう。本書では「Bio-Psycho-Social-Vocational」の視点から，体調管理・自己理解・コミュニケーション・業務遂行能力といった働くために必要な能力を，回復・獲得するための具体的なリワークプログラムを提示している。休職者の本人も，周りでサポートをする方，復職支援に関わる専門家にも読んでいただきたい一冊である。　　　　　　　　　　　　　　本体2,400円＋税

社会人のための
キャリア・デザイン入門
［著］矢澤美香子

近年，どのように働き，どのように生きるかといった"キャリア"への関心が高まりつつある。キャリア教育が多くの学校機関に導入され，キャリア開発プログラムを取り入れる企業も増加している。自分自身のキャリアを自律的，主体的に"デザイン"していくことが求められている。本書では，キャリアに関わる理論を解説しながら，さまざまなワークを通じて自らの生き方，働き方を振り返り，これからの"キャリア・デザイン"について考えられるようになることを目指す。キャリアに関心を持つ方にとって役立つ1冊である。　　　　　　　　　　　　　　　　　　　　　　　本体2,800円＋税